VIVER COM OUSADIA

Luana Marques

Professora de Psicologia da Escola de Medicina de Harvard

VIVER COM OUSADIA

Uma abordagem científica para reprogramar sua maneira de lidar com o desconforto e o estresse

SEXTANTE

Título original: *Bold Move*

Copyright © 2023 por Luana Marques
Copyright da tradução © 2023 por GMT Editores Ltda.

Todos os direitos reservados. Nenhuma parte deste livro pode ser utilizada ou reproduzida sob quaisquer meios existentes sem autorização por escrito dos editores.

tradução: Beatriz Medina
preparo de originais: Priscila Cerqueira
revisão: Ana Grillo e Hermínia Totti
diagramação: Valéria Teixeira
capa: DuatDesign
impressão e acabamento: Bartira Gráfica

CIP-BRASIL. CATALOGAÇÃO NA PUBLICAÇÃO
SINDICATO NACIONAL DOS EDITORES DE LIVROS, RJ

M319v

Marques, Luana
    Viver com ousadia / Luana Marques ; tradução Beatriz Medina. - 1. ed. - Rio de Janeiro : Sextante, 2023.
    240 p. ; 23 cm.

    Tradução de: Bold move
    ISBN 978-65-5564-750-1

    1. Ansiedade. 2. Transtornos da ansiedade. 3. Técnicas de autoajuda. I. Medina, Beatriz. II. Título.

23-86232   CDD: 152.46
                CDU: 159.942.2

Gabriela Faray Ferreira Lopes - Bibliotecária - CRB-7/6643

Todos os direitos reservados, no Brasil, por
GMT Editores Ltda.
Rua Voluntários da Pátria, 45 – 14.º andar – Botafogo
22270-000 – Rio de Janeiro – RJ
Tel.: (21) 2538-4100
E-mail: atendimento@sextante.com.br
www.sextante.com.br

Aos meus amores, David e Diego.
Vocês me mantêm ancorada nas águas revoltas da vida.

SUMÁRIO

INTRODUÇÃO: Sou suficiente?   9

PARTE 1 O que emperra nossa vida

  1 A ansiedade dói, mas não é ela que nos paralisa   14

  2 O superpoder que você não sabia que tinha   33

PARTE 2 Modificar

  3 Tagarelice mental: recuar como estratégia de evitação   48

  4 O cérebro como máquina preditiva defeituosa   66

  5 Modificar para superar a evitação   80

PARTE 3 Abordar

  6 Panela de pressão: reagir como estratégia de evitação   96

  7 A ciência por trás da sua cabeça quente   113

  8 Um lance que muda o jogo   126

PARTE 4 Alinhar

  9 Não sei se vou ou se fico: permanecer como
estratégia de evitação   146

10 Mas por que fico?   164

11 Calibre sua bússola interna   175

PARTE 5 Conclusão

12 A ousadia de ser água, e não pedra   208

AGRADECIMENTOS   217

REFERÊNCIAS   221

INTRODUÇÃO

Sou suficiente?

Acho que só eu percebo a ironia de ter escrito este livro. Quando contei que estava trabalhando numa obra para despertar a ousadia das pessoas, meus amigos exclamaram, empolgados: "Claro, é a *sua cara* escrever um livro assim!" A ironia é que, embora meus amigos e colegas costumem me descrever como Ousada com O maiúsculo, em geral eu me sentia (e ainda me sinto) assustada, ansiosa e vulnerável diante de grandes desafios.

Hoje sei que esses temores são, em parte, fruto da minha infância no Brasil, período em que gastei muita energia emocional tentando manter meus pais juntos, evitar brigas, encerrar discussões e alimentar a ilusão de que o mundo – *meu mundo* – era seguro. Mas só o que eu conseguia era a sensação de fracasso: meu pai nos deixou quando eu tinha 10 anos, demolindo qualquer noção de certeza e estabilidade que eu ainda tivesse. Pensando bem, a partida dele até que foi uma bênção, mas nunca conheci nenhuma criança de 10 anos que dissesse com alegria: "É, meus pais se divorciaram, minha mãe trabalha o dia inteiro para pôr comida na mesa e mesmo assim há dias em que só temos uma batata para o jantar."

É por isso que, quando menina, o que eu realmente me dizia era: "Não sou suficiente." Talvez não usasse essas palavras, mas agora, adulta, formada em Psicologia, quando recordo aquela fase da vida, sei que poderia traduzir assim o sentimento. Fazia de tudo para provar que era suficiente. *Devo lavar a louça? Estudar mais? Proteger minha irmã? Cuidar da minha mãe?* Os pensamentos e sentimentos ansiosos não tinham fim. Por mais que eu tentasse, às vezes me sentia tão sobrecarregada que engolia minhas emoções junto com um pacote inteiro de biscoitos – e aí me sentia mais fracassada ainda.

Para piorar, sempre que me flagrava comendo biscoitos, minha mãe me obrigava a ficar de dieta, provando que eu não era mesmo suficiente. Era um círculo vicioso. Hoje percebo que ela se preocupava com minha saúde tanto quanto me preocupo com a saúde do meu filho. Mas, caramba, dói quando alguém demonstra amor privando você dos seus biscoitos! Na época, eu ficava magoada e confusa. Por que ela estava tirando de mim a única coisa que me fazia bem naquele momento? A verdade é que, como sempre acontece, tanto eu quanto minha mãe fazíamos o melhor possível com as ferramentas que tínhamos na época. E, infelizmente, nossas ferramentas eram rudimentares. A boa notícia é que as ferramentas que vou ensinar a você neste livro são mais sofisticadas e respaldadas por centenas de estudos científicos e pelas lições que aprendi em décadas de profissão.

Acho que meus amigos me veem como ousada porque superei a pobreza, as adversidades e os traumas para chegar aonde estou hoje: professora associada de Psicologia da Faculdade de Medicina de Harvard e diretora do laboratório de pesquisa do PRIDE, programa de saúde mental do Hospital Geral de Massachusetts, em Boston, voltado para a implantação e disseminação de tratamentos baseados em evidências. Talvez minha *trajetória* tenha sido ousada, mas o que meus amigos não veem é que até hoje tenho a sensação de não ser boa o bastante. Então como saí da pobreza e cheguei a Harvard e às estantes das livrarias?

Atribuo essa jornada aparentemente milagrosa a três fatores: minha mãe, minha avó e a ciência. Minha mãe é uma guerreira e até hoje continua a trabalhar muito para superar todas as dificuldades que surgem. Lutou sozinha com unhas e dentes para nos alimentar e nos dar a possibilidade de um futuro melhor. Foi ela quem me ensinou que, não importa como eu me sinta, só é possível avançar *através* das emoções. Ela me mostrou que eu podia superar obstáculos independentemente do que sentisse. Mais tarde, na pós-graduação, aprendi que esse tipo de comportamento – que *atravessa*, e não *contorna* – está no âmago do conceito de regulação emocional,[1] que nos ensina que vivenciar as emoções é melhor do que evitá-las.

A mulher que passei a considerar minha avó entrou na minha vida quando eu tinha 12 anos e minha mãe namorava meu padrasto. Quando eu era pequena, ela me tirava da zona de conforto para garantir que meus medos não me impedissem de realizar meus sonhos. A maior parte das lições que minha avó me ensinou pode se resumir a dois conceitos gerais: "Aborde, não evite" (que discutiremos na Parte 3) e "Seja a água, não a pedra" (que veremos na Conclusão).

Equipada com minhas lições da infância, vim para os Estados Unidos atrás do sonho americano – primeiro como aluna de intercâmbio e, mais tarde, para continuar minha formação. Depois do doutorado, mergulhei na terapia cognitivo-comportamental (TCC), o padrão-ouro para problemas de saúde mental.[2] Li todos os protocolos terapêuticos publicados, estudei como fazer o tratamento em sessões individuais e em grupo, pesquisei terapias para diferentes transtornos e populações específicas e fui orientada pelos principais especialistas em saúde mental do mundo. Meus primeiros dias em Harvard e no Hospital Geral de Massachusetts foram valiosíssimos e me ajudaram a sintetizar a ciência que agora divido com você. Mas não foram o bastante.

Foi só quando mergulhei na vida real e trabalhei com diferentes comunidades que aprendi a extrair de fato o que é necessário para ter ousadia. Uma coisa é falar sobre TCC estando numa torre de marfim (isto é, Harvard); outra bem diferente é levá-la a alguém que cuida sozinho dos filhos ou que enfrenta deportação, prisão, pobreza. E outra ainda é levar esses conceitos à executiva poderosa cujo casamento está ruindo enquanto ela conduz a empresa por uma grande transição. Quando me tornei capaz de abordar esses desafios, finalmente consegui integrar a sabedoria da minha mãe e da minha avó à ciência baseada em evidências e criar um método que se aplica a qualquer pessoa o tempo todo, em vez de só a algumas pessoas em determinados momentos.

Viver com ousadia traz um conjunto de habilidades baseadas na ciência e entremeadas com minhas lições de vida, criado para ajudar qualquer um a superar obstáculos e ter o melhor futuro possível. As três habilidades aqui apresentadas – *Modificar*, *Abordar* e *Alinhar* – vão preparar você para dar passos ousados nos momentos mais importantes. Mas atenção: haverá obstáculos pelo caminho. Afinal de contas, viver com ousadia não significa viver de maneira destemida ou imprudente, e sim enfrentar os desafios sem ficar paralisado pela evitação psicológica, o inimigo real que a maioria de nós enfrenta. Convido você a vir comigo e ter uma vida "confortavelmente desconfortável". Sou grata por estar onde estou hoje e espero, sinceramente, que você termine a leitura descobrindo sua própria receita de ousadia.

PARTE 1

O que emperra nossa vida

CAPÍTULO 1

A ansiedade dói, mas não é ela que nos paralisa

Ser humano é difícil. Às vezes, nem bem recuperamos o fôlego e já somos golpeados por um novo desafio: metas impossíveis no trabalho, despesas inesperadas, um filho com dificuldade na escola, problemas de saúde na família, as brigas de sempre com a pessoa amada. Depois de um dia difícil assim, só queremos nos anestesiar um pouco, e cada um de nós tem um jeito de se desligar do mundo. Mas você diria que está satisfeito com a vida? Está sendo sua melhor versão, a mais autêntica? Será que lembra quais são seus sonhos? Ou a ideia de ter uma vida vibrante e gratificante parece impossível – talvez até exaustiva, intimidante e avassaladora?

Em momentos de muita ansiedade, é comum ficarmos paralisados. Paralisamos em relacionamentos tóxicos e empregos extenuantes. Certas manhãs paralisamos na cama, tentando achar uma razão para levantar. E certas noites paralisamos em casa, esparramados em frente à TV ou rolando a tela do celular em vez de sair pelo mundo. Todos nos sentimos empacados de vez em quando e, nessas horas, é como se patinássemos em gelo fino: um passinho a mais pode nos lançar num abismo de água congelante.

Nesses momentos, ser ousado – ter uma vida melhor e mais autêntica – parece um sonho muito distante. Quem tem tempo e energia para isso? Achamos que a ousadia é típica dos jovens, que não precisam lidar com um monte de estresse e responsabilidade, ou de quem tem mais vantagens, menos problemas e mais dinheiro no banco. Não é para o nosso bico. Quando ouvimos a palavra *ousado*, podemos pensar em gente como Martin Luther King Jr., presidentes de grandes empresas e atletas profissionais – indivíduos com a influência, a coragem e a confiança que não temos. Mas e se a ousadia não estiver reservada apenas para uns poucos sortudos com privilégios, talentos e uma personalidade específica? E se for para todos nós?

Este livro vai ajudar você a sair da paralisia e avançar rumo ao que é importante, apesar do desconforto e dos obstáculos. Em momentos de estresse e ansiedade, recorra às três habilidades que apresento aqui para enfrentar o que impede você de ter a vida que deseja: uma vida com ousadia. A vida com ousadia é aquela em que somos nós mesmos por inteiro.

Se você abriu este livro com vontade de abraçar a ousadia mas está cansado de enfrentar os desafios constantes da vida, saiba que não está sozinho. Era exatamente assim que eu me encontrava antes de aprender as habilidades que mostrarei a você.

Eu me sentia sem saída durante minha infância e adolescência na cidade mineira de Governador Valadares, numa família cuja única constante era o caos. Meus pais são pessoas incríveis, mas não tinham muitos recursos e não estavam equipados para controlar emocionalmente a si mesmos e suas duas filhas pequenas. A falta de estabilidade financeira, combinada às drogas e ao álcool, resultava numa troca dolorosa de gritos e, às vezes, em brigas bem violentas entre eles. Como filha mais velha, eu fazia o possível para proteger minha irmã, o que me deixava apavorada. Sempre que pressentia algum perigo, mesmo quando não existia, eu ficava tão ansiosa que achava que tinha de fazer algo para me sentir melhor. Assim, quando criança eu literalmente engolia minhas emoções: devorava pacotes e pacotes de biscoito sempre que a vida parecia aterradora demais. Só que às vezes as guloseimas não bastavam, e minha ansiedade se manifestava fisicamente. Em mais de uma ocasião fui levada às pressas ao hospital com uma terrível "crise de asma". Hoje, adulta e psicóloga, percebo que eram crises de pânico, não de asma. Mas na época eu não tinha vocabulário para exprimir meu medo e só sentia que não conseguia respirar. *Se aos 10 anos alguém me dissesse que um dia eu ajudaria os outros a ter ousadia, eu cairia na gargalhada!*

Nossa vida ficou ainda mais difícil quando meu pai saiu de casa. O dinheiro era escasso e não tínhamos rede de apoio. Não me entenda mal; não éramos os mais pobres do país. Mas, como tantas outras pessoas, minha mãe tinha que ficar buscando maneiras de se reinventar para nos garantir o sustento. Imagine só: uma mãe jovem, recém-separada, numa situação já precária, de repente encarregada de alimentar, vestir e educar duas filhas inteiramente sozinha. Ela fazia de tudo para pôr comida na mesa, desde vender cabides e vassouras até costurar uniformes. Poderia deixar que o estresse e a ansiedade a dominassem e a paralisassem, mas ela sabia que não tinha essa opção. Assim, deu um passo. Depois outro. E mais outro. Naquela época, ao contrário da minha mãe, eu só queria ligar a TV e me distrair, porque a vida era difícil demais.

Por outro lado, ao ver minha mãe seguir em frente apesar de tudo, comecei a entender o que é necessário para avançar na direção do desconforto, aceitar sua presença e fazer dele meu melhor amigo, em vez de ser paralisada por ele. Embora não tenha acontecido da noite para o dia, tudo que aprendi na infância permitiu a uma criança tímida que vivia numa situação economicamente complicada se tornar doutora em Psicologia Clínica e professora na Faculdade de Medicina de Harvard e no Hospital Geral de Massachusetts, onde trabalho hoje.

Embora pareça um tipo bem específico de jornada da heroína, minha história teve muitos altos e baixos. Em cada uma dessas encruzilhadas eu me perguntava: *Consigo continuar? Consigo escolher ser ousada em vez de ficar empacada no medo?* Imagino que você também já tenha passado por situações semelhantes em que seu cérebro exige *Esconda-se sob as cobertas*, mas mesmo assim a vida lhe implora que continue. Não importa quais sejam suas circunstâncias, este livro foi escrito com a intenção de ajudar você a avançar rumo à vida que deseja. Alguns se preocupam com as contas a pagar, outros enfrentam os problemas de saúde de um ente querido ou as dificuldades escolares de um filho. Alguns pensam numa mudança de carreira ou na aposentadoria, enquanto outros enfrentam o fim de um relacionamento importante e imaginam como se reinventar depois disso. Alguns acabaram de chegar a um novo país em busca de uma vida melhor, enquanto outros sonham com uma oportunidade dessas. Os desafios – grandes ou pequenos, óbvios ou sutis – nos deixam cansados, com medo, sozinhos, tristes, ansiosos, sobrecarregados e, pura e simplesmente, paralisados. Se algo nesse assunto tocou seu coração, talvez você esteja pensando nas mesmas perguntas que meus clientes costumam me fazer: *Como faço para me livrar da ansiedade? Por que me sinto tão empacado? Como sair dessa rotina? Por que essa tristeza não passa? Será mesmo possível ter ousadia?*

Por favor, doutora, faça essa ansiedade ir embora

Foi exatamente isso que Jake, CEO de uma grande empresa, me pediu quando nos conhecemos. Se o encontrasse na rua, você jamais imaginaria que ele cresceu com muito pouco, porque só veria um executivo bonito, elegante e articulado, com modos perfeitos, um terno Armani impecável e um ar de confiança que se percebe a quilômetros de distância. Em resumo, para o mundo inteiro, Jake arrasava. Mas ali estava ele em meu consultório, descrevendo sua ansiedade debilitante. Ele sempre fora uma pessoa ansiosa, mas àquela altura o problema chegara a um nível insuportável. Sentado à minha frente, ele se inclinou para mim e, do mesmo modo que se esperaria que desse uma ordem aos funcionários, disse:

– Dra. Luana, soube que a senhora é a melhor, então precisa me ajudar a acabar com essa ansiedade. Não consigo pensar direito e preciso dar um jeito nisso para me concentrar no planejamento estratégico do ano que vem.

Começamos pelo básico.

– Como é essa ansiedade? – perguntei.

– Parece que vou explodir!

– Explodir? É isso mesmo?

– É! Explodir! – Seu tom de voz me surpreendeu, em forte contraste com sua imagem polida. Ele continuou: – Não sei como ainda não entrei em combustão. Meu coração dispara, eu me sinto tonto, é difícil me concentrar, o mundo se fecha sobre mim... tudo ao mesmo tempo. Sinto que estou prestes a ter um infarto. Mas já fiz milhões de exames e não há nada de errado com meu coração.

– Como você controla esses momentos de quase combustão? – perguntei.

– Faço o que for preciso para me sentir melhor. No trabalho, cancelo as reuniões ou mando minha diretora de operações assumir e dizer que tive outra reunião importante com um investidor.

Jake parecia retraído e envergonhado. Toda aquela confiança duramente conquistada tinha desaparecido sem deixar vestígios. Baixando a voz, ele desabafou:

– Eu minto, mas não sei mais o que fazer nesses momentos. Quando volto para casa, em geral estou tão esgotado pela ansiedade que não consigo nem pensar em me exercitar. Tento resistir a uma taça de vinho, mas, francamente, depois das oito da noite não aguento mais, e na segunda taça me sinto muito melhor. Então passo horas diante do computador, trabalhando. – Ele fez uma pausa. – Bom, digo a mim mesmo que estou trabalhando, mas na verdade só fico encarando a tela, ausente e bebendo para aliviar a ansiedade. Aí finalmente adormeço e acordo ainda mais ansioso do que no dia anterior. É complicado! Estou lhe dizendo, a senhora precisa me livrar desse tormento. Não aguento mais!

Jake achava – e com razão – que estava prestes a ter um colapso, mas não entendia os verdadeiros motivos. Ele acreditava que ficaria bem e seria capaz de se dedicar ao trabalho sem problemas se eu acabasse com sua ansiedade num passe de mágica. Até certo ponto ele estava certo: muitas emoções desagradáveis (ansiedade, medo, tristeza) nos paralisam e emperram nossa vida. Mas será mesmo que Jake ficaria melhor se toda a ansiedade dele desaparecesse? Provavelmente conseguiria se concentrar mais no trabalho. Mas não ficaria preocupado com a segurança da esposa a ponto de dar uma olhada nos freios do carro? Será que teria motivação para se preparar com antecedência para uma grande apresentação de negócios? Talvez não. As emoções desagradáveis são como os receptores da dor, que nos alertam de coisas que podem ser prejudiciais ou perigosas, como encostar num forno quente, e sem eles nos queimaríamos. Assim, embora dolorosa, a ansiedade em si é adaptativa e tem algo importante a nos dizer.

Não se engane com a febre: procure a infecção

Jake não é o único. Na verdade, todos que conheci na minha carreira querem sair do atoleiro e ter uma vida mais plena, saudável e ousada. Mas, nas tentativas de se libertar, vejo que meus clientes olham para o lugar errado (exatamente como eu fazia antes de conhecer as habilidades descritas neste livro). Muitos clientes querem que eu os livre de ansiedade, estresse, esgotamento, tristeza, medo ou desesperança. No entanto, embora essas emoções sejam dolorosas, em geral são um sintoma e não a causa das dificuldades.

Vou explicar de outra maneira. Imagine que você tenha febre alta e, para resolver, tome um Tylenol. Sua febre vai baixar? É bem provável. Mas por quanto tempo? Depende do que seu corpo está combatendo. Se for um resfriado leve, o Tylenol vai ajudar e talvez você esteja novo em folha em alguns dias. Entretanto, se for uma infecção bacteriana, o Tylenol vai baixar a febre, mas não vai curar a infecção. Para isso, você precisará de outro tipo de medicamento, como um antibiótico. O Tylenol só resolverá um sintoma (febre), sem curar o problema em si (a infecção).

Assim, quando Jake me disse "Dra. Luana, soube que a senhora é a melhor, então precisa me ajudar a acabar com essa ansiedade", entendi que a ansiedade era uma espécie de febre alta para ele, mas eu também sabia, por anos de pesquisa e prática clínica, que não era a causa da infecção.

A ansiedade é apenas uma das febres que meus clientes relatam. Também costumo ouvir coisas como:

- "Se ao menos eu conseguisse reduzir o estresse, teria mais sucesso."
- "É esse esgotamento que está me matando. Preciso aprender a me organizar para me sentir melhor."
- "O verdadeiro problema é meu chefe. Se ele me ouvisse, eu não me sentiria tão estagnado."
- "Parece que não consigo fazer nada produtivo quando chego em casa. Só quero ver TV ou mexer no celular."
- "Se meu marido não vivesse no escritório, nosso casamento não teria acabado."
- "Minhas compras on-line estão descontroladas, mas não consigo parar. Estou morrendo de medo da fatura do cartão."

Estresse, esgotamento, dificuldade de concentração, crise conjugal, preocupações financeiras: essas experiências são reais e dolorosas, mas o que as causa?

A pergunta é a mesma: qual é a causa básica da infecção? Aprendi na vida, no trabalho clínico e na pesquisa que há um denominador comum que tende a nos deixar paralisados. É o que chamo de *evitação psicológica*.

Nosso inimigo tem nome e sobrenome:
conheça a evitação psicológica

Evitação psicológica é qualquer reação a uma percepção de ameaça que traga alívio emocional imediato mas provoque consequências negativas a longo prazo. Para simplificar, neste livro chamarei esse conceito de "evitação" (prepare-se: você vai ver muito esse termo nas próximas páginas). Em poucas palavras, a evitação nos dá alívio rápido e temporário do desconforto, mas nos mantém empacados a longo prazo. Imagine que você tenha um termômetro interno que mede o desconforto em tempo real, numa escala de 0 (tranquilo, calmo, centrado) a 100 (a ponto de explodir de ansiedade, medo ou estresse). Quanto mais alta a temperatura, mais você quer baixá-la – mais você quer *evitar*. Afinal de contas, quem gosta de sentir desconforto?

Ao longo da minha carreira, vi que era difícil meus clientes entenderem que a evitação é nossa "infecção", porque muitas vezes o desconforto em si (ou seja, a ansiedade, o estresse, a tristeza, o esgotamento) parece o problema primário. Remova o desconforto e a vida melhora; parece uma conclusão bastante óbvia. Mas o problema não é o desconforto em si, e sim como *reagimos* a ele.

A evitação psicológica tem um custo real a longo prazo, porque ela sempre nos rouba a oportunidade de ter uma vida plena e nos impede de atingir metas. Quando começamos a evitar, precisamos continuar evitando o tempo todo para afastar o desconforto, que, como o vilão de um filme de terror, não para de nos perseguir. Ao evitar, ensinamos ao cérebro que a única maneira de lidar com as situações difíceis é fugir em vez de enfrentá-las, o que reforça a necessidade de evitação. Todos já sentimos desconforto e com certeza voltaremos a senti-lo. Toda vez que o evita, você se sente um pouco melhor, mas *se sentir* melhor e *estar* melhor são coisas muito diferentes!

No caso de Jake, o que ele fazia ao se sentir ansioso é que o paralisava, não a ansiedade em si. Sempre que sentia o coração disparado, ele recorria à evitação para se livrar do desconforto (isto é, cancelava reuniões ou bebia uma taça de vinho). Toda vez que evitava, sentia algum alívio. A frequência cardíaca voltava ao normal e ele conseguia prosseguir com a vida.

As ações de Jake fazem sentido. Quem quer andar por aí sentindo que vai ter um infarto? Mas ele estava empacado num ciclo interminável de evitação – e a evitação é poderosa porque, por definição, funciona! Faz a gente se sentir melhor muito depressa. De certo modo, é quase uma droga, porque, quando sentimos seu efeito, é fácil nos viciarmos.

Na época em que o conheci, Jake estava numa verdadeira encruzilhada, sofrendo em diversas áreas da vida. No trabalho, a diretora de operações se frustrava porque ele não estava presente, parecia distante e, pior, acabava jogando tudo nas costas dela. Em casa, a esposa de Jake se preocupava ao vê-lo se afastando dos filhos, bebendo muito e sedentário. Ela implorou que ele buscasse ajuda, do contrário não continuaria com ele. A mãe de Jake, como não entendia a evitação, achava que ele não ia aos jantares de família porque priorizava o trabalho, o que a deixava furiosa. Com o tempo, como aconteceu com Jake, a evitação infecciosa contamina cada cantinho da nossa vida.

Maneiras criativas de evitar:
o desconforto da paquera

Começar um relacionamento amoroso é um pouco assustador (sejamos francos, todos nós já tivemos esse medo alguma vez na vida), por isso a evitação costuma aparecer quando o assunto é paquera. Para mim, sair com alguém era complicado porque despertava meu medo de "não ser suficiente". E o que eu fazia? Isso mesmo: evitava. Por algum tempo, simplesmente não saí com ninguém, mas aí minhas amigas se revoltaram e criaram um perfil para mim num aplicativo de namoro. Embora estivessem bem-intencionadas, elas não foram tão espertas quanto minha evitação, pois nunca abri o aplicativo. Por que olhar e descobrir o que eu já sabia, que ninguém queria sair comigo? Por um tempo me senti melhor por não olhar, mas, depois de meses de evitação, ficou claro que esse comportamento não era nada útil para alguém que queria ter uma família (e eu queria desesperadamente). Ainda bem que tenho um monte de amigos psicólogos que me incentivaram a superar a evitação (usando as habilidades que mostrarei neste livro) e, no fim das contas, acabei conhecendo meu atual marido, David.

Embora a tática de evitar paqueras fosse uma das mais óbvias, trabalhei com muitos clientes que usaram estratégias mais sutis para minimizar o desconforto. Por exemplo, Juan tinha medo de que ninguém gostasse dele e fez exatamente o oposto do que eu fiz. Em vez de não sair com ninguém, saía com um milhão de pessoas. Mas calma lá: *isso* é evitação? Boa pergunta! Juan me perguntou a mesma coisa quando começamos a terapia. Vamos dissecar o padrão de relacionamentos de Juan para entender se o método dele era evitação ou não.

Juan gostava de conhecer gente nova e marcava encontros com muitas mulheres interessantes. Como os encontros eram agradáveis, ele marcava muitos seguidos, às vezes até dois na mesma noite. Por conta dessa agenda lotada, muitas vezes ele só conseguia marcar o segundo encontro com uma mulher semanas depois, quando a fila dela já tinha andado. Pode-se dizer que Juan colecionava primeiros encontros – e só isso. Sim, ele estava sempre acompanhado, mas tinha tanto pavor da rejeição que não saía com ninguém uma segunda vez. Depois desses primeiros encontros, sentia-se momentaneamente melhor, mas logo seu medo de não ser amado por ninguém voltava e, para amenizar essa sensação, ele marcava outro primeiro encontro com uma pessoa nova. Embora essa tática de evitação desse certo na juventude, quando nos conhecemos ele estava com 30 e poucos anos e nunca havia tido nenhum relacionamento sério, embora quisesse muito. Estava atolado na lama da evitação.

Viviane havia acabado de sair do armário e me disse que estava confusa, porque tinha muitos encontros, mas nada durava. Em certo momento, ela me disse, meio constrangida, que só saía com mulheres que não achava atraentes. A princípio fiquei confusa. A atração física não faz parte da paixão? Faz, concordou Viviane, mas ela tinha pavor de que as mulheres não a achassem bonita. Então, em vez de testar esse medo, sabotava qualquer probabilidade de esses encontros evoluírem para um namoro. Na cabeça de Viviane, ela estava se protegendo da mágoa saindo com mulheres pelas quais não se sentia atraída. Embora isso reduzisse (por pouco tempo) o desconforto da paquera, a tática da evitação sempre resultava numa relação insatisfatória ou inexistente.

Juan, Viviane e eu estávamos todos paralisados na evitação, cada um reagindo de modo diferente ao desconforto que cerca o início de um relacionamento. Embora *o que* cada um fazia fosse diferente, o *porquê* de agirmos assim era o mesmo. Todos tentávamos minimizar a ansiedade. E todos pagávamos o mesmo preço: não conseguíamos a estabilidade que tanto desejávamos num relacionamento amoroso.

Minha evitação nem sempre é igual à sua

Se quiser identificar a evitação na sua vida, você pode questionar se apagar seu perfil no aplicativo ou lotar sua agenda de primeiros encontros é evitação. Pode ser. Ou não. Por exemplo, Mira, uma grande amiga minha, é jovem e muito centrada na carreira. Adora namorar e costuma ter encontros incríveis. Na verdade, ela foi recentemente ao México com alguém que conheceu poucas semanas antes e se divertiu muito. Mas Mira é muito clara com os homens que namora: a carreira vem em primeiro lugar. Ela não está evitando paqueras nem relacionamentos mais sérios; só decidiu priorizar o trabalho. Mira costuma me dizer que vai mudar depois dos 30 anos. É algo que só o tempo dirá, mas pelo menos por enquanto está claro para mim que esse desapego amoroso não terá consequências a longo prazo na vida dela.

Isso mostra que o mesmo comportamento pode ser evitação para uns e não para outros, e vejo outro exemplo disso na minha própria casa. Como você sabe, desde pequena controlei o estresse, a ansiedade e o medo, principalmente em momentos de crise, comendo biscoitos. Para mim, comer biscoitos significa me sentir um pouquinho melhor. Então, quando me estresso, o que quero fazer? Isso mesmo: comer biscoitos. Se você já se dedicou a saciar o apetite emocional, sabe do que estou falando: a ansiedade aumenta, você começa a sentir angústia e certos alimentos lhe parecem a salvação.

Mas veja bem, se você estiver comendo alguma guloseima enquanto lê este capítulo, não se preocupe. Isso nem sempre é uma forma de evitação psicológica, como meu marido David gosta de dizer. Se pudesse, David comeria biscoitos o dia inteiro, porque adora doces. Ele é capaz de comer a sobremesa dele e a do filho em todas as refeições, mas nunca vai à cozinha buscar um biscoito por estar ansioso ou com medo. Para David, os biscoitos não são uma forma de aliviar o desconforto; são apenas algo que ele adora.

Eu como biscoitos para me sentir melhor instantaneamente, enquanto David come porque gosta. Mas comer para aplacar as emoções não basta para definir meu comportamento como evitação. Há um segundo fator essencial aqui: qual é o custo (ou a consequência a longo prazo) desse comportamento? Para ser considerado evitação, o comportamento *precisa* estar associado a um custo a longo prazo, algo que emperre nossa vida. Para mim, comer biscoitos para amenizar a ansiedade desde criança causou uma batalha vitalícia contra a obesidade; agora mesmo estou 18 quilos acima do peso ideal enquanto escrevo este livro. Isso nunca aconteceu com David, que inclusive tem tendência a emagrecer.

A realidade é que as táticas de evitação são exclusivas de cada pessoa e, por mais criativas, interessantes ou aparentemente úteis que pareçam, elas sempre nos mantêm empacados. Assim, para superar a evitação, primeiro precisamos entender como ela funciona no nosso caso. Pense numa ocasião recente em que você tenha sentido desconforto. Você fez alguma coisa para melhorar depressa?

- Tomou um drinque?
- Enfiou-se embaixo do cobertor?
- Usou drogas?
- Inventou uma desculpa esfarrapada para ficar em casa em vez de encontrar alguém?
- Evitou falar na sala de aula?
- Recusou uma promoção no trabalho para não ter que falar em público?
- Ficou mais distante da pessoa amada para evitar uma conversa difícil?
- Apagou as mensagens de um amigo em vez de responder?
- Deixou os e-mails se acumularem porque estava sobrecarregado demais?
- Ficou rolando a tela do celular ao acaso só para passar o tempo?
- Fez alguma compra on-line?

Embora sejam fáceis, nossas táticas de evitação não deixam de ter um custo.

O preço que pagamos

O preço que pagamos pela evitação é tão único quanto nós: relacionamentos se desfazem, sonhos são abandonados, a saúde piora, o rendimento no trabalho cai. Infelizmente, como vejo com meus clientes, em geral o preço é alto. Meena, paralisada pelo medo de voar, recusou uma promoção que exigiria que viajasse de avião regularmente. Sawyer passou a vida evitando a tristeza e dedicando horas aos desafios da moda (banhos de gelo, ultramaratonas, jejum intermitente... tudo), mas a tentativa de eliminar a tristeza deixou pouco espaço para o emprego estável e o relacionamento profundo que ele tanto queria. Rogério, executivo de destaque, estava à beira de um "colapso nervoso" porque trabalhava em excesso só para evitar os pensamentos que surgiam sempre que ele desacelerava: "Sou lento demais", "Nunca serei bem-sucedido", "Não sou suficiente".

Em todos esses exemplos, tentamos ao máximo minimizar o desconforto e a ansiedade, mas essa resposta à dor tem um custo real. O preço que pagamos é o que faz da evitação o verdadeiro inimigo que impede a vida que queremos ter.

Se a evitação psicológica é o verdadeiro inimigo, por que continuo evitando?

Esta é a parte do livro em que você espera que eu lhe diga que toda evitação é inerentemente ruim e lhe ensine como se livrar dela por completo. Nada disso. Afinal de contas, há muita coisa na vida que é útil (e saudável) evitar, como tubarões famintos, barulhos ensurdecedores e cobras venenosas. Na verdade, a evitação, em grande medida, é o resultado de nosso cérebro extraordinário e evolutivo tentando nos proteger.

O cérebro é uma máquina complexa formada por muitas regiões que se comunicam entre si por um sistema de redes.[1] As mensagens dessas redes são responsáveis por tudo que fazemos: comer, respirar, dormir, recordar, sonhar, pensar e mexer o corpo. Acima de tudo, as redes do cérebro estão programadas para nos proteger. Para tanto, elas identificam perigos, preveem possíveis resultados (principalmente os negativos) e aprendem o que dá certo ou não em várias situações.[2] Parece uma lista de atribuições bem puxada, não é? E é mesmo.

Para entender como nossa inimiga *evitação psicológica* surge diante do desconforto, examinemos especificamente o processamento das emoções. Essa é uma ação mental complexa que envolve muitos estágios e diferentes regiões cerebrais.[3] O primeiro estágio é a percepção, em que o cérebro detecta a presença de um estímulo (potencialmente perigoso) no mundo ao redor. Por exemplo, a imagem de seu ambiente registrada pelos olhos envia uma mensagem a uma região chamada lobo occipital, na parte de trás do cérebro, para ser processada. Do mesmo modo, os sons que entram pelos ouvidos são enviados para o lobo temporal. Depois disso, essas áreas de processamento sensorial enviam as informações para as regiões do cérebro responsáveis por reconhecer o ambiente e reagir a ele.

Uma das principais regiões responsáveis pela nossa resposta ao ambiente é a amígdala (Figura 1). Essa estrutura fica bem no interior do cérebro e está muito envolvida no processamento de emoções.[4] No segundo em que você se vê diante de uma ameaça, como uma cobra venenosa, sua amígdala entra em ação e envia mensagens pelo corpo para protegê-lo a qualquer custo. Em milissegundos, sem pensamento consciente, a amígdala envia mensagens que dão início a uma cascata de mudanças biológicas bastante desconfortável.

Figura 1: Regiões cerebrais envolvidas na evitação

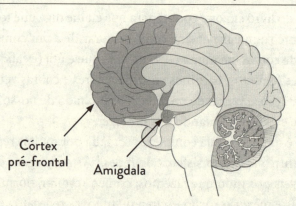

O coração começa a bater depressa para que seu corpo tenha sangue suficiente circulando para agir. Ao mesmo tempo, você começa a suar, o que baixa a temperatura do corpo e deixa a pele escorregadia, algo útil caso você lute com um homem das cavernas irritado. O sangue se afasta dos órgãos não imediatamente necessários para a sobrevivência e vai do cérebro para as extremidades, o que deixa muita gente tensa ou tonta. O estômago também para. Afinal de contas, não há necessidade de digerir quando você está fazendo o possível para sobreviver à briga com o homem das cavernas enraivecido. Infelizmente, isso talvez lhe cause dor de estômago, sobretudo se tiver acabado de comer, e pode até provocar diarreia. Quem disse que o estresse era divertido? A visão se estreita para focalizar o agressor que vem em sua direção e, com isso, talvez você enxergue pontos de luz.

Todas essas mudanças biológicas visam aumentar a probabilidade de sobrevivência e preparar você para reagir. Mas também consomem muita energia. Assim, para tentar garantir energia suficiente para manter você vivo, o cérebro emocional inibe todas as outras funções consideradas desnecessárias no momento. E uma das regiões cerebrais desligadas (ou, pelo menos, deixadas meio de lado) é o córtex pré-frontal, a central de controle do cérebro para o pensamento de alto nível, que os psicólogos chamam de funcionamento executivo, porque é a região responsável por tomar decisões, planejar e resolver problemas.[5] O córtex pré-frontal é uma parte importantíssima do cérebro, e talvez você se pergunte por que, num momento de crise, ele fica quase desligado. É que, numa situação de ameaça à vida, o pensamento calmo e racional é menos útil do que sair correndo.

Essa reação primária do cérebro é muito adaptativa. Por exemplo, imagine que você esteja atravessando a rua enquanto manda mensagem no celular porque perdeu a hora e quer se desculpar pelo atraso. De repente, você vê uma ambulância vindo a toda em sua direção. Das reações seguintes, qual provavelmente seria a sua?

A. Parar e pensar: "Ah, uma ambulância está vindo na minha direção. Vejamos... Ela vai para leste ou para oeste? Hum... Bom, o sol está se pondo ali, então acho que a ambulância está na rota nordeste. Será que a pessoa lá dentro está bem? Espero que sim. Talvez tenha sido um infarto. Dizem que é comum na primeira semana do verão. Aliás, preciso marcar consulta com o cardiologista."
Ou...

B. Gritar "CARA**O!" enquanto sai correndo e se joga numa lata de lixo.

A não ser que esteja folheando este livro sem prestar muita atenção nas alternativas, meu palpite é que você escolheu a letra B. Em situações de vida ou morte, o animal humano simplesmente não vai racionalizar, porque o córtex pré-frontal fica praticamente desligado. Você vai *correr*. Instintivamente e muito depressa. E, embora o homem das cavernas não tenha precisado lidar com uma ambulância moderna, há um vínculo direto entre a experiência assustadora de enviar mensagens atravessando a rua e o encontro de nossos ancestrais pré-históricos com um tigre-dentes-de-sabre em 10000 a.C. Seja a ameaça uma ambulância a toda, seja a megafauna ameaçadora, uma coisa é certa: a amígdala sempre vai "amigdalizar" instantaneamente. O homem das cavernas cuja amígdala não era rápida o bastante para mantê-lo vivo não sobreviveu a ponto de transmitir seus genes; descendemos dos homens das cavernas com amígdalas mais reativas. E, embora o nervosismo resultante pareça um fardo, lembre-se: seu cérebro só está tentando proteger você, acima de tudo.

Os alarmes falsos do cérebro

Você já deve ter ouvido falar da reação de luta, fuga ou congelamento diante do perigo, mas por que sua amígdala assume o volante das emoções quando você recebe um e-mail da chefe às dez da noite? Porque o cérebro está sempre à escuta e, quando sente uma ameaça, a parte emocional entra em ação para proteger você – mesmo que a ameaça seja só uma *percepção*. Pesquisadores demonstraram que até algo banal como a foto de alguém com cara de medo – uma pista de possível perigo no ambiente – basta para ativar a amígdala e dificultar o pensamento racional.[6] Podemos não gostar do modo como um colega fala conosco ou da cara de alguém na plateia quando subimos no palco, mas acho que todos concordamos que palavras e pensamentos não são a mesma coisa que a violência literal de uma ambulância que vem em sua direção a 120 km/h. Esta é uma ameaça à sua vida. Aqueles são um alarme falso – mas, caramba, parecem tão reais! Principalmente para a amígdala, que tem olhos atentos, mas é bem obtusa na hora de distinguir as ameaças reais das aparentes.

Voltemos ao nosso elegante CEO para ver como funciona na prática. Quando Jake chega em casa à noite e pensa "Nunca vou me livrar dessa ansiedade" e fica preso numa espiral de pensamentos negativos, esses pensamentos não são uma ameaça real à vida dele, mas provocam desconforto real, que o cérebro percebe como ameaça iminente. O coração dispara, de modo a deixá-lo pronto para se proteger da melhor maneira possível (*Corra! Lute!*) e o cérebro começa a lhe dizer: "Isso não é nada bom! Você está infartando!" As sensações desagradáveis no corpo criam na cabeça mais pensamentos negativos, que, por sua vez, criam mais sensações desagradáveis no corpo. Em essência, os sintomas de desconforto de Jake (coração acelerado, suor, tontura, ansiedade) são os mesmos, quer ele enfrente uma ameaça real, quer uma ameaça aparente. Mas, no caso da ameaça aparente, o cérebro interpreta os sintomas como perigo, tira a conclusão precipitada de que Jake está sofrendo um infarto e o termômetro da ansiedade dispara. Jake faz então o que todos somos preparados biologicamente para fazer: dá um jeito de se afastar do desconforto. No caso, acaba abrindo aquela garrafa de vinho que lhe dá alívio.

Vale a pena parar um pouquinho e fazer uma observação aqui: o que a amígdala de uma pessoa percebe como ameaça será diferente da percepção da amígdala de outra pessoa. Por exemplo, se para Jake o coração acelerado significa infarto, para mim costuma significar empolgação. Do mesmo modo, se você tem uma ótima relação com sua chefe, o e-mail às dez da noite não vai provocar a reação de ameaça. No entanto, se você tem medo dela, é quase certo que provocará. Quer outro exemplo pessoal? Um comentário já fez meu cérebro provocar uma reação completa de luta, fuga ou congelamento. Vou contar como foi.

Há uns 15 anos, no início da minha carreira acadêmica, cheguei à faculdade para trabalhar e uma colega minha, com um largo sorriso no rosto, disse: "Você está tão latina hoje!"

Pensei comigo: *O que ela quer dizer?*

O sangue correu para os meus olhos enquanto minha reação primitiva de luta, fuga ou congelamento era ativada...

O que significa ser latina?

Meu coração começou a bater com mais força...

Estou gorda? Minha bunda é grande demais? Tenho curvas demais?

Fiquei tonta...

Não sou americana o bastante? Nunca vou me adequar a Harvard...

Isso foi na época em que eu ainda era marinheira de primeira viagem, por assim dizer. Ainda buscava minha identidade profissional. Não me sentia pertencente àquele lugar e era facilmente abalada pela insegurança. Quando recordo esse momento, percebo as mesmas sensações desagradáveis já conhecidas borbulharem no meu peito.

Os minutos se passaram lentamente enquanto eu andava pelo corredor, o coração querendo sair pela boca, a respiração acelerada. Tudo parecia sufocante! Enquanto minha cabeça girava em confusão, soube que só precisava de uma coisa: me livrar daquela ansiedade!

Por que pareço latina? Como me encaixar? Como me sentir melhor?

Rapidamente, com a urgência de James Bond desarmando uma bomba-relógio, concluí que o problema só podia ser minha saia florida. Era por isso que parecia "tão latina". Devia estar vestida do jeito errado! Então o que fiz? Voltei para casa no mesmo instante e troquei de roupa. Sim, você leu certo. Eu, acadêmica numa das instituições mais prestigiadas do mundo, larguei o trabalho no meio do dia para trocar de roupa por causa do comentário impensado e sem dúvida bem-intencionado de uma colega.

Eu enfrentava uma ameaça real? Não, mas foi o que meu cérebro pensou. E, naquele momento, evitar o desconforto indo às pressas para casa e trocando de roupa sem pensar duas vezes me pareceu a única saída (você nunca viu ninguém abotoar uma blusa cinza sem graça com tanta convicção!). Naquele dia, quando voltei ao trabalho com o terninho cinza impecável, me senti estranhamente poderosa, pelo menos no momento. Embora pareça ilógico para você, eu me lembro de voltar à minha sala pensando que tinha cortado o problema pela raiz!

Agora estou mais parecida com eles! É claro que vou me encaixar...

Embora momentaneamente me sentisse melhor, a evitação me trouxe uma consequência negativa a longo prazo: por dez anos me recusei a usar no trabalho qualquer peça de roupa que pudesse ser interpretada como "latina"! Sempre que eu voltava ao Brasil, meus familiares e amigos me perguntavam por que todas as minhas roupas eram pretas, brancas ou cinza (as inofensivas cores oficiais da vida corporativa e sem graça dos Estados Unidos), e eu só ignorava. Mas sabia que eles estavam certos em achar aquilo estranho, e mais ainda: gosto de roupas coloridas e tenho muito orgulho de ser latina! Mesmo assim, naquele dia meu medo de não pertencer permitiu que a evitação vencesse.

Quando não temos o treinamento adequado, a evitação se torna uma força muito potente com a qual não conseguimos lidar. Afinal, como já vimos, quando somos tomados pela emoção, não costumamos pensar racionalmente. Nessas ocasiões, nosso comportamento é tudo menos calmo e lógico, embora possamos interpretá-lo assim. Lembre-se disso na próxima vez que discutir com alguém. Se sentir o sangue latejar nos ouvidos e o coração bater com força no peito, a probabilidade é de que seu córtex pré-frontal tenha saído para almoçar. No meu caso, eu me pergunto de quanto sofrimento poderia ter me poupado se esperasse o córtex pré-frontal voltar do almoço em vez de ir para casa correndo para trocar de roupa e ficar "menos latina". Se parasse e desse a meu cérebro pensante tempo suficiente para voltar ao trabalho, teria abordado meus pensamentos e sensações ligados ao comentário (nenhuma ameaça à minha segurança!), em vez de combater o desconforto trocando de roupa.

Agora que entende um pouquinho a reação natural do cérebro a ameaças e alarmes falsos, você tem o ingrediente final da evitação: a percepção de ameaça. Quando há uma ameaça real e você faz algo para evitá-la, não se trata de evitação psicológica. Evitação psicológica é qualquer reação a uma *percepção de ameaça* que traga alívio emocional imediato mas provoque consequências negativas no longo prazo. Quando o cérebro registra uma percepção de ameaça, sentimos mudanças fisiológicas (coração disparado, suor, tontura) iguais às que sentiríamos numa ameaça real, e esse desconforto acontece antes mesmo que possamos determinar se a ameaça procede.

Como a evitação funciona de um jeito único em cada um de nós, é importante identificar a tática que você usa. Para isso, proponho um exercício de reflexão na página seguinte.

A biologia muitas vezes promove nosso desconforto, então não há como erradicá-lo por completo. O cérebro dará o alarme sempre que perceber perigo. Assim, não é o desconforto que vamos combater (embora eu admita que odeio a ansiedade!); a infecção real é a evitação psicológica. Mas, antes de aprendermos a combater a evitação, quero lhe contar um segredo no próximo capítulo. Você sabia que já tem um superpoder que ajuda na busca da ousadia? Vamos descobri-lo!

REFLEXÃO
Como descobrir minha tática de evitação

Pare e pense quando foi a última vez que você sentiu muito desconforto. Consegue visualizar a situação? Quem estava por perto? O que você sentiu fisicamente? Seu cérebro previu que algo ruim iria acontecer?

Descreva a situação.

_____

_____

_____

Nessa situação, o que você fez?

_____

_____

_____

Quando tiver uma imagem clara da situação e de sua reação, responda:

1. Seu cérebro detectou perigo nessa situação?
   ☐ Sim   ☐ Não

2. Antes de reagir, você sentiu desconforto?
   ☐ Sim   ☐ Não

3. Quando reagiu, seu desconforto se reduziu rapidamente?
   ☐ Sim   ☐ Não

4. Esse comportamento tem um custo (isto é, uma consequência negativa)?
   ☐ Sim   ☐ Não

Se respondeu *Sim* à maioria das perguntas, você identificou a infecção: evitação psicológica. Parabéns por dar o primeiro passo para viver com ousadia!

CAPÍTULO 2

O superpoder que você não sabia que tinha

Todo bom livro precisa de um vilão e um herói, e este não foge à regra. Você já conheceu nosso vilão: a evitação psicológica. Portanto, deve estar se perguntando: quem é o herói? Spoiler: é você! Talvez você pense que não tem os superpoderes necessários para vencer sua inimiga, e pode ser verdade... por enquanto. Mas é aí que eu, personagem do tipo Yoda, acolho você para lhe ensinar o que você precisa saber. Embora talvez ainda não tenha a habilidade, você já tem uma arma essencial e poderosíssima: o cérebro. Se a evitação é a inimiga, então seu cérebro, quando aproveitado do jeito certo, é sua defesa. Seu cérebro tem 100% de habilidade para superar a evitação e permitir que você reaja com ousadia diante do desconforto, mas precisa de algum treinamento. É exatamente isso que este livro oferece.

Tudo que você lerá aqui se baseia na chamada terapia cognitivo-comportamental. Em geral, a TCC é considerada o padrão-ouro do tratamento de saúde mental.[1] É uma das linhas mais esmiuçadas, com centenas de estudos realizados mundo afora, segundo Stefan Hofmann e colaboradores.[2] Já se demonstrou que a TCC trata com eficácia ansiedade, depressão, transtornos alimentares, insônia, raiva, agressividade, estresse e uso de substâncias psicoativas. Crianças, adultos e idosos do mundo inteiro já se beneficiaram da TCC. Mas não é preciso sofrer de algum problema grave para tirar proveito dela, porque ela também pode ser aplicada para aumentar a resiliência.[3]

Tem TCC para todos os gostos. Por exemplo, você pode ter ouvido falar de terapia comportamental dialética (TCD),[4] terapia de aceitação e compromisso (ACT),[5] terapia cognitiva (TC)[6] ou terapia de processamento cognitivo (TPC).[7] Todas essas abordagens têm ênfase e estratégia um pouco diferentes, mas todas cabem sob o guarda-chuva da TCC. As habilidades que ensino neste livro são extraídas dessas abordagens.

Um denominador comum entre elas é a base de tudo, chamada *tríade cognitiva*. A tríade cognitiva se refere à relação entre pensamentos, emoções e comportamentos em qualquer circunstância.[8] Com minha pesquisa, adaptei esse conceito ao que chamo de *ciclo PEC* (Figura 2).[9] O ciclo PEC mostra que o que dizemos a nós mesmos (pensamentos) afeta o que sentimos (emoções) e o que fazemos (comportamentos). O ciclo pode fluir em qualquer sentido, em geral com muita rapidez. Ter consciência de como ele funciona pode ser muito útil para entendermos que a evitação nos mantém empacados e também ajuda a sair do atoleiro.

Figura 2: Ciclo PEC (pensamentos, emoções e comportamentos)

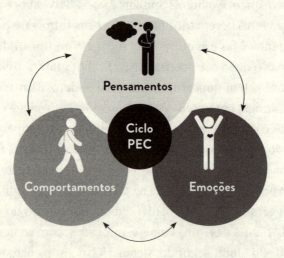

Você não precisa estar atolado na evitação para que seu cérebro gire no ciclo PEC; girar é apenas parte da vida, principalmente quando o cérebro detecta perigo. Mas, em situações que não fazem parte do ciclo de evitação a longo prazo, o giro tende a se resolver sozinho. Por exemplo, hoje de manhã a escola do meu filho telefonou para avisar que ele tinha levado um tombo no recreio. Essa notícia reverberou assim dentro de mim (Figura 3):

Figura 3: Giro do ciclo PEC da Dra. Luana

Situação: O número da escola de Diego aparece no celular

Situação: O número da escola de Diego aparece no meu celular.
Pensamento: Ele se machucou? O que aconteceu? Será algo grave?
Emoção: O coração acelera, eu me sinto ansiosa, um pouco ofegante.
Comportamento: Atendo o telefone e pergunto imediatamente: "O que aconteceu?" A professora conta que Diego caiu no recreio e bateu a cabeça.
Emoção: Coração disparado, medo e ansiedade.
Pensamento: Será que ele está mal? Muito machucado?
Comportamento: Peço à professora que relate, devagar e com detalhes, o que aconteceu. Ela diz que foi um machucado leve, mas que acha melhor alguém ir buscá-lo porque ele está muito nervoso.
Pensamento: O quê? Buscar? Por que eu iria buscá-lo se não foi nada de mais? Ela está me contando a verdade? Será mesmo que a queda não foi feia?
Emoção: Ansiedade maior ainda.
Comportamento: Questiono a sugestão de ir buscá-lo porque acho que não faz muito sentido. Depois de alguma conversa, ela concorda e diz que vai me avisar se ele não se acalmar.
Emoção: Um pouco de alívio.
Pensamento: Foi a decisão certa.
Comportamento: Volto ao trabalho.

Mas, quando giramos na evitação, podemos ficar bem paralisados, e isso aconteceu com minha cliente Fátima. Talentosa projetista de interiores, Fátima muitas vezes se via empacada num ciclo giratório nas fases finais dos projetos. Dizia a si mesma: "Meus clientes vão odiar essa proposta" (*pensamento*) e se sentia ansiosa (*emoção*). Conforme os sentimentos de ansiedade e desesperança aumentavam (*emoção*), ela dizia a si mesma: "Já fiz projetos muito melhores; esse só fica na média" (*pensamento*), o que levava ao desespero (*emoção*). Conforme se arrastava esse pingue-pongue entre pensamentos e emoções, Fátima sentia cada vez mais desconforto e, em algum momento, acabava interrompendo o projeto (*comportamento*). Depois de se afastar do trabalho, sentia um alívio momentâneo, mas o cérebro logo dizia coisas como "Você nunca será uma decoradora fantástica" (*pensamento*), o que levava a uma sensação de medo profundo (*emoção*).

De forma parecida com Jake, o CEO do Capítulo 1, o cérebro de Fátima percebia o pensamento "Meus clientes vão odiar essa proposta" como possível ameaça e criava ansiedade instantânea. Enquanto o termômetro emocional ia subindo, a ansiedade de Fátima aumentava tanto que, no fim das contas, ela parava de trabalhar. Embora o alívio fosse útil, havia um custo a longo prazo, porque era comum a procrastinação fazê-la perder os prazos, o que enfurecia alguns clientes. Para Fátima, já não era possível saber quem vinha primeiro, a ansiedade ou a evitação, e ela procrastinava cada vez mais (Figura 4).

Figura 4: Giro do ciclo PEC de Fátima

Situação: Trabalhando no projeto de um cliente

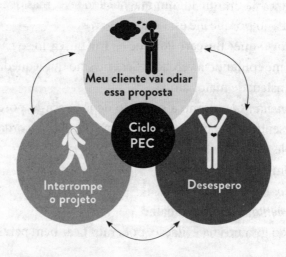

É fácil empacar no ciclo giratório quando os pensamentos não ajudam, as emoções são intensas ou os comportamentos tendem à evitação. Ficamos paralisados porque, quanto mais desconforto sentimos, mais a amígdala assume o controle e menos conseguimos refletir sobre o problema. Em geral, isso se chama *sequestro emocional*, porque a amígdala, literalmente, controla nossa vida. Mas é importante lembrar que, ao evitar o desconforto, o cérebro só está tentando nos proteger. Não há ninguém na face da Terra que de vez em quando não paralise no giro desses ciclos PEC. Afinal, como já aprendemos, a evitação é uma inimiga poderosa.

Como pausar o ciclo PEC:
rompa os padrões de evitação

Ficar empacado num ciclo giratório é como dar voltas num brinquedo de parque de diversões: imprevisível, irritante e um pouco enjoativo. Mas você tem o poder de interromper o giro se ativar o cérebro pensante, ou seja, o córtex pré-frontal, que tem a capacidade de *reduzir* a reação da amígdala.[10]

Para usar esse poder, o córtex pré-frontal tem que ser ativado. Quando a amígdala comanda a reação plena de luta, fuga ou congelamento, o córtex pré-frontal costuma sair para almoçar. Não quero simplificar demais, mas gosto de pensar na relação entre o córtex pré-frontal e a amígdala como uma gangorrinha no crânio ou uma chave ferroviária nos trilhos: quando a amígdala está ligada, o córtex pré-frontal desliga e vice-versa.

Quando o córtex pré-frontal está ativado, a amígdala tem menos controle e você se acalma um pouco. Quando se acalma, você consegue fazer uma pausa. Embora não pareça grande coisa para um herói ou heroína, *seu superpoder é pausar*. A pausa lhe dá a oportunidade de superar a reação programada de luta, fuga ou paralisia, avaliar a situação e dar um passo ousado. A pausa cria o espaço necessário para nos afastarmos da evitação.

Por sorte, a ciência mostra que há muitas maneiras de ativar o córtex pré-frontal, e uma delas é a escrita, inclusive escrever seu ciclo PEC.[11] Por quê? Porque para escrever precisamos usar o cérebro pensante, assim como precisamos dele para a matemática, a ciência e a orientação espacial.

Quando força o cérebro a passar das emoções para o pensamento, você está apertando o interruptor.

A pausa criada ao completar o ciclo PEC é o primeiro passo para transformar ansiedade em poder. Mas, para chegar lá, é preciso treinar muitas vezes. Vamos fazer nosso primeiro treino agora usando uma situação que sirva para todos nós: ler este livro (veja a seção "Reflexão" a seguir). Você já leu quase 40 páginas do livro, e aposto que seu cérebro tem muito a dizer sobre ele até agora, como "Que interessante!", "Não sei do que ela está falando, porque eu não evito coisa alguma" e "Eu não sabia que meu cérebro reagia como se meu medo de pedir aumento fosse um leão". Dependendo do pensamento específico, as emoções serão muito diferentes. Por exemplo, se seu cérebro acha o livro interessante, você pode sentir esperança. Por outro lado, se sua mente diz algo como "Este livro não faz sentido, porque não evito nada", talvez você se sinta frustrado. Dependendo dos pensamentos e sensações, seu comportamento também pode ser muito diferente: você pode continuar a ler, pode se distrair várias vezes, pode abandonar a leitura. Portanto, vamos treinar escrevendo as respostas no diagrama. Tente, o máximo possível, separar pensamentos, emoções e comportamentos.

Se terminou a "Reflexão", parabéns! Você concluiu seu primeiro "exercício do córtex pré-frontal". Neste livro, tudo que mostro a você se baseia em habilidades, ou seja, o treino é necessário. No consultório, geralmente digo aos clientes: "O que você investir é o que vai receber." A realidade é que não se pode treinar o cérebro para ficar ousado – para fazer uma pausa e superar a evitação – sem treino. Assim como não se pode fortalecer um músculo sem exercício. Portanto, convido você a treinar preenchendo com frequência seu ciclo PEC, se possível diariamente enquanto estiver aprendendo. Vi inúmeros clientes obterem alívio imediato do desconforto e entenderem melhor seu padrão de evitação com apenas essa prática. Você vai notar que quanto mais treinar, mais será capaz de ativar o botão de pausa, desacelerar o cérebro e se dar espaço para escolher sua reação. Não podemos controlar as emoções, principalmente quando estamos em plena luta, fuga ou congelamento, mas podemos aprender a controlar as reações treinando o ciclo PEC.

REFLEXÃO

Como observar meu ciclo PEC

Preencha este ciclo PEC com base na seguinte situação: ler *Viver com ousadia*. Para isso, escreva seus pensamentos, emoções e comportamentos específicos abaixo, ligando os pensamentos a emoções e comportamentos específicos.

Situação: Ler *Viver com ousadia*

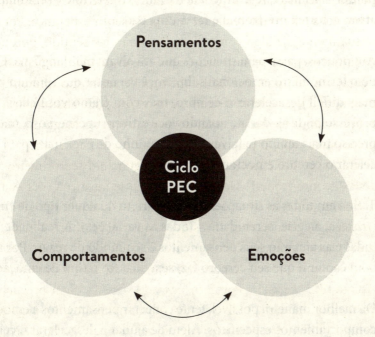

Quando concluir o exercício, observe o que sentiu enquanto o fazia. Escrever desacelerou seu cérebro? Você sentiu que conseguia se concentrar melhor? O que aconteceu com suas emoções?

_____
_____
_____

Como o treino é necessário, convido você a fazer o mesmo exercício outra vez, mas agora usando uma situação pessoal que tenha lhe causado desconforto na semana passada. Use a "Reflexão" a seguir para observar seu ciclo PEC.

Você está aprendendo uma nova habilidade, então seja gentil consigo mesmo: é preciso tempo para seu cérebro desacelerar. Para garantir o sucesso, eis algumas orientações:

- Comece preenchendo o ciclo PEC com situações que causem desconforto leve. Começar com um nível mais baixo de desconforto é útil porque significa que a amígdala tem menos controle e será mais fácil ativar o córtex pré-frontal e fazer uma pausa.

- Aos poucos, passe para situações que envolvam mais angústia. Quando o termômetro emocional subir, você vai notar que será um pouco mais difícil desacelerar o cérebro, mas com treino você chega lá. O processo pode ajudar até quando você estiver supernervoso, mas será preciso mais tempo (e talvez um pouquinho de paciência) para desacelerar o cérebro emocional.

- Treine em todas as situações que despertem qualquer tipo de emoção (tristeza, alegria, serenidade – todas as variações). A realidade é que todas elas afetarão seus pensamentos e seu modo de reagir. Por isso, é bom captar o que seu cérebro faz, seja qual for o tipo de emoção.

- Da melhor maneira possível, tente conectar pensamentos a emoções e comportamentos específicos. Além de ajudar a desacelerar o cérebro, isso também ajuda a entender o que pode contribuir para emoções intensas.

- Como na musculação, o progresso será lento e constante se você continuar treinando.

REFLEXÃO
Como observar meu ciclo PEC

Para observar seu ciclo PEC, é preciso se concentrar numa situação que tenha causado desconforto. Depois escreva seus pensamentos, emoções e comportamentos específicos no espaço abaixo, sem deixar de estabelecer as ligações entre eles.

Preencha seu ciclo PEC
*Situação:*_____

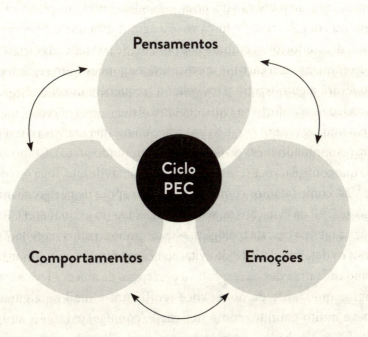

Quando concluir o exercício, observe o que sentiu enquanto o fazia. Escrever desacelerou seu cérebro? Você sentiu que conseguia se concentrar melhor? O que aconteceu com suas emoções?
_____
_____
_____

Transforme a ansiedade em poder:
Modificar, Abordar e Alinhar

Agora que você sabe ativar seu superpoder – seu cérebro – pausando o ciclo PEC, está na hora de montar as peças do quebra-cabeça e entender como transformar ansiedade em poder. Mas adiante, na Figura 5, ilustro três caminhos possíveis para reagir à percepção de perigo pelo cérebro. Não importa quem somos; quando percebe o perigo, o cérebro ativa a amígdala e sentimos algum nível de desconforto. A biologia conduz esse processo sem pensar (no alto do fluxograma), então não é aí que podemos intervir.

Em caso de perigo real (lado esquerdo do fluxograma), como quando deparamos com uma cobra venenosa, o cérebro entra em pleno modo de luta, fuga ou congelamento e força você a agir. Assim que estiver em segurança, seu desconforto irá embora aos poucos. Se seu filho atravessou a rua correndo enquanto um carro se aproximava e agora está em segurança, seu coração levará algum tempo para voltar à frequência normal. Em caso de perigo real, o desconforto se reduz lentamente.

No entanto, às vezes nosso cérebro reage da mesma maneira a um perigo aparente (caminho do meio do fluxograma, em fundo preto). Como aqui é a biologia que controla, você terá os mesmos sintomas de luta, fuga ou congelamento. Mas, como lidamos com uma mera percepção de perigo, chamo esse processo de RRP da evitação (ou seja, reagir, recuar ou permanecer). Embora reproduza a mesma cascata biológica, esse caminho termina na evitação. Discutiremos os detalhes do RRP da evitação nos próximos capítulos, mas vejamos como cada uma dessas respostas à percepção de ameaça leva à evitação.

Imagine que, tarde da noite, você receba um e-mail de alguém com quem teve muito conflito, como um chefe, cônjuge, pai, mãe, amigo íntimo ou filho. Você olha o assunto do e-mail: "Precisamos conversar, é urgente". Na mesma hora sua ansiedade dispara, e há três ações possíveis. Algumas pessoas têm mais probabilidade de *reagir* (isto é, lutar) quando sentem desconforto. Quando reage para evitar, você faz o necessário para eliminar a possível ameaça, que na verdade é a ansiedade. Você pode, por exemplo, escrever um e-mail apressadamente sem pensar muito. Quando clica em Enviar, você se sente melhor (eu me sinto, pelo menos!), mas é comum se sentir horrível na manhã seguinte, porque é bem provável que tenha dito coisas que não queria ou que até queria, mas disse de maneira grosseira e inadequada.

Figura 5: Perigo real ou alarme falso?

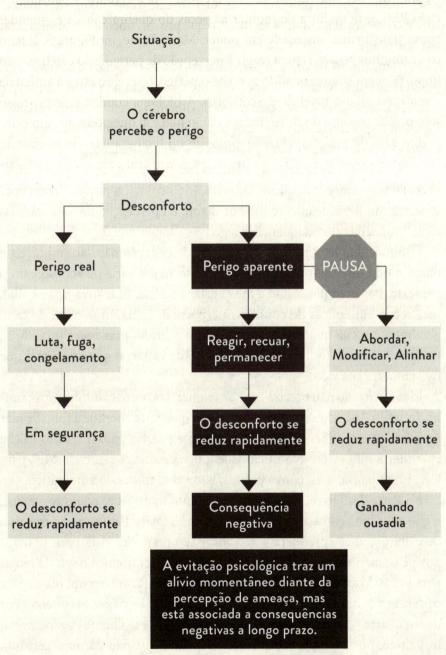

Ou então você pode *recuar* (isto é, fugir) como forma de evitação. Quando recua para evitar, você se afasta da possível ameaça. Nesse caso, talvez nem abra o e-mail; você larga o celular e liga a TV para se distrair. Vai se sentir melhor por um momento, mas infelizmente o conflito não desaparece sozinho e estará aí na manhã seguinte, o que provavelmente só vai aumentar sua ansiedade.

Por fim, alguns optam por *permanecer* (isto é, congelar) diante de uma possível ameaça. Nesse caso, você se sente empacado no mesmo lugar que a ameaça, sem saber o que fazer, talvez só olhando o celular, sem ação. Biologicamente, o congelamento é um pouco diferente da luta e da fuga, mas, como forma de evitação, também ajuda por alguns instantes.

Seja qual for sua evitação predileta, as três (isto é, reagir, recuar e permanecer) funcionam como formas de evitação psicológica, porque fazem você se sentir momentaneamente melhor diante da percepção de ameaça, mas estão associadas a consequências negativas a longo prazo.

É importante lembrar que esses tipos de evitação não são imutáveis e que o modo de responder a uma ameaça aparente varia de acordo com o contexto. Por exemplo, tendo a me engajar na evitação reativa no trabalho, mas recuo em épocas de conflito interpessoal. Lucia, uma dona de casa, geralmente recua quando se zanga com o marido, mas reage quando se trata dos filhos. Não importa o seu modo de evitar; o que importa é que isso emperra sua vida.

Mas a evitação não precisa ganhar sempre. Há outro caminho, um caminho ousado (lado direito do diagrama), no qual você aprende a transformar a ansiedade em poder. Para isso, primeiro é preciso pausar o ciclo PEC e aprender a não evitar. No início vale a pena escrever seu ciclo PEC para forçar essa pausa, mas, com a prática, isso vai se tornando automático.

Na Parte 2 do livro, você aprenderá muito mais sobre como recuamos, o que costuma acontecer quando pensamos demais. Para superar esse tipo de evitação, você aprenderá a *Modificar* seu ponto de vista para se livrar dos pensamentos "tudo ou nada". Na Parte 3, discutiremos o ato de reagir para evitar. Você vai aprender a *Abordar* o desconforto com um plano para combater a evitação frente a frente e, assim, mudar seu comportamento. Por fim, na Parte 4, veremos o que acontece quando escolhemos permanecer, insistindo, por exemplo, num relacionamento que não dá mais certo ou num emprego que não nos satisfaz. Você aprenderá a *Alinhar* suas ações ao que é mais importante para você: seus valores.

Esses três passos ousados não precisam ser lidos em sequência. Comece pelo que tiver mais a ver com você (por exemplo, *Modificar* é muito útil quando recuamos, enquanto *Abordar* é minha opção predileta para superar a evitação reativa). À medida que for ganhando ousadia, talvez você se veja dando os três passos no mesmo dia de maneiras diferentes. Além de explicar como desemperrar sua vida, cada parte do livro lhe mostrará a ciência por trás dos tipos de evitação – e, é claro, o caminho para a ousadia.

O que acontece quando acionamos nossos superpoderes

A evitação só vence porque somos biologicamente programados para nos afastar do desconforto. Todos detestamos nos sentir mal. Mas as emoções em si, mesmo as negativas e difíceis, não são ruins. É o que *fazemos* quando nos sentimos assustados, ansiosos ou nervosos que tende a nos prejudicar. Assim, o contrário de deixar as emoções ditarem nossa vida é aprender a regulá-las – a ativar nosso cérebro pensante e agir de acordo com o que é mais importante para nós. Com a prática das habilidades descritas neste livro, você desenvolverá flexibilidade cognitiva, ou seja, mesmo quando a vida bater um pênalti com efeito, você será capaz de agarrar a bola.

Isso é mesmo possível?

Há alguns anos, tive o privilégio de conhecer a Sra. Barbara Dalio, filantropa e mulher incrível. Um dos focos da Sra. Dalio é ajudar entidades que trabalham com jovens dos bairros pobres e socialmente excluídos de Connecticut. Na mesma hora encontramos algo em comum, porque na década anterior toda a minha pesquisa visava treinar profissionais para desenvolver em jovens de baixa renda as habilidades que estou prestes a mostrar aqui. A Sra. Dalio me fez uma pergunta que ouço com frequência dos clientes (e talvez você esteja se fazendo agora): *Isso é mesmo possível?*

A Sra. Dalio continuou a questionar se esses jovens, que enfrentam muitas dificuldades na vida (traumas, negligência, exposição a álcool e drogas), realmente conseguiriam mudar o próprio cérebro, reprogramá-lo e construir uma vida diferente. Eu poderia responder com muitas pesquisas publicadas, inclusive a minha (e acabei fazendo isso!), mas eis o que lhe disse: "Eu não estaria aqui sentada com a senhora se não pudéssemos mudar nosso cérebro. Também passei por traumas e adversidades, e mesmo assim as habilidades de que estou falando moldaram meu futuro!"

Não foi fácil, e há dias em que ainda é muito difícil superar meu passado e as coisas que meu cérebro cria em consequência disso. Mas, se eu consigo, você também consegue. Como diz o antigo provérbio chinês de Lao-Tsé, a jornada de mil quilômetros começa com um único passo. E aí? Está a fim de dar o primeiro passo para viver com ousadia?

PARTE 2

Modificar

CAPÍTULO 3

Tagarelice mental: recuar como estratégia de evitação

Imagine que você acabou de se mudar para uma casa nova e descobriu que precisa de uma vassoura para limpar o chão e cabides novos para organizar o armário. Como arranjá-los? Aposto que iria ao supermercado local, compraria o que precisasse e não pensaria duas vezes na origem dos produtos nem no motivo de cada preço. Na vida moderna pensamos pouquíssimo nos processos por trás das coisas que compramos. Mas eu observava esse fluxo desde criança.

Naquela época, quando minha mãe foi trabalhar vendendo cabides e vassouras, pude assistir ao que acontece nos bastidores. O que me recordo é que minha mãe negociava muito bem. Talvez você ache que não há o que negociar no mundo emocionante da venda de cabides e vassouras de porta em porta, mas vê-la lidar com clientes em potencial era como observar Michael Jordan na quadra: pura magia. Sempre que a acompanhava, eu me espantava ao ver que ela parecia gostar do desafio de convencer alguém a investir dinheiro não numa vassoura qualquer, mas na melhor vassoura já fabricada pelo menor preço possível.

Por causa disso, cresci com a ideia de que negociar é algo que precisamos fazer. Afinal de contas, por que uma pessoa em sã consciência aceitaria menos podendo fechar um negócio melhor? Ainda mais quando o sustento da família depende de impulsionar as vendas cliente a cliente. Talvez a cultura também tenha algo a ver com isso. No Brasil pechinchamos tudo, da banana ao carro. Por isso foi quase um choque quando me mudei para os Estados Unidos e percebi que o que era tão normal e quase motivo de orgulho no Brasil era completamente inadequado em terra estrangeira.

Recordo como se fosse ontem. Eu era aluna de intercâmbio recém-chegada e precisava de um par de botas de inverno. Entrei na loja Payless mais próxima, experimentei alguns pares bonitos (e baratos!) e, depois de escolher os que queria, tive o aparente descaramento de pedir 50 centavos de desconto. A moça do caixa me olhou como se eu estivesse maluca, mas, em minha defesa, embora meu inglês não fosse perfeito, por que eu estaria errada? O nome da loja significa, literalmente, "pague menos". Como eu ia saber que ninguém pechincha nesses casos?

Esse tipo de coisa aconteceu muito em meus primeiros meses de intercâmbio nos Estados Unidos. Sempre que eu tentava negociar quando saíamos, a família que me hospedava corava muito, como se eu tivesse acabado de cometer uma gafe de tamanha proporção que não conseguiriam voltar a sair na rua. Eu me sentia o tempo todo como se vivesse numa comédia de erros, só que a piada era eu. Acabei aprendendo que, nos Estados Unidos, nem sempre o cliente tem razão e, a não ser que você esteja numa loja de carros usados, pechinchar é uma bizarrice.

Agora você deve estar se perguntando: *O que negociar (ou não) tem a ver com evitação?* Tudo isso é para dizer que a ideia de *não* negociar, principalmente quando o assunto envolve despesas ou salário, ainda era estranha para mim quando entrei no mercado de trabalho em 2006. Mas logo aprendi que o contrário – negociar – era um grande desafio para quase todos os meus colegas, tanto homens quanto mulheres. Também era um tema constante de quase todos os clientes que já atendi: até o mais leve *pensamento* de entrar no campo de batalha da negociação parecia disparar 12 alarmes de incêndio na amígdala, a ponto de a pessoa preferir aceitar menos do que – caramba – ser momentaneamente desagradável com outro ser humano. Parece familiar? Pois deveria: essa é a mais clássica evitação. Quando evitamos as negociações porque o cérebro diz que não conseguiremos lidar com elas sem desconforto, na verdade estamos *recuando*. O recuo acontece quando você se afasta de uma situação que o cérebro percebeu como perigosa (um conflito, uma negociação), e o resultado disso é se sentir melhor momentaneamente. Muitas vezes o que dizemos a nós mesmos (por exemplo, "Não mereço um aumento") nos convence de que recuar é a única solução, mas sempre há uma consequência negativa a longo prazo.

Antes de mergulharmos mais fundo nesse tipo de evitação, vejamos outros comportamentos que costumam funcionar como recuo – com a ressalva de que, para algumas pessoas, podem representar um tipo de evitação diferente. Não se esqueça: para ser uma evitação, é preciso haver um custo a longo prazo.

Recuo

A principal característica do recuo como estratégia de evitação é se afastar do que causa o desconforto para obter um alívio rápido e temporário. É possível recuar se afastando da situação, mas também se voltando para dentro de si mesmo e se concentrando em pensamentos. Eis alguns exemplos de recuo:

- Desviar os olhos durante conversas difíceis
- Mudar de assunto abruptamente
- Exagerar nos exercícios físicos
- Deixar os e-mails se acumularem
- Adiar tarefas pequenas
- Remarcar reuniões indesejadas
- Tomar uma taça de vinho
- Cancelar um encontro
- Marcar eventos para ficar longe de casa
- Ficar rolando a tela nas redes sociais

O cérebro pode ser um pé no saco

Vejamos como os pensamentos envolvendo negociação encurralaram uma colega minha. Conheci Janet num curso sobre liderança feminina em Harvard, onde falei sobre o uso de habilidades baseadas na ciência para ajudar mulheres a conduzir conversas de alto risco e se comunicar melhor como líderes. Acontece que Janet trabalhava na mesma instituição que eu e também estava lá havia muitos anos. Éramos de departamentos diferentes, mas tínhamos enfrentado desafios parecidos, e nos demos bem logo de cara. Num dos intervalos, Janet me abordou de maneira educada, mas urgente, e perguntou se podia conversar comigo. Procuramos um canto tranquilo no centro de conferências, e ela me explicou que, nos últimos três anos, vinha esperando o momento certo de pedir aumento, mas se sentia quase incapaz disso. Janet é mãe solo, afro-americana, e o aumento faria uma diferença significativa para ela e os três filhos. Lógico que era uma questão muito importante para ela, que se sentia falhando como chefe de família. A voz de Janet foi sumindo aos poucos e, quando ela ergueu os olhos, vi que estavam marejados. Eu já tinha visto esse olhar de vergonha e desespero no rosto de muitas clientes em situação parecida (e até em minha própria mãe em alguns momentos muito difíceis). Senti uma conexão com Janet, mas tínhamos que voltar ao auditório em minutos. Então a convidei para tomar um café comigo, na semana seguinte, para conversarmos mais e ver se eu conseguiria ajudá-la a superar esse obstáculo. Janet sorriu, e pude perceber um lampejo de alívio em seu rosto.

Na semana seguinte, numa das primeiras nevascas do inverno de Boston, Janet foi ao meu consultório e me contou sua história. Enfermeira por formação, ela exercia um cargo administrativo e dirigia um grande setor do hospital. Estava no mesmo departamento havia dez anos e gostava muito dos colegas. A equipe era unida, e Janet era uma gestora amada e competente. Ao longo desse período, ela teve vários chefes, e agora estava subordinada a um homem branco que descreveu como gentil, mas intimidador.

– Não sei se é porque somos diferentes demais – comentou ela –, mas tenho um pouco de medo dele.

– Como assim, diferentes? – perguntei, evitando fazer suposições.

Ela riu para quebrar o gelo e apontou para si mesma.

– Isto aqui não é spray bronzeador. – E continuou: – Mas há diferenças maiores além do fato de ele ser branco e eu, negra. Minha formação é em enfermagem; ele é médico. Eu me esforço para criar três filhos sozinha; ele está muito bem financeiramente. É como se vivêssemos em mundos totalmente distintos.

Eu entendia o que ela estava dizendo, porque muitas vezes me senti diferente de vários homens e mulheres que já foram meus chefes. Por vir de um país com normas culturais distintas e muita desigualdade social, entendia o peso dessas diferenças. Mas, do ponto de vista clínico, eu tinha a sensação de que não eram essas as coisas que, no fundo, impediam Janet de pedir aumento. Era nisso que ela acreditava, mas, quando se trata da tática da evitação, em geral a verdadeira origem fica escondida. Decidi mergulhar mais fundo na narrativa que Janet contava a si mesma e pedi que me dissesse como se sentia quando pensava em pedir aumento.

– Fico ansiosa na mesma hora, com medo, e às vezes até me sinto sem valor.

– Então você se sente bem incomodada com a simples ideia de pedir aumento – falei. – Percebe o que está dizendo a si mesma quando sente essas emoções?

Depois de uma longa pausa, um temporal de pensamentos jorrou da boca de Janet:

Não estou trabalhando o bastante. Eu deveria fazer mais horas extras.

Meu trabalho não é excelente.

Cometi um erro na implementação do novo sistema de cobrança e isso só mostra quanto sou desleixada.

Eu deveria fazer outra graduação. Talvez minha formação não esteja sendo valorizada.

Nunca vou receber um aumento.

Estou estagnada para sempre nesse emprego.

Sou um fracasso completo. Se fosse melhor, já teria sido promovida.

Não tenho valor.

Enquanto lágrimas rolavam por seu rosto, garanti a Janet que já tinha ouvido muitas histórias parecidas com a dela e que eu sabia quão angustiantes eram esses pensamentos. Perguntei:

– Quando todas essas emoções e pensamentos dolorosos vêm à tona, o que você faz para se sentir melhor?

– Tento afastar os pensamentos pegando o celular e olhando as redes sociais. Tento não me concentrar neles. Eu me sinto melhor na hora, mas os pensamentos sempre voltam. Gostaria de ir lá e pedir aumento, mas não consigo, e até pensar nisso é uma tortura.

Os pensamentos de Janet, como *Nunca vou receber um aumento*, eram tão poderosos que geravam ansiedade, tristeza e desconforto. Janet então fazia o possível para se sentir melhor: afastava-os com distrações. A curto prazo, todos conseguimos nos distanciar de nossos pensamentos importunos. Mas esse ciclo vinha se repetindo nos últimos três anos enquanto sua situação financeira apertava. Ela se sentia cada vez pior como provedora dos filhos.

Janet não está sozinha. De acordo com uma pesquisa realizada em 2020 pela Randstad US, 60% das mulheres nunca negociaram salários[1] e, mesmo quando pedem aumento, é bem menos provável que consigam quando comparadas aos homens.[2] Na verdade, uma metanálise recente de estudos do mundo inteiro constatou que os homens começam negociações 1,5 vez mais do que as mulheres.[3] E o custo é alto. Nos Estados Unidos, em 2020, as mulheres ganhavam 84% do salário dos homens.[4] O interessante é que a discrepância entre os gêneros no que diz respeito a negociações e salário vem diminuindo.[5] Na verdade, já trabalhei com alguns homens que também tinham dificuldade de pedir aumento ou negociar salário.

No fim dessa conversa com Janet, ela me perguntou:

– Você já sentiu que seu cérebro é um pé no saco?

– Já – garanti. – A realidade é que, se falássemos com os amigos como falamos com nós mesmas, não teríamos mais amigos! Infelizmente, afastar os pensamentos é como se eu dissesse para você: "Não pense num elefante branco." E aí, o que acontece?

Janet riu e respondeu:

– Estou imaginando um elefante branco.

Os psicólogos chamam esse fenômeno de *supressão de pensamentos*. Tentar suprimir pensamentos só nos faz pensar neles cada vez mais.[6] E, quando os mesmos pensamentos inúteis e importunos voltam, eles *alimentam* nossa evitação.

Janet estava empacada num ciclo PEC giratório. Sempre que pensava em fazer algo como pedir aumento (*situação*), dizia a si mesma: "Meu trabalho não é excelente" (*pensamento*), o que a deixava ansiosa (*emoção*). Conforme o ciclo continuava, ela acabava chorando e, por fim, evitava pensar no emprego pegando o celular e espiando as redes sociais (*comportamento*). O problema é que a tentativa de evitar os pensamentos fazia com que eles voltassem ainda mais fortes, e por isso ela se sentia cada vez pior, o que culminava, a longo prazo, na tática da evitação.

Nunca conheci ninguém que não tivesse "minhocas na cabeça" de vez em quando. O meu cérebro, por exemplo, apronta todo dia: *John está muito zangado comigo porque não respondi à mensagem que ele me mandou três dias atrás. David vai me matar por planejar mais uma festa sem perguntar antes o que ele achava da ideia; vai passar dias furioso. Eu deveria ter previsto que não daria certo planejar férias no meio do prazo de um livro; sou muito impulsiva. Por mais que eu tente, este livro nunca vai ficar pronto. Por que Diego explode de raiva desse jeito? Ele não consegue regular as emoções, e a culpa é toda minha!!!...* A lista não termina por aí... Às vezes em voz mais alta, outras vezes bem baixinho, o cérebro está sempre dizendo alguma coisa... pelo menos o meu!

E esses pensamentos automáticos e dolorosos têm até *nome*. São chamados pelos psicólogos de *distorções cognitivas*. Em poucas palavras, as distorções cognitivas são filtros mentais que deformam nossa realidade. Como processa milhões de informações ao mesmo tempo (mais sobre isso no próximo capítulo), às vezes o cérebro pega alguns atalhos de lógica. Quando faz isso, podemos acabar com uma visão de mundo distorcida; daí o nome. Há muitos tipos de distorção cognitiva.

Tipos comuns de distorção cognitiva

- **Leitura mental:** acreditar que você consegue ler os pensamentos dos outros e saber o que estão pensando
- **Catastrofização:** imaginar logo o pior dos cenários e supor que será insuportável para você
- **Raciocínio emocional:** usar emoções para interpretar a realidade (sinto, logo deve ser verdade)
- **Personalização:** transformar qualquer coisa que alguém diz ou faz em algo sobre você e seus defeitos
- **"Deveria":** enfatizar como as coisas "deveriam ser", de modo que você acaba vendo tudo sob uma luz negativa
- **Pensamento dicotômico:** ver o mundo em termos de tudo ou nada, sem meio-termo

Se observar com atenção a distorção cognitiva de Janet, você verá que muitas vezes ela se via presa na personalização. Quando algo dava errado no trabalho ou não ficava perfeito, o cérebro dela concluía imediatamente: *A culpa é minha*. Para Janet, nomear esses pensamentos fez com que eles parecessem menos assustadores e lembrou a ela que, talvez, só talvez, eles não contassem a história toda.

Agora é sua vez: na "Reflexão" a seguir, experimente identificar e dar nome a suas distorções cognitivas.

REFLEXÃO
Nomeie suas distorções cognitivas

Pense numa situação em que tenha sentido desconforto e pergunte-se: *O que eu disse a mim mesmo?* Quando identificar os pensamentos específicos, tente rotulá-los como distorções. Consulte a lista do boxe anterior para encontrar o nome mais adequado. Mas atenção: como as categorias não são excludentes, às vezes o mesmo pensamento pode receber mais de um rótulo. Não pense demais; é só escolher um!

Situação: _____

Pensamento específico	Tipo de distorção cognitiva
_____	_____
_____	_____
_____	_____
_____	_____
_____	_____
_____	_____
_____	_____

Presa no conto de fadas dos outros

Evitar a negociação por causa de pensamentos negativos não é a única maneira de recuar. Vejamos minha cliente Sara, cujas crenças distorcidas sobre si mesma a impediam profundamente de ser quem era. Sara cresceu numa adorável família de classe média americana, tradicional em todos os aspectos, centrada em valores religiosos, educação e trabalho duro. O pai era ex-militar e tinha opiniões fortes sobre tudo, da ética do trabalho à identidade de gênero. Era amoroso e totalmente dedicado à família, mas sua visão de mundo era bastante rígida. A mãe de Sara, por outro lado, era mais flexível. Acreditava que as pessoas tinham o direito de realizar seus sonhos a despeito da opinião alheia. Achava que a vida era curta demais para se preocupar com o que os outros pensavam. Apesar dessas claras diferenças, os pais de Sara tinham um casamento feliz, fundamentado na compreensão mútua. Também estavam casados havia tempo suficiente para saber que não conseguiriam mudar um ao outro, e os temperamentos diferentes acabavam se equilibrando.

Sara era excelente aluna e, embora se descrevesse como introvertida, tinha um grupo restrito mas forte de amigos. No ensino médio, Sara não namorou e, quando chegou a noite do baile de formatura, ela decidiu não ir. Não gostava da ideia de chegar lá sozinha com um vestido longo e elegante. Ficou em casa, apesar da insistência dos amigos. Sob todos os aspectos, a vida de Sara estava nos trilhos quando ela foi para a faculdade – pelo menos era o que parecia para quem via de fora.

Por dentro, porém, Sara estava em conflito constante. Desde o início da adolescência ela já se sentia diferente. Não dava importância aos garotos da turma e no fundo notava que sentia mais atração por garotas. Isso a confundia. Ela sempre fora a "princesinha do pai". E, até onde sabia, *princesas se casam com príncipes*. Influenciada pelas expectativas paternas, ela tentou ignorar os próprios sentimentos e se concentrou nos estudos e nos amigos. Só que o preço de manter essa máscara estava ficando alto demais e, quando entrou numa universidade importante de Boston, quase foi reprovada no primeiro semestre. Foi nesse momento de crise que a conheci.

Sara parecia triste quando entrou no meu consultório, como se arrastasse um fardo muito pesado. Quando começamos a conversar, ela fez muitas perguntas sobre meu trabalho e sobre a terapia em geral. Estava preocupadíssima com a discrição. Assim que lhe assegurei que manteria a confidencialidade desde que clínica e juridicamente apropriada, ela começou a me contar sua história.

Sara me contou sobre seu interesse antigo por garotas e seus temores relativos à sexualidade. Disse que reprimia seus sentimentos porque a mãe era católica e o pai provavelmente esperava que ela encontrasse um príncipe encantado. Identificava-se como lésbica, mas nunca tinha contado isso a ninguém. Pensei na extrema dificuldade de ter 18 anos e só se abrir para uma desconhecida que jurou guardar segredo. Pedi a Sara que me contasse alguns pensamentos que lhe passavam pela cabeça quando imaginava sair do armário e revelar aos pais sua identidade sexual. Sara ficou visivelmente desconfortável.

Ela me fitou por um segundo e respondeu, como se eu tivesse dito um completo absurdo:

– Nunca serei capaz de contar isso a meus pais.

– Parece que essa ideia assusta você – comentei, afirmando o óbvio.

– Quanta perspicácia – e deu um sorriso sarcástico.

Ri e continuei:

– Vejo que você acredita que revelar sua identidade a seus pais é uma tarefa impossível. Por que pensa assim?

– Está falando sério? – perguntou ela. – Sabe o que aconteceria se eu falasse disso em casa?

– Não. – Dei de ombros. – O que você acha que aconteceria?

– Meu pai me deserdaria, minha mãe acharia que o diabo fez isso comigo e ia querer que eu fosse à igreja com ela diariamente para expulsar os demônios. Seria um desastre.

– Parece que você imagina que perderá seus pais caso conte a verdade a eles. Dá para entender por que está tão assustada! Afinal, quem quer perder as pessoas que mais ama?

Sara ficou um pouco mais calma vendo que eu validava seus temores e entendia sua situação. É importante notar aqui que eu *não* estava dizendo que o medo dela era irracional. Na verdade, alguns temores específicos sobre como a família reagiria provavelmente eram legítimos. Só que precisávamos analisar o que *ela* dizia a si mesma. Só assim entenderíamos se seus pensamentos alimentavam ou não a evitação e a mantinham estagnada, incapaz de enfrentar as consequências objetivas da vida real. Em outras palavras, eu queria revelar as crenças específicas que faziam seu caldeirão emocional ferver até que a única opção fosse evitar.

Com isso claro, pedi permissão para examinar quaisquer pensamentos que lhe passassem pela cabeça sobre sair do armário. Perguntei:

– Imagine que você vai passar as férias em casa e está prestes a se sentar com seus pais para contar a eles que é lésbica. Que pensamentos vêm à sua mente na mesma hora?

Eles vão me odiar...

Meu pai nunca mais vai olhar na minha cara...

Meu irmão vai surtar...

Minha mãe vai pensar que há algo errado comigo...

E se tiverem razão? E se houver algo errado comigo?

Estou arruinada...

Nesse momento, lágrimas corriam pelo rosto de Sara. Olhei o relógio da escrivaninha: não tinham se passado dez minutos desde o início da sessão, e Sara já soluçava. Não consegui imaginar como ela tinha aguentado guardar tudo aquilo por dez minutos, muito menos por uma vida inteira.

– Então – perguntei –, e se você estiver mesmo arruinada? O que acontece?

Sara me olhou com desespero.

– Significa que ficarei sozinha para sempre, que ninguém jamais vai me amar.

Caramba, pensei. Foi por isso que escolhi essa profissão! É estranho gostar de conversar com pessoas em crise, mas imagino que seja a mesma satisfação de um piloto de Fórmula 1 quando faz uma curva a 240 km/h. Continuemos.

– Então a ideia de se revelar começa com *Meus pais vão me odiar*, passa por *Estou arruinada* e termina em *Não mereço ser amada*, é isso?

– É – respondeu ela, enrubescida.

– Bom, não admira que você diga a si mesma que nunca vai sair do armário! Parece que os pensamentos giram tão depressa que, assim que você pensa em revelar à sua família algo profundamente pessoal e importante, de repente você se imagina sozinha e indigna de amor. *É claro* que é insuportável!

Pude ver que Sara se sentia totalmente à deriva, mas garanti que ela não estava sozinha e que muitos pacientes passavam por situação parecida.

Expliquei que as espirais de pensamento, como a que tinha acabado de me descrever, causam sentimentos tão fortes e, em geral, desagradáveis, que acabamos nos *afastando* das coisas mais importantes para nós, em vez de nos *aproximarmos* delas. Com medo de perder os pais, Sara acabou se tornando uma desconhecida para eles. Na verdade, a distância que temia estava sendo criada por ela mesma ao evitar lhes contar a verdade.

As camadas da cebola

Se pensasse "Meu pai nunca mais vai olhar na minha cara", como Sara dizia a si mesma, como você se sentiria? Ansioso? Triste? Aborrecido? Aposto que depende da sua relação com seu pai. Mas, por um segundo, imagine que essa relação seja boa. Como você se sentiria se não falasse nunca mais com ele? Em Sara, isso provocava lágrimas, tristeza e medo. E acabei descobrindo que ela nutria uma crença mais profunda que a assustava ainda mais: *Não mereço ser amada.* Esse tipo de crença mais arraigada que tende a filtrar nossa visão de mundo é o que os psicólogos chamam de *crença central* ou *nuclear.*[7]

As crenças centrais são visões gerais que temos de nós, dos outros e do mundo, criadas no início da vida com base em nossa experiência. Pense nelas como uma categoria mais ampla que contém todas as nossas distorções cognitivas numa categoria única e às vezes muito dolorosa (veja adiante alguns exemplos comuns). As distorções cognitivas são como a camada externa da cebola, enquanto as crenças centrais tendem a estar no miolo. Conforme descasca a cebola, você vai dos pensamentos mais automáticos às crenças mais profundas e entranhadas.

De acordo com o ambiente onde crescemos e na nossa experiência de vida, desenvolvemos diversos tipos de crenças centrais – algumas favoráveis, como "Mereço amor", e outras desfavoráveis, como "Não mereço amor".

Para mim, ser criada por uma mãe carinhosa que fez todo o possível para garantir que eu prosperasse na vida me levou a pensar: *Mereço ser amada.* Só que minha criação foi um caos, meu pai nos abandonou e eu acreditava ter fracassado em manter minha família unida. Tudo isso me levou a pensar: *Não sou suficiente.* Sara, por sua vez, acabou dizendo a si mesma: *Não mereço ser amada*. As crenças centrais favoráveis nos ajudam a fortalecer a autoestima e nos fazem avançar na vida, enquanto as desfavoráveis nos mantêm presos na evitação. Não se preocupe: você aprenderá a *Modificar* suas crenças desfavoráveis no Capítulo 5 e, com a prática, aprenderá a construir outras mais favoráveis.

Quando cimentamos qualquer *crença central* – que muitas vezes nem é consciente, apenas o produto de como entendemos o mundo quando criança –, tendemos a carregá-la sempre conosco. Por isso enxergo as crenças centrais como *as lentes ocultas pelas quais as informações são filtradas no cérebro*. No próximo capítulo, mergulharemos mais fundo na ciência que explica por que nossas crenças centrais filtram informações, mas, por enquanto, sugiro que você as imagine como as lentes ocultas que você usa há tanto tempo que nem nota mais que existem, embora provavelmente causem muita evitação.

Exemplos de crenças centrais desfavoráveis

- Não sou bom o bastante
- Não tenho valor
- Ninguém nunca vai me amar
- Tem algo errado comigo
- Não confio em ninguém
- Não mereço nada
- Sou desinteressante
- Sou burro

Exemplos de crenças centrais favoráveis

- Mereço ser amado
- Sou divertido
- Aceito as diferenças
- Sou legal
- Sou simpático
- Tenho esperanças
- Sou otimista
- Sou decidido
- Sou grato
- Sou saudável

Dê uma olhada nas distorções de Janet na página 52 e se pergunte: que crença central pode estar impedindo que ela peça um aumento de salário? Se escolheu "Não tenho valor", acertou na mosca. Quando estamos muito aborrecidos e escrevemos nossos pensamentos um atrás do outro, sem pensar muito, em geral conseguimos ir dos pensamentos mais automáticos (isto é, distorções cognitivas) até nossas crenças centrais mais profundas. Eu mesma tive que usar essa técnica para identificar que crença central me mantinha empacada enquanto escrevia este capítulo.

Estou mesmo ocupada demais para escrever?

Quando me sentei para escrever este capítulo hoje de manhã, deu branco no meu cérebro. Fitei a tela do computador e não me vinha nada. Pensamentos giravam pela minha mente:

O que tenho a dizer ao mundo? Quem se importa com o que penso? Alguém vai ler isso aqui?

Para uma escritora de primeira viagem, esses pensamentos foram um golpe baixo. A onda de ansiedade foi tão avassaladora que pulei da cadeira e preparei uma xícara de chá para me acalmar. Quando você é uma acumuladora de chás, escolher o sabor ideal se torna uma decisão épica por si só. Um jeito ótimo de evitar *e* procrastinar ao mesmo tempo! Depois da xícara de chá, decidi que era fundamental dar uma olhada nos e-mails. Não porque estivesse evitando ou coisa assim (ai, ai), mas porque *Puxa vida, sou escritora! E se minha editora me mandou um e-mail importante com, vejamos, coisas editoriais?* Eu tinha prometido a mim mesma não olhar os e-mails antes de escrever pelo menos uma página, mas meu cérebro não ia desistir tão fácil!

E se houver algum e-mail de emergência livresca à minha espera?! Tenho... que olhar... os e-mails.

Assim, verifiquei minha caixa de entrada praticamente vazia e me senti um tiquinho melhor, pois o nível de ansiedade caiu um pouco. Uhu! Até que evitar é gostosinho...

Então voltei a escrever por um minuto, ou seja, a olhar a tela do computador, imóvel.

Você é uma fraude! Não está nem digitando!

A ansiedade dispara outra vez. Depressa! Evitar!

Ei, será que você não está com fome? Uma torradinha vai dar uma animada na sua inspiração de escritora.

Hum... Torrada. O bálsamo da Mãe Natureza!

No fim das contas, voltei ao escritório e, quando olhei o relógio, percebi: *Caramba! Só me resta meia hora na programação matinal de escrita!*

Ah! Mais ansiedade! Mais diálogo interno negativo! Mais surto!

Até que a ironia ficou clara. Ali estava eu, escrevendo sobre os pensamentos desconfortáveis que nos levam a evitar as coisas, sem perceber que era exatamente o que eu estava fazendo! (Sem ofensas, torrada.)

Então fiz o que incentivaria meus clientes a fazer: escrevi meus pensamentos conforme apareciam para chegar ao centro da questão, e eis o que meu cérebro estava dizendo:

Estou cansada, meu cérebro não está funcionando hoje, não vou conseguir escrever.

As histórias dos meus clientes não são legais e todo mundo vai achar o livro chato.

E se eu ofender alguém com o meu jeito de contar histórias?

E se as pessoas acharem que sou uma péssima psicóloga clínica?

E se descobrirem que tenho medo de que este livro não seja bom o bastante?

E se eu não conseguir terminar no prazo?

E se eu nunca terminar o livro?

E se a editora pensar que sou burra?

Nunca terei sucesso.

Sou um grande fracasso.

Nunca serei suficiente.

Com lágrimas nos olhos, disse oi à minha antiga crença central: "Não sou suficiente." Mas, pelo menos, consegui revelar o inimigo que causava a evitação. Não podemos combater um inimigo que não conhecemos.

Enfrentando o inimigo

Não vou mentir: descobrir nossas crenças mais profundas é um processo doloroso que demanda muita vulnerabilidade. Eu mesma fugi disso durante anos. Mas a evitação sempre será mais rápida, e convido você a reservar um minuto para se sentar em silêncio e usar a "Reflexão" da página 64 para revelar seus filtros ocultos. Meus clientes costumam identificar suas crenças centrais de duas maneiras: ou se debulham em lágrimas (às vezes com uma leve sensação de alívio) ou têm vontade de correr no sentido oposto o mais depressa possível (para evitar!). Experimente! Mas atenção: todos temos crenças centrais favoráveis e desfavoráveis. Essa reflexão se concentra nas desfavoráveis porque são elas que emperram nossa vida. Mas não se esqueça de também examinar as crenças centrais que reforçam sua autoestima.

Quando recuar não é evitação?

Antes de terminarmos este capítulo, é importante entender que nem todo pensamento leva à evitação. É mais do que óbvio que fugir é apropriado diante de um perigo real. Ou digamos que você esteja numa discussão acalorada com a pessoa amada e peça um tempo para pôr as coisas em perspectiva. Pedir um tempo para pensar, refletir e resolver um problema não é evitação; é uma boa habilidade para lidar com situações difíceis e uma ferramenta poderosa de comunicação não violenta! Outra ferramenta que sempre uso, e com a qual alguns provavelmente vão se identificar, é ir tomar um ar quando Diego faz bagunça. Um menino de 5 anos faz coisas que desafiam nossa sanidade, como quando Diego pegou um pacotão de farinha e, graciosamente, o espalhou por todo o sofá da sala. Perdi a cabeça. Nessas horas, minha melhor estratégia é me afastar por um (ou vários) minutos e me acalmar antes de interagir com ele. Afastar-se do desconforto para esfriar a cabeça e conseguir retomar a conversa com mais calma não é evitar, porque o desconforto não desaparece!

REFLEXÃO
Revele suas lentes ocultas

Entender as lentes ocultas que distorcem nossa visão de mundo é muito útil para superar a evitação. Pare um pouco e se concentre neste exercício. Pegue lápis e papel e siga as etapas para revelar suas lentes ocultas. Pense numa situação em que você tenha sentido um desconforto tão grande que quis se afastar dele o mais depressa possível.

1. Descreva a situação:

_____

_____

_____

2. Agora se pergunte: "Que coisas desagradáveis eu disse a mim mesmo?" Escreva alguns pensamentos que teve.

_____

_____

_____

3. Depois de identificá-los, escolha um deles e responda às seguintes perguntas:
   - O que esse pensamento significa para mim?
   - O que esse pensamento diz a meu respeito?
   - Se esse pensamento for verdadeiro, e daí?
   - O que me assusta se esse pensamento for verdadeiro?
   - Por que isso me preocupa tanto?
   - O que isso indica sobre mim?

4. Compare as respostas acima com a lista de crenças centrais da página 60 para ver se consegue identificar pelo menos uma que possa ser seu filtro oculto.

Virando a chave

Para Janet, a crença central *Não tenho valor* é que evitava que ela pedisse aumento. Enquanto isso, nossa amiga Sara tinha certeza absoluta de que, se saísse do armário, os pais a odiariam, o que vinha da crença central *Não mereço ser amada*. Para a humilde pessoa que vos fala, o slogan cerebral *Não sou suficiente* acabou custando semanas de evitação até que consegui entrar nos eixos e finalmente terminar este capítulo.

Em todos os exemplos, vemos que, não importa quem você seja, seu cérebro arruma um jeito de jogar cascas de banana em seu caminho. É claro que nada disso é um esforço consciente para sermos masoquistas, pois não se pode ter um pensamento antes que ele surja. Mas, por mais leves e efêmeros que sejam, esses pensamentos negativos causam dano real à nossa psique. Não importa se seu cérebro diz "Não mereço aumento", "Sou uma impostora", "Ninguém nunca vai me amar" ou "Não sou inteligente", esse tipo de pensamento nos deixa ansiosos, assustados, tristes ou tudo ao mesmo tempo. E, quando as emoções são fortes demais para aguentar, somos programados para evitá-las.

Em vez de combater esses pensamentos ou ignorá-los como tentamos ignorar pessoas grosseiras na rua, acabamos acreditando neles, aceitando-os como a verdade sincera de Deus, e aí fazemos todo o possível para evitá-los. É como se imaginássemos um rochedo enorme no meio da rua e, em vez de aceitar que o rochedo é uma miragem, nos desviássemos para evitá-lo e batêssemos numa árvore. Acho justo dizer que essa não é a melhor alternativa.

Por sorte, há outra solução – *Modificar* –, mas antes precisamos fazer a pergunta que aposto que você faz a si mesmo: "Se as crenças centrais e os pensamentos distorcidos nos causam tanta dor, por que continuamos acreditando neles?" Para responder a essa pergunta, precisamos entender uma das funções primárias do cérebro: fazer previsões.

CAPÍTULO 4

O cérebro como máquina
preditiva defeituosa

– Todas as pessoas do mundo fazem parte da nossa família? – me pergunta Diego certa manhã.

– Como assim, *todas as pessoas*?

– É, todo mundo – diz ele. – Tenho um milhão de tios e tias.

Fico surpresa, porque temos uma família relativamente pequena, mas, não sei como, Diego decidiu que tem uma família imensa. Ou ele descobriu uma parte oculta da família, ou há algo em sua lógica que não faz sentido para mim. De onde ele tirou que somos parentes de "todas as pessoas" do planeta?

Decido descobrir como ele entende o mundo.

– Diego, quem faz parte da nossa família?

– Você não lembra? – pergunta ele, como se minha memória estivesse falhando. – Acabamos de voltar de Buffalo, e lá moram a tia Sarah, o tio Tom e os primos Noah e Adam, mas no Brasil também temos a tia Juliana, o tio Bruno e os primos Duda e Lucas, e você me falou que na semana que vem a tia Carina, o tio Cristien, a tia Lud e o tio Gustavo vão chegar... e olha que ainda falta gente. – Diego se empolga. – Também tem o tio John, a tia Alessandra, a tia Evita e o tio Chris, e quase esqueci a tia Sue... A gente visitou a tia Cecilia na Itália. Em Minneapolis, também tem o tio Chris e os primos Michael e Anthony... Viu só? Todo mundo faz parte da nossa família – conclui ele.

Diego está orgulhoso do próprio raciocínio e um sorriso convencido em seu rosto quase diz: "Sou mais inteligente que você."

David me olha e comenta:

– Eu disse que você ia confundir o garoto... – e ambos rimos.

Embora a lógica de Diego não faça sentido para um cérebro adulto plenamente desenvolvido, o cérebro dele funciona muito bem no estágio de desenvolvimento em que se encontra. Vamos entender por quê, pois isso está no centro da função primária do cérebro: *fazer previsões.*

A função primária do cérebro é seu principal ponto forte (e fraco)

Conforme o cérebro se desenvolve, uma de suas *funções centrais é fazer previsões.*[1] O cérebro usa duas informações para isso: (1) a informação sensorial sobre o que acontece em volta e (2) as experiências passadas. Com base nesses dois tipos de informação, tentamos adivinhar o que está para acontecer e ajustar nosso comportamento.

Para prever com rapidez e eficiência, o sistema de processamento do cérebro aprende a criar categorias.[2] Desde pequenos, examinamos constantemente o mundo e formamos categorias de pessoas, lugares, coisas, eventos... Classificamos milhões de informações novas por dia e inserimos os dados nessas categorias. Depois usamos as categorias para dar nosso palpite sobre o que vai acontecer.

É exatamente isso que acontece com Diego, que acreditou que todas as pessoas do mundo faziam parte da nossa família. Na cultura latina, temos o costume de chamar os amigos íntimos de tio e tia, sejam eles parentes biológicos ou não. Portanto, desde a primeira infância de Diego, apresentamos a ele nossos amigos mais próximos como tios e tias. Devo confessar que costumo corrigi-lo quando chama alguém só pelo primeiro nome. Chamar de tio ou tia é um sinal de respeito e intimidade. Assim, para prever quem faz parte da família ou não, Diego criou uma categoria que, basicamente, juntava todos os tios e tias como "família". Desse modo, o cérebro do meu filho consegue discernir rapidamente quem está dentro e quem está fora desse círculo. O problema é que nesse caso eu disse a ele, sem me dar conta, que todo mundo estava dentro.

Eis outro exemplo de como o cérebro cria categorias no início da vida.

Um dos primeiros animais que Diego aprendeu a identificar foi o cachorro. Só que, para ele, "cachorro" era qualquer coisa com quatro pernas. Cadeiras, vacas e outros quadrúpedes eram todos "cachorros", até que ele aprendeu a classificar as informações em categorias mais específicas. Mesmo na vida adulta usamos categorias rudimentares para apreender informações novas. Você já provou um prato novo e, quando um amigo lhe perguntou o sabor, você respondeu "Parece frango"? Ou talvez conheça o ditado: "Se anda como pato, nada como pato e grasna como pato, deve ser um pato." Todas as nossas experiências, grandes e pequenas, antigas e novas, são classificadas em categorias. Esse sistema de classificação nos permite absorver informações, condensá-las e fazer previsões rápidas sobre o contexto (ou o quadrúpede): é seguro ou representa uma ameaça?

O adulto recorre o tempo todo às previsões do cérebro para decidir o que fazer. Por exemplo, quando você está dirigindo e, de repente, vê o semáforo ficar amarelo, seu cérebro incorpora rapidamente a informação sensorial (luz amarela) com as experiências anteriores de ver o semáforo mudar de cor. No instante seguinte, seu pé pisa no freio para desacelerar, prevendo a luz vermelha. Em questão de milissegundos, agimos com base no que achamos que acontecerá em seguida. A vida é muito mais eficiente quando operamos assim, porque, se tivéssemos que parar e fitar com total assombro e incompreensão cada minuto do dia sem ideia do que aconteceria depois, não iríamos muito longe. E haveria muito mais acidentes se não conseguíssemos prever que amarelo significa desacelere até parar!

Dá para imaginar um mundo em que não usássemos categorias para processar as informações? Toda vez que visse uma nova raça de cachorro, você teria que parar e pensar:

Um passo para trás, pessoal, vejamos o que temos aqui...
Tem quatro patas.
Peludo à beça.
O rabo balança.
Está de coleira.
Ah! Deve ser um cachorro!

Isso tomaria tanto tempo que você de fato teria que aprender tudo de novo várias vezes como se fosse a primeira. Esse processo ineficiente transformaria até a decisão mais simples numa tarefa árdua e épica. Se a decisão fosse correr ou não de um animal peludo na floresta, você ainda estaria analisando as características dele quando o urso começasse o ataque. A capacidade do cérebro de processar informações em categorias faz mais do que poupar tempo: permitiu aos seres humanos sobreviver e prosperar durante milhares de anos. A previsão rápida com base nas informações colhidas no ambiente e as categorias desenvolvidas a partir de experiências anteriores nos dão tempo de reduzir a ameaça.

Até agora só falamos de categorias concretas (como cachorros e família). Mas o que acontece com as emoções? Em essência, a mesma coisa. O cérebro utiliza categorias que formamos no início da vida – as lentes ocultas das nossas crenças centrais – para entender e prever o mundo. Costumo pensar nesse processo como duas peças de quebra-cabeça que precisam se encaixar para fazer sentido. Quando as peças se juntam, o cérebro é capaz de fazer previsões (Figura 6). Por exemplo, no início da vida filtrei muitas experiências pela lente do *Não sou suficiente*, de modo que, sempre que havia algo ambíguo, eu tirava a conclusão de que eu era o problema por não ser suficiente. Isso aconteceu muito quando comecei a namorar. Sempre que tinha um primeiro encontro e a pessoa me olhava diferente, eu interpretava esse olhar como "Ele não está interessado", ou seja, apenas outro caminho até minha crença de que "Não sou suficiente, logo é claro que ele não está interessado".

Figura 6: Como nosso cérebro faz previsões

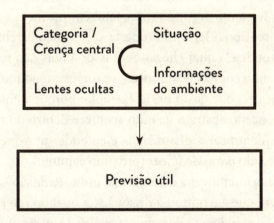

Vacas que miam

A capacidade do nosso cérebro de prever funciona muito bem desde que o que estejamos percebendo à nossa volta se some à nossa experiência anterior. Caso contrário, o cérebro gira. O desconforto que sentimos quando somos confrontados com novas informações que não se encaixam no nosso entendimento e no nosso sistema de crenças atuais sobre o mundo se chama *dissonância cognitiva*.[3] Talvez você não conheça a expressão, mas já enfrentou alguma situação em que ficou incomodado por ter suas crenças abaladas? Talvez tenha lido uma notícia que desafiou suas certezas por se basear numa forma completamente diferente de ver o mundo? Ou assistido a um vídeo mostrando o que parecia ser um óvni no céu? Ou talvez, se for muito religioso, tenha ido a uma palestra que fez você questionar sua fé? Sentiu desconforto? Com certeza!

Veja como descrevo a dissonância cognitiva a meus clientes. Imagine que você esteja caminhando com sua melhor amiga numa área rural. Ela acabou de terminar com o namorado e conta cada detalhe da separação. Você escuta atentamente para poder consolá-la e concentra sua atenção apenas nela. Nada é capaz de distrair você. Mas, quando passam por uma vaca (que você nem tinha visto), o animal mia. Você leu certo: *a vaca mia*. O que acontece com sua concentração na amiga? É bem provável que vocês parem de conversar, se olhem e perguntem: "O que foi que aconteceu? Essa vaca miou?" Você pararia de repente e seu cérebro travaria, tentando entender o mundo surreal ao redor. Essa sensação de estar emperrado no desconforto é a *dissonância cognitiva*. Meus clientes costumam descrevê-la como *trava mental*.

Voltemos à Terra um segundo (não, também nunca vi vacas miarem). Como você se sentiu ao ler o título desta seção? Seu cérebro deve ter se perguntado: "Aonde ela quer chegar com isso? Vacas não miam!" Aposto que, se estava lendo com atenção, você teve um pequeno momento de dissonância. É por isso que gosto desse exemplo: porque é muito mais fácil entender um conceito abstrato quando acontece dentro do nosso cérebro. Ao aprender a identificar a dissonância e entender por que ela acontece, você ficará equipado para *Modificar* (próximo capítulo).

Para começar a identificar a dissonância, use a "Reflexão" das páginas 71 e 72. Você saberá que encontrou a dissonância quando seu cérebro travar, ou seja, quando o simples ato de pensar for difícil e desconfortável.

Se já fez o exercício, aposto que sentiu alívio instantâneo na primeira metade, quando confirmou suas crenças. Talvez tenha dito a si mesmo algo como "Exatamente!" ou "Mas é claro!" e, em vez de sentir vontade de jogar este livro na parede, continuou lendo.

No entanto, aposto que encontrou a dissonância assim que chegou na segunda metade. Deve ter ficado no mínimo incomodado e, se concordou com o ponto de vista oposto, pode ter se sentido como descreveu minha paciente Yolanda: "Numa guerra interior entre mim e eu mesma." Talvez você tenha pensado algo assim: "Não pode ser verdade" ou "Que @*&# é essa?" Talvez tenha sentido a ânsia de interromper o exercício ou de abandonar a leitura.

Também podemos sentir fontes internas de dissonância cognitiva. Isso ocorre quando informações novas não combinam com as crenças centrais. Por exemplo, se sua crença central for "Sou competente", mas você receber uma má avaliação no trabalho, haverá desconforto: seu cérebro vivenciará a dissonância. Do mesmo modo, se você se considera confiável mas se atrasa numa apresentação de negócios, seu cérebro não vai gostar, e você se sentirá mal.

REFLEXÃO
Como identificar a trava mental

Para este exercício você precisará de papel e caneta para escrever suas respostas. Comece pensando em algo em que você acredite firmemente, como um posicionamento político, uma ideologia alimentar ou uma crença sobre indivíduos diferentes de você.

Tópico: _____

Quando se decidir por um tópico, responda à seguinte pergunta: "Qual é minha opinião sobre isso?" Descreva com detalhes suas "verdades" relativas a esse tema específico.

Agora, nos próximos dois minutos, pegue seu celular ou computador e faça uma busca no Google por textos que apoiem sua crença. Por exemplo, se você for vegano, digite "Comer carne vermelha faz mal". Por outro lado, se valoriza a escola pública, digite "Por que a escola pública é melhor para as crianças do que a escola particular". Tome o cuidado de procurar as verdades que você já listou. Passe cerca de dois minutos lendo um dos textos e responda às seguintes perguntas:

- O que sentiu ao ler esses argumentos?
- O que disse a si mesmo?
- O que quis fazer enquanto lia?
- Em termos gerais, como foi sua experiência mental enquanto praticava essa atividade?

Agora vamos virar o jogo e treinar a compreensão da dissonância. Você fará basicamente o mesmo exercício, só que desta vez vai buscar algo que *contradiga* sua visão de mundo. Por exemplo, se for vegano, vai procurar um argumento que se oponha à sua opinião, como "É importante comer carne vermelha todo dia". Ou, caso apoie a escola pública, procure um texto que descreva a opinião oposta, como "Só a escola particular oferece uma educação de qualidade". O importante é manter o mesmo tópico do exercício anterior. Reserve dois minutos para ler um texto contrário à sua opinião e responda às mesmas perguntas:

- O que sentiu ao ler esses argumentos?
- O que disse a si mesmo?
- O que quis fazer enquanto lia?
- Em termos gerais, como foi sua experiência mental enquanto praticava essa atividade?

Integre seu aprendizado: Depois de concluir as duas partes do exercício, reflita um pouco sobre a dissonância cognitiva:

- Como ela afetou seu ciclo PEC (pensamento, emoção, comportamento)?
- Que exercício lhe causou desconforto?
- Para você, quais são os sinais de dissonância?
- O que você quis fazer enquanto lia o texto que contradisse sua crença? Quis parar de ler? Quis contrapor rapidamente os argumentos ou refutá-los?

Batatinha quando nasce espalha a rama pelo chão; quem é que não adora um viés de confirmação?

E o que acontece quando nos deparamos com a dissonância cognitiva? Aposto que seu cérebro previu a resposta com base no que já leu. E, se previu evitação, acertou. Quando sentimos desconforto, evitamos! O cérebro tem um método interessantíssimo para evitar o desconforto da dissonância cognitiva. Sempre que temos dificuldade de integrar informações novas às experiências e crenças anteriores, tentamos nos agarrar ao que já era verdadeiro para nós até então. Em vez de atualizar as categorias que usamos para fazer previsões, tentamos enfiar as informações novas nas categorias anteriores (como Diego ao afirmar que todos os objetos de quatro pernas são cachorros e ponto ou que todo mundo que conhecemos é nosso parente). No processo, confirmamos o que já sabemos. Em outras palavras, recorremos a algo chamado *viés de confirmação*, que faz a gente se sentir melhor (pelo menos momentaneamente).

O viés de confirmação é o processo pelo qual o cérebro desesperado busca informações que sustentem nossas crenças anteriores, no esforço de confirmar o que já sabemos e evitar o desconforto de atualizar essas crenças.[4] Assim, quando encontramos uma opinião contrária ou uma informação que contradiga uma crença nossa, não mudamos simplesmente as crenças diante dessa nova prova.[5] Em vez disso, mantemos a calma e continuamos rolando a tela, como se disséssemos: "Não, obrigado! Estou bem contente acreditando no que já acredito!"

O cérebro recorre ao viés de confirmação porque manter as próprias verdades gasta muito menos energia do que parar e questionar as novas informações apresentadas. Gosto de pensar assim: atualizar o cérebro é como atualizar o sistema operacional do computador. Quando surge o pop-up dizendo que a nova atualização está pronta, você tem a opção de "atualizar agora" ou "atualizar depois". Para "atualizar agora", é preciso parar tudo o que estiver fazendo, salvar e fechar os arquivos, e aguardar que o computador passe pelas etapas tediosas de baixar e instalar o novo software. Não quero parecer muito "classe média sofre", mas é uma chatice e tanto. Assim, se for como eu, você quase sempre clica em "atualizar depois" sem pensar duas vezes e volta ao que estava fazendo, mesmo que só estivesse procurando parafernália na Amazon.

Nosso cérebro funciona de um jeito parecido. Quando encontramos informações novas, temos a opção de atualizar agora ou depois. Sim, é importante que o cérebro tenha informações atualizadas para fazer seu serviço primário – previsões –, mas ele também é projetado para ser eficiente e poupar energia.[6] Atualizar na mesma hora exige energia e tempo. Assim, o padrão do cérebro é filtrar as novas informações usando nosso sistema atual de categorias ou crenças. Em resumo, recorremos ao viés de confirmação – mesmo quando o que confirmamos é doloroso.

Se dói tanto, por que penso assim?

Meus clientes geralmente entendem que o cérebro quer manter o *status quo* e conservar energia confirmando o que já sabemos. É mais fácil combinar "Mereço ser amada" com "Meu marido me ama", ou "Sou inteligente" com "Mereço ganhar essa bolsa de pesquisa disputadíssima". Também não é difícil conciliar a crença central "Sou confiável" com um ou outro compromisso que você tenha perdido. O cérebro racionaliza essa ausência como um erro ou simplesmente deixa pra lá. *Sim, faltei ao compromisso, mas, francamente, eu não conseguiria chegar na hora com a agenda tão lotada. Não voltará a acontecer porque, afinal de contas, sou uma pessoa confiável.* Quando se trata dessas visões mais favoráveis de nós mesmos, é comum entendermos rapidamente o que aconteceu e seguirmos em frente. Elas não nos deixam empacados na evitação. Mas com as crenças centrais desfavoráveis o buraco é mais embaixo. O cérebro ainda funciona da mesma maneira (tenta confirmar essas crenças), mas o problema é que, em geral, o processo de confirmação é doloroso.

Eis a pergunta que costumam me fazer: *Por que meu cérebro confirma a dor? Não entendo! Não quero ter esse tipo de pensamento, mas vivo tendo.* Nosso cérebro confirma as crenças centrais desfavoráveis para conservar energia. Ele fará o que for preciso com as informações que chegam para assegurar que se encaixem na nossa visão de mundo, mesmo que precise distorcer a informação como um pretzel (Figura 7). Por exemplo, quando você acredita que é um fracasso e alguém lhe dá parabéns pela promoção recente, talvez você responda algo como: "Ah, todo mundo é promovido depois de trabalhar aqui por tanto tempo." Essa ideia não faz você se sentir superbem, mas é melhor do que gastar energia na ginástica mental de se perguntar: *E se na verdade eu não for um fracasso?* Basicamente, quando as peças do quebra-cabeça não se encaixam, o cérebro distorce as informações para que caibam. "Geralmente só é promovido quem trabalha bem" contradiz "Sou um fracasso", mas seu cérebro transforma "Ganhei um aumento" em "Só ganhei um aumento porque trabalho aqui há muito tempo". Isso permite que você mantenha a velha crença "Sou um fracasso".

Figura 7: Como o cérebro faz previsões defeituosas

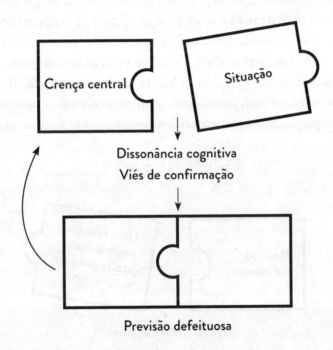

Agora voltemos ao meu cérebro e à tendência dele de usar a categoria "Não sou suficiente" quando processa informações. Pare um pouco e se pergunte: ser uma pesquisadora prolífica significa que não sou inteligente? Não! E eu diria isso a qualquer cliente meu. Mas, para o meu cérebro, esse raciocínio faz sentido, mesmo que doa. Com o tempo, o meu cérebro, produto da evolução humana à moda antiga, desenvolveu um sistema operacional que classifica todos os tipos de informação na categoria "Não sou suficiente" (Figura 8). No meio acadêmico, conseguir que um artigo seja aceito por uma revista importante é difícil e, em geral, indica que os autores trabalharam muito, fizeram uma pesquisa robusta e, provavelmente, são inteligentes. Ser inteligente não se encaixa no meu quebra-cabeça que diz que não sou suficiente. Assim, para as peças se encaixarem, tive que distorcer a informação real de que publiquei o artigo e concluir que ele só foi aceito porque havia outras pessoas inteligentes envolvidas. Com isso, consigo manter viva minha velha crença de que não sou suficiente. Do mesmo modo, Sara dizia a si mesma que só era convidada para sair porque a pessoa não a conhecia. Afinal de contas, concluía o cérebro dela, as pessoas indignas de amor não são convidadas para sair. Para as peças do quebra-cabeça de Sara se encaixarem, ela descartava tudo de bom a respeito de si (Figura 9). As peças do quebra-cabeça de Janet só se encaixaram depois que ela fez pouco-caso do elogio do colega. Afinal de contas, disse o cérebro dela, as pessoas sem valor não são eficientes (Figura 10). Todos evitamos o desconforto da dissonância cognitiva confirmando o que sabemos (ou seja, evitamos a confusão de reelaborar completamente a maneira como vemos a nós mesmos e ao mundo).

Figura 8: Uma olhada no cérebro da Dra. Luana

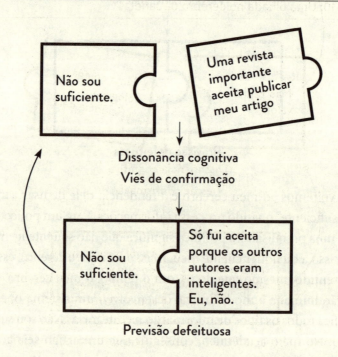

Figura 9: Uma olhada no cérebro de Sara

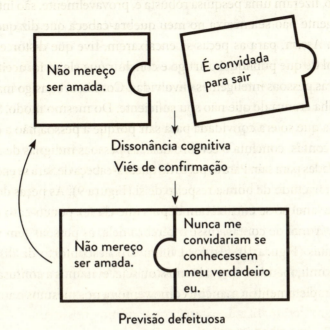

Figura 10: Uma olhada no cérebro de Janet

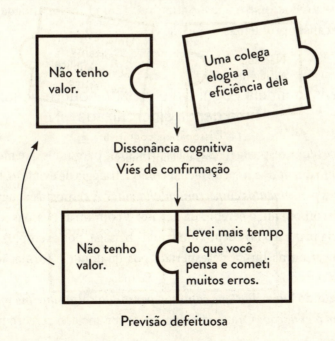

Nosso cérebro não larga o osso

Por incrível que pareça, pesquisas recentes mostram que nossa tendência a nos agarrar às crenças profundas, mesmo na presença de provas contrárias, tem uma base biológica importante.[7] Resistir às informações que contradizem nossas crenças tem correlação positiva com o aumento da ativação do córtex pré-frontal. Em outras palavras, quanto mais resistimos a novas informações, mais ativação vemos na parte racional do cérebro. Embora pareça contraditório, na verdade faz sentido: para justificar por que não aceitamos nem incorporamos essas informações novas, o cérebro precisa ficar irracionalmente racional para evitar atualizar o software. De fato, pesquisas mostram que as pessoas mais inteligentes não têm menos vieses;[8] talvez tenham mais.

A curto prazo, criar uma justificativa para sustentar uma crença anterior nos ajuda a evitar o desconforto da dissonância, mas a longo prazo – repita comigo – isso emperra nossa vida. Acabamos limitando nossa capacidade de ver o mundo com clareza, porque o cérebro está usando um software desatualizado. Claro, conseguimos nos manter na zona de conforto, mas estamos longe de prosperar. É como usar a primeiríssima versão do Google Maps. Sim, ainda funciona, mas, conforme surgem novas ruas e estradas, esse mapa desatualizado com funcionalidade limitada pode nos causar problemas.

Dissonância cognitiva e viés de confirmação: uma dança sincronizada

Agora você tem a resposta de duas das principais perguntas que meus clientes me fazem quando se trata de recuar como estratégia de evitação. Primeiro: *Como meus pensamentos emperram minha vida?* A resposta é: quando duas coisas não combinam, o cérebro dá defeito! É comum as pessoas sentirem a dissonância primeiro no corpo (um frio na barriga, por exemplo), e depois o cérebro sai numa busca desesperada por qualquer informação que dê sentido ao mundo.

Em segundo lugar: *Por que continuo pensando coisas que me machucam e me levam à evitação?* Ora, como odeia a dissonância, o cérebro mergulha fundo no viés de confirmação do que já *pensamos que sabemos* sobre nós e sobre o mundo.

E esse é o dilema do *pas de deux* que ocorre entre a dissonância cognitiva e o viés de confirmação. Quando duas coisas não combinam, confirmamos aquilo em que já acreditamos, como nossos temores quanto ao futuro. E isso pode ser muito doloroso.

O renomado professor Adam Grant, da Escola de Negócios Wharton, descreveu esse dilema no livro *Pense de novo: O poder de saber o que você não sabe*.[9] Grant escreve: "As convicções podem nos trancafiar em prisões que nós mesmos criamos." Ele está certo. Nossas crenças podem nos prender num mundo de estresse, esgotamento, ansiedade, tristeza e desesperança. Mas ele continua: "A solução não é diminuir o ritmo do nosso pensamento – é acelerar o do repensamento." Para acelerar o *repensamento* (superar a evitação e se desemperrar), você precisa aceitar a dissonância, dançar com ela, brincar com ela, sentir dor com ela e, por fim, mudar suas crenças e criar flexibilidade cognitiva. Vamos aprender a fazer isso no próximo capítulo. Está na hora de aprendermos a *Modificar*.

CAPÍTULO 5

Modificar para superar a evitação

Nosso cérebro é uma máquina preditiva tão extraordinária em seu potencial quanto na capacidade de nos causar dor. Embora ele só esteja cumprindo sua tarefa evolutiva, às vezes ficamos com lentes desatualizadas que não nos permitem mais fazer previsões exatas sobre o mundo. Assumimos uma visão defasada sobre nós, sobre os outros e sobre o mundo que nos cerca. Para tirar o máximo proveito dessa incrível máquina de previsões, é necessário atualizar as lentes constantemente. É claro que nenhum de nós tem uma visão perfeita quando se trata das nossas percepções e crenças sobre o mundo. Mas aqui a meta não é enxergar tudo; é enxergar melhor. Isso é *Modificar*. Quando fazemos isso, atualizamos nossas previsões, obtemos uma visão mais ampla do mundo e aprendemos a falar conosco como falaríamos com nosso melhor amigo: com gentileza, precisão e objetividade. *Modificar* é uma habilidade que precisa ser desenvolvida, treinada e implementada no decorrer da vida. Eu mesma treino diariamente, em tempo real e, muitas vezes, com sucesso – mas não se engane, nem sempre foi assim.

É culpa minha se ele não me ama!

Com 15 anos fui morar com minha avó numa metrópole, com sistema de ensino mais robusto. Para minha mãe isso me prepararia para um futuro melhor. A princípio a transição de Governador Valadares para Belo Horizonte foi difícil, provavelmente porque perdi a noção de segurança que tinha no conforto de uma cidade pequena com minha mãe e minha irmã. Mas, no fim do ano, eu já tinha começado a me adaptar e estava até gostando. Talvez tenha sido pela alegria que senti ao conquistar a "cidade grande" que concordei em passar o Ano-Novo com meu pai, que ficou meio afastado desde que eu tinha 10 anos. Como adolescente, ainda queria consertar a qualquer custo o que estava quebrado – em outras palavras, ainda acreditava que, se melhorasse minha relação com ele, finalmente superaria o medo de "não ser suficiente" e me tornaria melhor também.

Mas meu pai não apareceu no Ano-Novo. Entre lágrimas, tristeza e desesperança, disse aos prantos à minha avó:

– Se eu tivesse sido uma filha melhor, ele teria aparecido. Ele nunca vai me amar. Eu nunca terei um pai de verdade. Não posso mais confiar nele nem em ninguém. E agora estou aqui sozinha, sem ninguém para passar o Ano-Novo, porque disse a meus amigos que tinha outros planos. Por que acreditei nele? Eu já devia saber que ele não viria. É tudo culpa minha!

Com seu jeito calmo, tranquilo e, em geral, controlado, minha avó perguntou:

– Não há outro jeito de ver essa situação?

– *Não!* – exclamei. – É simples: ele me odeia, não liga para mim, tanto que nem se dá ao trabalho de aparecer. E a culpa é toda minha. O problema sou eu.

– Não há outro jeito de ver essa situação? – perguntou ela de novo.

– *Não, não e NÃO!*

Infelizmente essa história não tem final feliz. Naquela noite minha avó não conseguiu me consolar. Havia história demais com meu pai, dor demais naquele momento. Quando me recordo, vejo que meu cérebro estava em modo de sobrevivência: minha amígdala estava no comando, e eu previa o mundo por meio das minhas crenças, formadas quando a situação desmoronou na minha infância. *Não sou suficiente.* Por essa lente, eu era incapaz até de pensar em outra visão de mundo. Na época, meu cérebro parecia uma cripta trancada; tinham jogado fora as chaves, e esse seria para sempre meu único jeito de ver o mundo. Para sempre mesmo. *Para todo o sempre.*

A conclusão que meu cérebro tirou não gerava dissonância porque confirmava minha crença central. Mas, com isso, ele fez um pretzel gigantesco com as informações que chegavam: "Meu pai não apareceu" virou "A culpa é toda minha". Naquele dia o viés de confirmação venceu: meu cérebro interpretou a ausência do meu pai como a confirmação de que *eu não era suficiente*. Sim, há uma pegadinha aqui. Quando permitimos que o viés de confirmação guie nossas conclusões, meramente confirmamos crenças que talvez não nos sirvam mais nem tenham nenhuma base na realidade. Naquele dia provei que era mesmo minha culpa meu pai não ter aparecido, porque, *se eu fosse suficiente, ele teria vindo me ver*. (Queria poder abraçar minha versão adolescente e ensinar a ela tudo o que sei hoje!)

Embora eu espere que seu pai ou sua mãe nunca tenha dado bolo em você, é provável que você já tenha lidado com alguma situação parecida: o amigo que decepcionou, o namorado que sumiu, a chefe que não cumpriu a promessa de aumento...

Vamos olhar isso de outro jeito

Enquanto escrevo este livro, consigo perceber plenamente a interseção entre a ciência e a sabedoria da minha avó. Também sei que aplicar as lições dessa interseção à minha própria vida me permitiu prosperar e ajudar centenas de clientes com o trabalho que faço hoje. Mas, aos 15 anos, eu não fazia ideia de que a pergunta simples que minha avó repetiu – "Não há outro jeito de ver essa situação?" – seria legitimada por décadas de pesquisa científica.

Hoje sei que a pergunta da minha avó está no âmago do que os psicólogos chamam de *reestruturação cognitiva*, que é a técnica clássica para atualizar previsões, identificar crenças distorcidas e recalibrá-las com visões de mundo mais equilibradas.[1] A terapia cognitiva, muito baseada nessa técnica, demonstrou-se eficaz para tratar desafios emocionais de todos os tipos em pessoas do mundo inteiro, e ficou comprovado que ela funciona na maioria dos casos.[2] Em termos científicos modernos, minha avó me convidava a questionar as previsões e os pressupostos do meu cérebro sobre o mundo. Ela me perguntava: *O filtro pelo qual você vê essa situação é a forma mais clara de interpretá-la? Há mais alguma coisa que você não esteja levando em conta?*

Para *Modificar*, é preciso ir contra as previsões rápidas e quase automáticas que o cérebro faz assim que recorre ao viés de confirmação e levar em conta outra maneira de interpretar o contexto. Embora seja rápido (e poderoso), o viés de confirmação só causa mais evitação a longo prazo. Mas, quando usamos a pausa que aprendemos a fazer no Capítulo 2 para pensar em outras maneiras de ver a situação, conseguimos atualizar nossas lentes e, portanto, nossas previsões sobre o mundo. A princípio, esse caminho será lento e virá com certo desconforto, porque você forçará seu cérebro a levar em conta outra maneira de pensar. (Essa habilidade importantíssima do cérebro de se abrir à mudança é chamada de *neuroplasticidade*. E a neuroplasticidade é incrível!)

Modificando

Modificar é uma habilidade cientificamente comprovada que visa ampliar nossas lentes e melhorar nossas previsões com base nas informações que temos a cada momento, enquanto questionamos pressupostos antigos (Figura 11). Para mudarmos nosso ponto de vista, precisamos retreinar o cérebro e combater os vieses de confirmação. Para isso, vamos dar três passos: questionar nossas previsões automáticas, interpretar nossas respostas e atualizar nossas lentes. Enquanto *Modificamos*, vamos esbarrar na dissonância cognitiva, então haverá certo desconforto. Mas, com o tempo, o processo vai ficar mais fácil, e sentiremos a recompensa de mudar nossas crenças centrais e de ter uma vida mais plena e ousada.

Figura 11: Modificando o cérebro

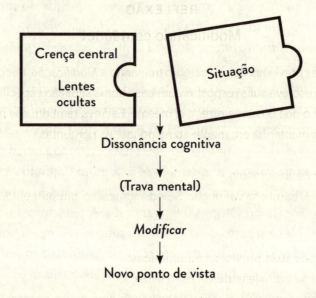

Janet: Não tenho valor

Ah, chega de teoria! Vamos aplicar essa técnica ao caso de Janet e ver como ela conseguiu se destravar. Recapitulando: Janet era uma gestora na área de enfermagem e, segundo todos os relatos, era boa no que fazia e trabalhava muito. Teve uma mãe rigorosa que lhe ensinou que a disciplina era o caminho mais importante para o sucesso. Se trabalhasse muito, coisas boas aconteceriam. Janet foi criada para acreditar que coisas boas aconteciam com pessoas boas, e coisas ruins com pessoas ruins. Esse se tornou o filtro pelo qual o cérebro de Janet processava as informações. Assim, quando pensava em pedir aumento ao chefe, o cérebro de Janet punha esses óculos sem que ela soubesse. Como coisas boas não lhe aconteceram apesar do trabalho duro, subconscientemente ela acreditou que não merecia o aumento, o que a levou a se ver como uma pessoa "sem valor". Nas minhas sessões com Janet, eu a ajudei a completar a "Reflexão" a seguir.

REFLEXÃO
Modificando com Janet

Atualize as previsões do seu cérebro treinando a *Modificação*. Recomendo que você escreva suas respostas com base numa situação específica para examinar o que costuma dizer a si mesmo. Escreva também sua previsão inicial e a mantenha em mente ao responder às perguntas.

Situação: Pedir aumento
Previsão: Meu chefe vai negar. Se eu merecesse um aumento, já teria recebido.

1. Questione suas previsões automáticas:
    a. Não há outro jeito de ver essa situação?
       Janet percebeu que vinha trabalhando duro e que, apesar do que o cérebro dela dizia, havia muitos indícios de que ela merecia um aumento, como alcançar as metas, entregar vários projetos dentro do prazo e administrar uma equipe grande e bem-sucedida.

    b. O que eu diria a meu melhor amigo nessa situação?
       Pedi a Janet que imaginasse que sua melhor amiga estivesse com um problema parecido e perguntei o que ela lhe diria. Janet sorriu e respondeu: "Eu diria à Pam que ela deu tudo de si no trabalho, atingiu todas as metas e devia pedir o aumento tão merecido."

2. Interprete suas respostas:
    a. Como essas respostas mudam minha previsão?
       Janet me disse que, se continuasse a acreditar nas lentes atuais, nunca pediria aumento. Mas, ao olhar a situação pelos olhos da amiga, via que provavelmente merecia um aumento, o que reduziu o medo e a ansiedade iniciais.

    b. O que eu faria de diferente?
       Se acreditasse no que os amigos lhe diziam, ela pediria aumento.

3. Atualize suas lentes:

a. Como essa previsão mudará minha crença central?
Janet percebeu que era impossível ser alguém "sem valor" e ainda assim fazer um ótimo trabalho.

b. Como me sinto ao atualizar minhas lentes?
Janet sentiu alívio ao levar em conta outra maneira de ver o mundo.

c. Que providências posso tomar para reforçar esse novo tipo de previsão?
Janet decidiu acompanhar diariamente todas as suas ações e coletar informações que refutassem a crença central de que ela "não tinha valor".

O resultado de Janet

Janet se comprometeu a fazer essa reflexão como se fosse uma série na academia e se esforçou para realmente *Modificar* o modo como falava consigo mesma. A princípio não parecia natural, mas por fim ela conseguiu mudar a narrativa de que era alguém sem valor. Com isso foi capaz não só de pedir aumento, mas também de apresentar argumentos convincentes, e acabou sendo promovida. Ela me disse que não se sentia mais prisioneira das antigas crenças e se permitia pela primeira vez sonhar com novos caminhos na carreira. Não foi simples nem muito tranquilo, mas ela percebeu que não era a ansiedade que a mantinha estagnada; era a evitação que ocorria toda vez que escolhia a saída mais fácil e voltava às crenças e aos padrões anteriores, em vez de questioná-los como qualquer bom detetive.

Mas nem tudo são flores. De vez em quando ela ainda cai naquelas mesmas crenças antigas. Só que agora elas não têm mais tanto poder. Eis algo importante a se observar: nunca seremos capazes de aquietar completamente nosso cérebro e seus pensamentos distorcidos e pouco úteis. A distorção sempre acontecerá, e nossa meta aqui não é eliminar da mente para sempre os pensamentos negativos ou estressantes, mas fazer o que Janet fez: desenvolver uma relação mais saudável com esses pensamentos. Conforme obtém proficiência nessa habilidade, você verá que, embora ainda ocorram, os pensamentos vão aparecer com bem menos frequência e, quando surgirem, não terão o mesmo poder que já tiveram de tirar você do curso e assumir o controle das suas ações.

Sara: Não mereço ser amada

Para Sara, havia uma crença que filtrava toda a sua visão de mundo: "Não mereço ser amada." Mas por que o cérebro de Sara confirmava algo tão doloroso? Talvez você esteja pensando: *Nem o patife do meu cérebro faz uma coisa dessas comigo!*

Sara e eu trabalhamos muito durante quase um ano para descobrir e mudar sua dolorosa crença central. A princípio, o cérebro dela fez o possível para evitar a discussão. Por exemplo, ela mudava de assunto na terapia, mas, sempre que isso acontecia, eu gentilmente retomava a conversa.

No fim, o que mais ajudou Sara foi olhar sua crença pelas lentes dos amigos. Por fazer parte de uma comunidade LGBTQIA+ forte e unida em Harvard, Sara finalmente foi capaz de admitir que nunca diria a um amigo que ele era "indigno de amor" por ser gay. Foi assim, analisando o que diria a um amigo na mesma situação, que Sara conseguiu se libertar aos poucos dessa crença.

Um ano depois ela se revelou aos pais nas férias de inverno. Como previa, no começo foi bem tenso. O pai ficou dias trancado no escritório e a ignorou completamente. A mãe tentou fazê-la mudar de ideia, insistindo que talvez fosse só uma fase. Em meio às lágrimas e ao medo, Sara tentou se manter firme e conseguiu, porque sabia que merecia ser amada, sim.

Faz três anos que Sara saiu do armário, e recentemente recebi um e-mail dela com uma foto com a família numa Parada do Orgulho Gay. Confesso que o pai parecia muito pouco à vontade, mas, como ela explicou no e-mail, ele estava se esforçando. Sara me contou que, embora ainda houvesse muito desconforto em torno da sua nova identidade (nova para eles), a situação estava melhorando. Como tudo na vida, questões complexas exigem tempo. Mas Sara estava muito mais feliz agora que podia mostrar seu verdadeiro eu a quem ela mais amava. Como diz o (útil) clichê, só podemos controlar o que podemos controlar. Ao se *Modificar*, Sara conseguiu fazer exatamente isso.

É importante destacar que Sara não estava completamente errada ao prever a reação negativa dos pais. Quando se trata de identidade sexual dentro da estrutura familiar, as pessoas reagem de maneiras diferentes. Um estudo com 155 indivíduos LGBTQIA+ sobre a experiência de sair do armário mostrou que a reação emocional dos pais pode variar muito: pode ser inexistente, negativa, mista ou positiva, e vir acompanhada, respectivamente, de silêncio, invalidação, ambivalência ou validação.[3] Quando os pais ou os entes queridos reagem negativamente às revelações de gênero e sexualidade, há consequências negativas graves, como maior incidência de depressão e baixa autoestima.[4] Assim, às vezes até as previsões inúteis podem ter um fundo de verdade.

Em casos de discriminação, *Modificar* não resolve

Nem toda situação pode ser resolvida com um novo ponto de vista. Por exemplo, vou contar o que meu cliente Marcus enfrentou ao ser aceito numa prestigiosa pós-graduação em Harvard. Ele tinha se formado em Direito na Universidade de Georgetown e mal podia esperar para chegar a Boston e iniciar um novo capítulo na sua vida acadêmica. Muito proativo, trocou algumas mensagens com o reitor de Harvard e decidiu ir a Boston conhecê-lo pessoalmente. Marcus chegou ao importante gabinete, anunciou à secretária que estava ali para falar com o reitor e se sentou para esperar ser atendido. Marcus me disse que o reitor abriu a porta, examinou a sala de espera, olhou a secretária e perguntou: "Onde está o Marcus?" Nas palavras dele, "a secretária ficou mais branca que um fantasma" e apontou na direção dele. O reitor, sem pensar (assim espero), disse a Marcus: "Ah, pensei que você fosse diferente", o que confirmou todas as crenças de Marcus sobre ser negro, ser diferente, não se encaixar e ser discriminado em instituições como Harvard.

Quando ele e eu discutimos essa situação, a pergunta da minha avó falhou para nós dois, porque não parece haver nenhuma outra interpretação além de preconceito. Mas, para Marcus, essa experiência horrível e dolorosa deflagrou sua visão central de si mesmo – "Sou insuficiente" –, o que, por sua vez, provocou tristeza e o fez pensar em desistir da pós-graduação.

Em situações nas quais lidamos com discriminação, sexismo, homofobia e microagressões, é importante encarar a realidade. Quando falamos de discriminação, pode ser difícil pensar num ponto de vista mais amplo ou heterodoxo, porque injustiça e desigualdade são fatos incontestes. Mas a dissonância cognitiva e o viés de confirmação também aparecem em temas delicados como esses, e às vezes isso pode confirmar nossa crença central desfavorável. No caso de Marcus, ele sofreu discriminação, mas, como isso ativou sua crença central, ele correu o risco de desistir de uma vaga pela qual tinha se esforçado muito.

Hoje amo minha identidade latina, me orgulho das minhas curvas e falo com frequência a meu filho que ele é "brasileiro, mexicano e americano", e que tudo isso faz parte dele. Tento ensinar Diego a integrar suas identidades de modo a lhe permitir crenças mais flexíveis sobre si mesmo e não ficar refém de pensamentos dicotômicos. Mas não vou mentir: sempre que estou numa reunião em Harvard com um monte de homens brancos, mais velhos e muito poderosos, ainda tenho dificuldade de pensar que "sou suficiente". O que mudou para mim foi que hoje me sento à mesa com orgulho!

Não se apegue a detalhes, só *Modifique*

Nos exemplos que dei até agora, eu e meus clientes enfrentamos crenças centrais profundas e dolorosas que nos causavam angústia significativa. Mas *Modificar* é uma habilidade que não se aplica só às questões mais "profundas" da vida. Na verdade, é um modo de ver o mundo. *Modificar* é bom mesmo nas pequenas coisas. Por exemplo, meu marido David estava dando aula na pós-graduação ontem à noite e notou que um aluno tinha saído da sala. O cérebro dele disse imediatamente *Não estou prendendo a atenção dos alunos; preciso melhorar*, o que o deixou um pouco ansioso durante a aula. Mas é claro que David já aprendeu comigo a *Modificar*, então se perguntou: *O que mais pode estar acontecendo aqui?* Na mesma hora ele encontrou algumas possibilidades: (1) já é noite e talvez o aluno esteja cansado; (2) talvez tenha acontecido algum imprevisto e por isso ele saiu. A tática de David lhe permitiu continuar a aula sem que a ansiedade aumentasse. E acabou que ele teve uma bela surpresa: o aluno o procurou no intervalo para dizer que ia para casa porque não estava se sentindo bem e se desculpou por ter saído no meio da aula.

Outro exemplo: meu amigo John tende a fazer previsões que confirmariam que ele "não é lá muito bom como amigo". Aposto que muitos já tivemos pensamentos assim, mas John se tornou profissional em *Modificar*. Outro dia, ele me disse que o fato de eu passar uma semana sem responder à mensagem dele o deixou muito ansioso, com medo de ter me aborrecido. Mas aí, de um jeito meio sarcástico, ele brincou: "Então me perguntei: *O que a Luana diria?*, e a resposta foi clara: se ela estivesse aborrecida, eu já saberia." Isso o ajudou a se acalmar e a parar de imaginar conflitos que não existiam em nosso relacionamento.

A criação de filhos é outro terreno em que *Modificar* é muito útil, porque pais e mães (eu incluída) costumam encontrar a pior explicação possível para as reações dos filhos. Por exemplo, após seu primeiro dia no jardim de infância, Diego voltou para casa irritado. Meu cérebro gritou: *Ele vai odiar a escolinha. Olha só o problema. Será que aconteceu alguma coisa com ele? Como vou resolver isso?* A ansiedade bateu e eu abri a porta para ela, mas respondi com minha pergunta para *Modificar*: "O que mais pode explicar a irritação do Diego?" E a resposta foi: *Provavelmente é uma grande transição para ele, que precisa de tempo para se adaptar. Talvez esteja cansado por ter acordado mais cedo que de costume. Mudar de escola e fazer novos amigos pode ser assustador. Isso vai levar tempo.* Quando se trata de crianças, às vezes não temos qualquer pista do que está realmente acontecendo, e ter várias explicações ao mesmo tempo ajuda muito a acalmar as catástrofes que o cérebro cria sozinho.

Agora é sua vez. Treine com a "Reflexão" a seguir.

REFLEXÃO
Modifique seu ponto de vista

Pare um pouco para questionar seu pensamento. Recomendo que você escreva suas respostas e as baseie numa situação específica para examinar o que costuma dizer a si mesmo. Escreva também sua previsão inicial e a mantenha em mente ao responder às perguntas.

Situação: _____

Previsão: _____

1. **Questione suas previsões automáticas:**
   a. Não há outro jeito de ver essa situação?

   b. O que eu diria a meu melhor amigo nessa situação?

2. **Interprete suas respostas:**
   a. Como essas respostas mudam minha previsão?

   b. O que eu faria de diferente?

3. **Atualize suas lentes:**
   a. Como essa previsão mudará minha crença central?

   b. Como me sinto ao atualizar minhas lentes?

   c. Que providências posso tomar para reforçar esse novo tipo de previsão?

Yoga para o cérebro

A parte mais incrível de desenvolver esse tipo de flexibilidade cognitiva é que, quando ficar mais à vontade modificando seu ponto de vista, você começará a desenvolver a habilidade de lidar melhor com os pensamentos negativos. Com isso, seu cérebro ficará menos rígido e mais disposto a combater o viés de confirmação.[5] *Modificar* é o oposto de evitar. É como ir à academia. No começo, você tem medo de fazer o levantamento terra: intimida, é uma habilidade nova, deixa você dolorido. Mas com o tempo você aprende a gostar da sensação de conseguir, e até o desconforto passa a ter uma conotação positiva. Tanto na academia quanto na psicologia, muitas vezes o desconforto indica crescimento.

Se o cérebro é flexível, fica mais fácil mudar o percurso quando você quiser, o que traz efeitos positivos em outras áreas da vida.[6] A maior flexibilidade cognitiva está ligada a mais habilidade de leitura,[7] resiliência,[8] criatividade[9] e satisfação com a vida.[10]

Modificações graduais

A dor de ser abandonada por meu pai ainda está presente quando penso no que aconteceu quando eu era criança. Mas, com os ensinamentos da minha avó e o início do processo de *Modificação* no meu cérebro, não vejo mais meu pai e o mundo da mesma forma. Na vida adulta, consegui entender que faltavam a meu pai muitas habilidades que mostro a você neste livro. Ele perdeu o pai quando tinha 3 anos, ou seja, nunca teve um modelo de como seria criar filhos numa família. Além disso, quando nasci ele tinha 22, ou seja, o cérebro dele ainda não estava plenamente desenvolvido. Alguns anos depois, já mais maduro, meu pai por fim compreendeu a dor que me causara e até pediu desculpas. Esforçou-se para desenvolver suas habilidades, casou de novo e formou uma nova família feliz, com a qual me dou bem. É doloroso saber que, se meu pai tivesse as habilidades que estou mostrando a você, talvez minha infância não tivesse sido tão traumática, mas me tranquilizo com o fato de que todos podemos aprender a *Modificar* e que, quando modificamos, a vida muda.

É importante notar, porém, que *Modificar* não é uma técnica mágica e infalível que sempre funciona plenamente. Não podemos erradicar do cérebro todos os vestígios de distorção cognitiva. Na minha vida, *Modificar* meu cérebro tem sido uma batalha interna constante, que às vezes consigo vencer criando um modo mais flexível e equilibrado de ver o mundo, mas outras vezes fico empacada, evitando pensamentos dolorosos ao confirmar minhas crenças centrais. À medida que pratica a *Modificação*, você vai notar que fica mais fácil chegar a uma previsão diferente, a menos que esteja no modo total de sobrevivência. E aqui faço um alerta: não comece pela situação mais difícil da sua vida. Exatamente como na academia, precisamos ficar mais fortes antes de levantar mais peso. O mesmo acontece com essa técnica: precisamos treinar a flexibilidade cognitiva antes de lidar com situações que tenham mais carga emocional.

Por fim, encontre seu próprio lembrete para *Modificar*. No meu caso, ver uma foto da minha avó me evoca a pergunta: *Não há outro jeito de ver essa situação?* Hoje essa pergunta é quase automática para mim. Mas Sara teve que encontrar seu próprio lembrete. Ela não conseguia conduzir um diálogo interior e às vezes se limitava a pensar: *Meu cérebro é um babaca e não vou dar ouvidos a ele.* Por outro lado, Julie, presidente-executiva de uma empresa da Fortune 100, me disse que, depois de algum tempo, ela se perguntava: *O que a Dra. Luana diria nessa situação?* Ri quando Julie me disse isso porque não tenho todas as respostas, mas gosto de interrogar meus pensamentos, e talvez ela tenha certa razão.

Convido você a se tratar com carinho enquanto treina essa nova habilidade. Sejamos realistas: vai levar tempo. E pode ser que você aprenda a *Modificar*, mas ainda se veja evitando. Quando isso acontecer, será hora de aprender a *Abordar* e *Alinhar*, que é o que faremos agora.

PARTE 3

Abordar

CAPÍTULO 6

Panela de pressão: reagir como estratégia de evitação

Uma de minhas lembranças favoritas da infância no Brasil é minha mãe fazendo feijão-preto. Não havia nada melhor do que o cheiro de alho misturado com bacon enquanto o feijão fervia. Quando eu chegava da escola e ouvia a panela de pressão chiar, sabia que o almoço seria maravilhoso. Quando eu tinha 7 anos, minha mãe me pegou tentando abrir a panela de pressão que fervia e, com um berro e na velocidade de um raio, me impediu a tempo. Eu me afastei com lágrimas nos olhos, tentando entender por que ela tinha gritado comigo.

Talvez por causa desse incidente, uso muitas vezes a analogia da panela de pressão para explicar a meus clientes como é reagir como estratégia de evitação. É como se fôssemos uma panela de pressão sem válvula de segurança (ou com uma válvula que não funciona direito). Quando nossas emoções começam a fervilhar, a temperatura e a pressão dentro de nós aumentam com tanta rapidez e violência que, de certa forma, explodimos. E o que fazemos quando estamos prestes a explodir? Tentamos eliminar a possível ameaça e fazemos de tudo para nos sentirmos melhor depressa. Do ponto de vista emocional, a explosão alivia imediatamente parte da pressão, mas depois sempre nos resta uma bagunça ainda maior para arrumar e muitos sentimentos de mágoa. Soltar o vapor parece útil no momento de estresse, mas pode se transformar num padrão de evitação reativa que, em última análise, nos impede de ter uma vida ousada.

Evitação reativa: minhas muitas facetas

A evitação reativa tem muitas formas, algumas mais difíceis de perceber do que outras. Mas confesso que a conheço bem porque é a tática que mais empreguei a vida toda para evitar desconforto. Revido para me sentir melhor. Quer dizer, é claro que vestir um terninho conservador não parece um ataque a ninguém, mas há um quê de desafio nessa escolha de roupa: é como mostrar o dedo do meio educadamente. Também reajo com e-mails (e nesse departamento, admito, sou um anjo do inferno). Exemplo: há cerca de um ano, minha mentora no hospital, uma mulher gentilíssima chamada Susan, me chamou e disse:

– Podemos conversar sobre seus e-mails? Especificamente quando você está estressada?

Pela cara de Susan, vi que ela estava tentando tornar construtiva uma conversa que seria desagradável. Eu me lembro do pico de ansiedade que senti enquanto esperava que ela me dissesse algo horrível. *Meu Deus, a única pessoa que me protege está prestes a cortar minha cabeça! Traidora!* Enquanto esses pensamentos prematuros corriam soltos, tentei emplacar um sorriso forçado (e provavelmente meio maluco).

– Luana – continuou Susan –, você é uma das pessoas mais produtivas que conheço. É brilhante, solícita e sabe que adoro trabalhar com você.

Meu coração batia com força enquanto esperava que ela dissesse: "...ainda assim, vou jogar você no olho da rua como se fosse um saco de lixo."

Mas não fui demitida. Em vez disso, ela comentou que às vezes eu era minha pior inimiga.

– Notei que você responde aos e-mails tarde da noite. Muito tarde. Com urgência. E ferocidade. E um jeito direto de dizer as coisas que é quase inadequado. Por exemplo, ontem à noite você respondeu ao Joe dizendo que não, ele não poderia usar seu material de treinamento. E listou vários motivos para mostrar que ele nem deveria ter feito esse pedido. Sei que você e o Joe já tiveram problemas, mas essa resposta às onze da noite era mesmo necessária? E você tinha mesmo que lavar a roupa suja num e-mail com um monte de gente poderosa em cópia?

Antes que ela consiga terminar, entro imediatamente na defensiva: revido para dar fim ao desconforto torturante. Começo uma explicação inflamada!

Na mesma hora! Em outras palavras, sou reativa com a pessoa que está tentando me mostrar minha reatividade. *Ah, então você acha que meus e-mails são diretos demais? Pois vou lhe mostrar que você está errada, e vou fazer isso me exaltando bastante!*

É claro que, na época, eu não sabia que estava turbinando minha evitação, porque estava ocupada demais reclamando e vociferando:

– Eu só queria deixar claro que não é legal usar meu material e sair adaptando o conteúdo. Quem ele pensa que é? – Eu mal consigo me ouvir por cima do meu coração disparado.

Ela me lança um de seus olhares bondosos e maternais:

– Luana, entendo perfeitamente. Você é incrível no que faz, e sei que algumas vezes essa pessoa não foi justa com você. Mas, cá entre nós, às vezes você é um pouco... impulsiva. Age depressa demais. – E continua: – Não é necessário responder a nenhum e-mail às onze da noite. Em alguns casos, isso pode até atrapalhar seu sucesso.

Sinto que estou ficando belicosa pela enésima vez na conversa, enquanto seguro lágrimas ardentes. Susan permanece calma e equilibrada, nota meu desconforto óbvio e me garante que isso não é um grande problema, mas que ela só queria me "dar um toque". Assim que ela termina de falar, na mesma hora sinto um leve alívio porque a conversa acabou. Tenho certeza de que meu subconsciente me dizia: "Viu só? Revidar sempre dá certo! Na dúvida, aponte a arma!"

Quando saio da sala de Susan, fico pensando no que ela disse. Sou mesmo impulsiva nos e-mails? Será que ela tem razão? Reajo e respondo depressa para evitar minha ansiedade? Eu não tinha certeza, mas também não conseguia descartar o que Susan tinha dito. Quer dizer, *claro, respondo depressa*, penso enquanto volto meio tonta à minha sala. *Mas é só para provar aos outros que sou competente! Eu deveria deixar os e-mails lá parados?* A ideia de todos aqueles e-mails de trabalho se empilhando me deixa louca! Parece que estou dormindo em serviço se não respondo logo. Se ser solícita foi um crime, Meritíssimo, então sou culpada!

Saí da sala realmente duvidando do que ela dissera. Passei tanto tempo na vida ensinando os outros a superar a evitação! Será que eu mesma estava evitando?

Pouco depois da conversa tensa com Susan, recebi um e-mail que me enfureceu. O assunto dizia "Colaboração" e, assim que vi o remetente, meu cérebro percebeu o perigo e entrei com tudo no modo reativo: "É mesmo? Colaboração? Por que você quer colaborar quando *eu* recebo o financiamento, mas nunca me convida quando quem recebe é *você*?" É incrível como um simples e-mail de alguém com quem você tem um conflito pode ativar a reação de luta, fuga ou congelamento.

Embora minha irritação com o e-mail fosse mais do que justificada por um longo histórico de mancadas desse colega específico, o que aconteceu em seguida se encaixou direitinho na descrição que Susan fez do meu comportamento. Parti para o ataque e rapidamente batuquei uma resposta sem refletir sobre o que eu estava escrevendo. E como poderia refletir? Meu córtex pré-frontal tinha saído para almoçar. Quando terminei de escrever o e-mail, senti uma onda de alívio muito digna! A evitação é ótima!

No entanto, pouco antes de clicar em "enviar", avancei no tempo para ver as repercussões: eu acordaria na manhã seguinte arrependida do tom do e-mail. Também teria que lidar com as consequências de, mais uma vez, reagir sem pensar. Também me arrependeria de não falar cara a cara com o colega, preferindo enviar um e-mail obviamente raivoso. Que futuro mais triste! Claro, clicar em "enviar" seria uma satisfação naquele momento, mas as consequências seriam um inferno.

Naquele dia específico, não enviei o e-mail. Em vez disso, marquei uma hora com Susan para perguntar como lidar direito com a situação. Nesse caso fiz o oposto do que eu realmente queria fazer, mas eu sabia que, se apertasse "enviar", acabaria presa novamente na evitação.

Embora eu tenha conseguido frear minha reatividade nesse caso, muitas outras vezes é meu marido quem a capta antes de mim. Por exemplo, quando começo a lavar louça, preparar a comida e conversar com ele sobre algo importante, tudo ao mesmo tempo, ele costuma perguntar: "Está ansiosa por quê?" (Ele é bom nisso!) Eu costumo pensar que ajo assim porque sou multitarefa, mas, pensando bem, só faço um milhão de coisas ao mesmo tempo quando estou evitando minha ansiedade. E esse comportamento tem um preço alto: enlouquece minha família e eu acabo exausta. É importante levar isso em conta, porque às vezes só pensamos no custo da evitação para nós mesmos, mas o impacto também pode ser negativo para as pessoas que amamos. Estar sempre ocupada é um jeito de tentar vencer a luta contra o desconforto; o problema é que ele é melhor do que eu no ringue.

Responder rapidamente aos e-mails e me ocupar demais em casa podem ser formas de evitação reativa, mas não são as únicas maneiras de revidar. Como o desconforto pode surgir em muitas situações, há uma grande variedade de maneiras de reagir. No entanto, todas as ações reativas têm algo em comum: pretendem eliminar o desconforto atacando o que nos deixa ansiosos. Vou dar exemplos de alguns clientes meus para que você identifique melhor sua evitação reativa.

O lado sombrio da produtividade

Em 1995, o Dr. John Perry, professor da Universidade Stanford, cunhou a expressão *procrastinação estruturada* para descrever o modo como as pessoas fazem muitas coisas "importantes" de sua lista de afazeres só para evitar o que realmente precisa ser feito.[1] Disse ele: "Estou escrevendo este ensaio para não ter que fazer tudo o mais" – ou seja, as coisas que precisava fazer em seu trabalho, como corrigir provas. O que Perry destacou foi um fenômeno que muita gente hoje chama de *procrastinação produtiva*. Ele diz que os procrastinadores produtivos "podem se motivar a cumprir tarefas difíceis, oportunas e importantes, desde que seja um modo de não fazer algo mais importante ainda".

Esse é um tipo furtivo de evitação reativa, porque em geral fazemos algo que parece responsável. Mas, novamente, precisamos olhar a definição de evitação: (1) meu cérebro percebeu uma ameaça?, (2) eu senti desconforto?, (3) minha reação me deu uma solução rápida?, e (4) há uma consequência negativa?

Vejamos um exemplo. Meu marido, David, é o tipo de pessoa que evita recuando; se puder mergulhar no próprio cérebro e vencer a ansiedade pensando, é isso que ele vai fazer. Mas, como todo mundo, inclusive eu, David usa mais de uma tática de evitação. Por exemplo, estou correndo loucamente para terminar este livro, mas vamos receber 12 hóspedes para comemorar meu aniversário (uma coisa bem latina, aliás). Quando recebo convidados, tendo a exagerar um pouco: lençóis novos, tapetes bem aspirados, despensa abastecida para preparar nossos pratos brasileiros favoritos, etc. No entanto, desta vez tenho um livro para entregar e não posso fazer nada disso. David, que tende a ficar mais calmo nessas situações, está agitado, fazendo um monte de coisas. Só nos últimos dias, pintou a grade do deque, trocou tomadas, comprou colchas novas para os quartos, rearrumou a garagem, etc., etc.

A princípio fiquei impressionada com essa exibição magnífica de produtividade doméstica, mas ontem à noite, no jantar, comecei a perceber um toque de evitação reativa ou "procrastinação produtiva" nele. David é professor da Universidade de Boston e seu semestre acadêmico começa daqui a três semanas, ou seja, ele precisa se preparar para as aulas no outono. Assim, no jantar fiz a pergunta que vinha martelando meu cérebro:

– Como estão os preparativos para o período que vem?

Para ser justa com David, agora ele está casado com a "guru da evitação", então ele sorri timidamente, toma um gole de vinho e me diz sem rodeios:

– É, estou evitando, mas a casa não ficou uma beleza?

Rimos. *Estava* uma beleza, mas também sei que a conta vai chegar junto com os hóspedes. Ele vai ter que correr com o trabalho e vai ficar aborrecido por não conseguir participar direito da reunião em família. Assim, David prometeu (a mim e a si mesmo) que combaterá a evitação o mais cedo possível. (Enquanto escrevo este parágrafo, vejo que ele está ensinando Diego a jogar basquete lá fora: fofo, é verdade, mas o trabalho só se acumula. A evitação contra-ataca!)

Não me entenda mal: nem sempre a procrastinação produtiva é uma forma de evitação reativa. Para ser assim classificada, precisa estar associada a um custo. Por exemplo, minha amiga Janaína é o tipo de pessoa que sempre tem uma longa lista de afazeres, mas consegue fazer tudo e não fica ansiosa. Para ela, é apenas um estilo de vida. Portanto, se você é assim, não se preocupe. O que é evitação para mim pode não ser para você, e vice-versa.

O ladrão da alegria

Rolando a tela do Instagram, do Twitter ou de outra rede social, você já esbarrou em algo completamente contra sua visão de mundo e ficou irritado à beça? Pode ter sido qualquer tema: vacinação, política, aborto, celebridades polêmicas. No minuto em que esbarramos no que se opõe a nossas opiniões, sentimos a dissonância cognitiva. Adivinhe só: nosso cérebro sente perigo. E o que fazemos nessas situações? Antes de percebermos o que estamos fazendo, entramos no modo de combate, atiramos com todas as armas e mandamos aquela postagem para o mundo com a maior rapidez humanamente possível! É o resumo perfeito do que quer dizer *reagir*. A gente se sente melhor depois disso? É claro que sim. Pelo menos... a princípio.

Fazer comparações nas redes sociais é inevitável. A comparação social é o processo de "comparar-se com os outros para avaliar ou aprimorar algum aspecto do eu".[2] Comparamos nossa aparência, nossas conquistas, nossas habilidades. Todos fazemos comparações sociais; faz parte da nossa biologia evolutiva. Só que as redes sociais apressaram e ampliaram drasticamente essa nossa capacidade.

Está comprovado que fazer comparações com pessoas "em situação melhor que a nossa" (mesmo que seja só uma *percepção* de superioridade) agrava os sintomas depressivos[3] e os sentimentos de tristeza.[4] O uso das redes sociais também está associado à imagem corporal negativa e a comportamentos alimentares pouco saudáveis.[5] Esses efeitos negativos são muito acentuados em meninas. Um estudo no Reino Unido constatou que meninas de 10 a 15 anos têm mais probabilidade do que os meninos de se sentirem mal como consequência direta do uso de redes sociais.[6] Quando somamos esses achados à realidade distorcida da internet e aos algoritmos complexos projetados para nos entregar conteúdo, acabamos com um relacionamento potencialmente tóxico com nossos amados aplicativos.

Embora a maior parte das pesquisas sobre comparações nas redes sociais tenha se concentrado principalmente em ansiedade e depressão, já vi essas comparações provocarem evitação reativa em alguns pacientes meus. A princípio, o problema não parece muito grave, mas acaba levando a um resultado negativo. Só é uma rota mais longa e confusa para a mesma dificuldade. É aí que entra a história de Angad.

Quando conheci Angad, ele parecia ter uma vida feliz e tranquila. Tinha acabado de fazer 20 anos, adorava a faculdade, tinha um bom grupo de amigos e era próximo da família. Mas me contou que, por dentro, a situação não era tão serena. Ele tinha criado uma conta no Instagram e se queixava de comparar constantemente sua vida com a de quem encontrava na internet: "quem é mais bonito", "quem viaja mais", "quem tem a namorada mais gata"... A lista não acabava para o jovem Angad. Seu relato não era diferente do de muitos jovens universitários com quem trabalhei: as redes sociais incitam comparações. Mas eu não sabia ao certo se isso era um problema para Angad. Perguntei o que acontecia quando ele via uma postagem que mostrava alguém em situação supostamente melhor que a dele. Angad me olhou com seriedade espantosa:

– Entro em pânico. Sinto que preciso fazer algo à altura para não ficar por baixo.

Para os adultos que não foram criados com redes sociais, pode ser difícil entender esse comportamento. Mas eu conheço os sinais da angústia e, como psicóloga clínica, sabia que Angad não estava sendo dramático. O cérebro dele percebia essas mensagens como ameaças, tão reais para ele quanto qualquer outra.

– Parece que, quando vê uma postagem incômoda, você fica ansioso, entra em pânico e se sente péssimo. É isso mesmo? – perguntei.

Ele fez que sim.

– Certo. E o que você faz depois?

– Começo a postar muito. Sabe, tenho uma pasta secreta no celular com minhas melhores fotos: festas, lugares legais, coisas assim... e as publico como se estivessem acontecendo naquela hora.

Minha reação deve ter me entregado, porque ele riu. O abismo geracional que nos separava estava agora plenamente estabelecido. Mesmo assim, o sistema operacional em nosso cérebro era o mesmo. Eu me sentia um pouco como um dinossauro falando com um astronauta ao lhe pedir que me contasse a última vez que tinha usado sua pasta secreta.

– Depois que voltamos das férias, na semana passada, um amigo postou tudo sobre a viagem que fez pela Europa com a nova namorada. Ele é um cara de aparência mediana, mas a namorada é do tipo modelo, *muito* gata e... – Ele fez uma pausa e me olhou como se pedisse desculpas. Ri e o incentivei a continuar. – Então fiquei ansioso, sabe? Eu me comparei com ele e pensei: "Espera aí, também tenho fotos com beldades!" E publiquei várias de uma festa do verão passado.

Segui o raciocínio dele e comentei:

– Parece que você resolveu o problema!

– É, pelo menos por um tempo. Não sei explicar, mas quando publico depressa sinto um alívio, como se o pânico fosse embora porque só me concentro em postar. Mas, para ser sincero, dali a algum tempo só me sinto um lixo. Não é nada agradável.

Ele parecia genuinamente aborrecido, e pude ver a vergonha e a ansiedade que esse comportamento lhe causava. Não importava a causa; para mim, era claro que ele estava preso na rotina de evitação, sem ideia de como sair dali.

Embora a relação que você tem com as redes sociais possa ser diferente, para Angad resultou em evitação reativa. Quando via algo como outros homens com namoradas lindas, o cérebro dele percebia o perigo sob a forma de "Sou um fracasso" e imediatamente lhe causava desconforto – ou, como ele dizia, pânico. Para se sentir melhor logo, ele publicava uma foto atrás da outra. Publicar fotos aliviava o pânico de maneira rápida e temporária, mas, por se tratar de evitação reativa, não mantinha o pânico longe por muito tempo.

Isso significa que usar redes sociais é uma evitação reativa? Bem, publicar compulsivamente é um modo de aliviar emoções difíceis. Mas, quando se trata de comportamento on-line, há outras reações emocionais que as pessoas podem ter. Para alguns, os sentimentos negativos provocam o recuo completo: essas pessoas evitam as redes sociais para minimizar o medo de serem comparadas aos outros (e peço licença para fazer uma observação aqui: talvez isso não seja má ideia; é como evitar fast-food). Na verdade, pesquisas mostram que uma das razões para as pessoas criarem o chamado *finsta* (perfil falso no Instagram) é fugir do escrutínio social.[7] Por outro lado, alguns clientes meus recuam de outro jeito, evitando coisas como escrever um artigo na faculdade e passando horas rolando a tela nas redes sociais. Se estiver no espectro do recuo e ainda quiser usar essas plataformas, sugiro que você exercite a habilidade de *Modificar* (discutida na Parte 2) para mudar sua relação com o mundo on-line.

Enviar mensagens para aliviar a ansiedade

Quando se trata de relacionamentos românticos, é comum que os padrões de evitação reativa apareçam logo. Vejamos Filomena, por exemplo. Filomena nasceu no Equador e foi adotada bem pequena por pais amorosos, mas muito mais velhos. Ela não tinha irmãos e, segundo me diz, sempre foi meio ansiosa. A mãe dela me contou que Filomena sempre teve muita dificuldade de ficar longe dos pais. Desde pequena, ficava nervosa toda vez que a mãe saía de casa: entrava em pânico e achava que a mãe jamais voltaria. Filomena temia o abandono (medo comum em crianças adotadas), e apegar-se aos outros era difícil, porque costumava achar que acabaria sozinha. Quando a conheci, ela estava na faculdade e sua vida acadêmica e social ia bem em todos os aspectos. Menos a vida amorosa.

Filomena começou a namorar na faculdade, a princípio sem compromisso, mas ela me contou que essa coisa "casual" não era para ela; ficava ansiosa demais. Então tentou namorar sério alguns rapazes, mas, embora fosse confortável para ela, a rapidez com que começava a chamá-los de "namorados" os afastava com a mesma velocidade. Ela exigia exclusividade logo de cara, e isso os assustava. Quando isso acontecia, Filomena rompia a relação, bem a seu modo (reativo).

Mas agora a situação estava um pouco diferente. Quando começamos a terapia, ela já saía com Ted havia alguns meses e estava se apaixonando por ele. Angustiada, achava que ele estava se afastando aos poucos, e o estressante puxa-empurra de sua vida amorosa a levou a meu consultório.

Filomena explicou que, de todas as pessoas que havia namorado em sua jovem vida, Ted era o que mais a deixava à vontade: ele era confiável, respeitoso e sempre a fazia se sentir segura.

– Parece ótimo. Então... qual é o problema? – perguntei.

– Bom, tenho muita dificuldade de ficar longe do Ted. Sei que deveríamos ter nossos amigos e interesses próprios, mas fico muito apavorada, sabe? Ele me diz que quer um pouco de tempo só para ele, para sair um pouco mais com os amigos. Eu quero que ele seja feliz, então tentamos algumas vezes... mas é sempre um desastre. Fico muito nervosa e ansiosa, mandando várias mensagens e me arrependendo depois. Isso aconteceu de novo sexta-feira passada. Eu sabia que ele tinha saído com os amigos para jogar sinuca, sabia onde ele estava e com quem, e mesmo assim me desesperei.

Nesse momento ela pegou o celular e começou a recitar a troca de mensagens.

– "Oi" – começou ela –, "como você está?" Carinha de sorriso. Nenhuma resposta. Tentei não mandar outra mensagem, porque ele pediu espaço, mas só consegui me segurar por dois minutos. Aí mandei: "Estão se divertindo?" E muitos emojis.

– O que você estava sentindo nesse momento? – perguntei.

– Estava superansiosa, me perguntando por que ele não respondia. E preocupada também. E se ele tivesse sofrido um acidente, sido atropelado por um motorista bêbado, sei lá? Ficava imaginando o cadáver dele numa vala qualquer. Ou achando que ele podia estar com outra garota. Então comecei a mandar uma tonelada de mensagens... "Ted, você está bem? Por que não responde? Está aborrecido? Fiz alguma coisa errada?"

Ela parou de repente como se fosse alguém observando de fora.

– Sei que parece tolice, mas na hora fez todo o sentido para mim. Eu precisava saber se estava tudo bem, e cada mensagem me dava um pequeno alívio, mas, como ele não respondia, eu só ficava mais ansiosa. Então continuei enviando.

– Ele chegou a responder?

– No fim das contas recebi uma mensagem dele. – Ela rolou a tela do celular e leu. – "Estou bem, mas o que você fez não foi legal." – Ela balançou a cabeça. – Fiquei arrasada. Mas também sabia que ele tinha razão. O problema é que não sei controlar minha ansiedade. Amo o Ted, e estou com medo de estragar tudo se não aprender a segurar minha onda. A culpa é toda minha, mas o celular também não ajuda.

A realidade é que Filomena não está sozinha quando se trata de ter um celular afetando um namoro. Em 2019, segundo o Pew Research Center, 5 bilhões de pessoas no mundo tinham um celular.[8] Para mostrar como esse número é chocante, a pesquisa indica que só 3 a 4 bilhões de pessoas têm escova de dente.[9] Repetindo: há mais gente no planeta com celular do que com escova de dente. E, ao contrário da escova de dente, o celular pisca, apita e toca o dia inteiro. Tudo o que as pobres escovas de dente nos pedem são dois minutos duas vezes por dia.

O que o caso de Filomena mostra (e você já deve saber por experiência própria) é que o celular meio que atrapalha a gente. Pois é, informação chocante.

Mas o quê? Dra. Luana, a senhora está me dizendo que os celulares nem sempre nos incentivam a agir de maneira sã e racional? Como ousa?!

Eu sei, eu sei, é uma questão polêmica. Mas diversos estudos indicam que a pessoa que passa horas no celular, rola a tela até a morte e, sim, manda mensagens freneticamente é mais suscetível a sentimentos de tristeza, ansiedade e estresse.[10] Como se começar um relacionamento já não trouxesse emoções suficientes! Agora a gente também tem que encarar as sequelas emocionais de tentar se comunicar com sucesso usando o celular (e às vezes com verdadeiros hieróglifos modernos). Quando não recebemos resposta da pessoa amada, a ansiedade só cresce. Um estudo importantíssimo mostrou que pessoas estressadas, quando não recebem em 15 minutos uma resposta do parceiro, ficam com a pressão mais alta do que quem recebe até uma mensagem bem genérica (sobre o clima, por exemplo).[11] A dor de esperar que apareça um "digitando..." – ou, pior, ver que apareceu e depois sumiu – é real.

Para Filomena, mandar mais uma mensagem era um modo de obter algum alívio nesse período de espera. A esperança de que a próxima mensagem chegasse e ela recebesse uma resposta imediata a fazia relaxar um pouco. Mas, como Ted não respondia, a ansiedade se intensificava. Esse é um antigo padrão de evitação: ganho a curto prazo, perda a longo prazo. A evitação reativa de Filomena estava emperrando a vida dela.

Tique, taque... bum!

Para alguns clientes meus, as emoções fortes não soltam um pouco do vapor; elas causam grandes explosões interpessoais. As explosões são outra forma de evitação reativa e tendem a ocorrer quando o alarme falso parece muito próximo ou inescapável.[12] Vejamos Oliver, por exemplo. Ele chegou ao meu consultório para tratar um problema de raiva, embora não achasse que tivesse problema algum. Contou que as filhas lhe deram um "presente" no Dia dos Pais, um rolo de fita isolante no qual escreveram: "Em caso de emergência, colar na boca do Oliver." Elas sugeriram que ele mantivesse o presente em sua mesa de trabalho, para que, na próxima vez que fosse explodir de raiva, cortasse o mal pela raiz.

Embora o presente fosse uma brincadeira, Oliver não riu quando me falou da fita isolante. Disse que se sentiu arrasado por ser visto assim pelas pessoas mais próximas. Admitiu que sempre foi "esquentado", mas que nunca viu isso como um problema tão grande. Achava que era uma questão de personalidade. Sentia que ia direto ao ponto porque, no fundo, queria tirar o melhor das pessoas que trabalhavam com ele.

– Talvez eu não me expresse do jeito mais elegante, mas se meus colegas são sensíveis o problema não é meu, concorda?

– Boa pergunta – afirmei, buscando uma abertura com ele –, mas, se o problema é dos outros, por que você está aqui?

Acontece que a consulta não tinha sido escolha de Oliver. Depois de uma explosão recente no trabalho, seu chefe direto – o presidente-executivo da empresa – insistiu que ele procurasse alguém para tratar sua tendência a... "ir direto ao ponto".

– Oliver – falei –, entendo muito bem o que você está dizendo. Muita gente me diz que às vezes sou direta demais. Um pouco ousada demais. E às vezes as pessoas se irritam.

– É mesmo?

Parecia que Oliver não acreditava que a doutora brasileira, baixinha e bem-educada sentada à sua frente pudesse ser como ele.

Oliver parecia pouco à vontade, o que fazia sentido. Um homem tão acostumado a buscar ou provocar conflitos talvez estivesse sempre nervoso. Em termos de temperamento, não parecíamos ter muito em comum. Então tentei acalmá-lo um pouco para começar nossa sessão com o cérebro racional no comando. Estou longe de ser comediante, mas achei boa ideia começar com uma piada. Ou, pelo menos, com uma história engraçadinha. Qualquer coisa para tranquilizar um pouco o sistema nervoso de Oliver.

– Tenho uma história hilária – falei, torcendo para ele concordar comigo quando eu terminasse de contar. – Quando vim para os Estados Unidos, falava pouco inglês e aprendi as expressões de ouvido. Afinal, a gente não vê expressões coloquiais nos livros acadêmicos. Então, nos meus primeiros anos aqui, eu sempre dizia a meus amigos que não entendia a expressão *shit around the bush* ("cagar em volta do arbusto"). Eles sempre concordavam educadamente e me olhavam sem entender nada.

Oliver também pareceu confuso, e tratei de dizer que era para ficar confuso mesmo.

– Eu usei *shit around the bush* durante uns dez anos, até que um amigo meu finalmente disse: "Luana, você sabe que a expressão correta é '*beat around the bush*' (fazer rodeios), não é?" Eu não sabia! É claro que morri de vergonha. No Brasil, banheiro de posto de gasolina era uma coisa horrenda, então o mato na beira da estrada era uma opção muito melhor para quem estava viajando de carro. Cresci vendo as pessoas irem "cagar no mato", literalmente.

Tudo bem, não sou o Seinfeld brasileiro (até minhas referências de comédia estão desatualizadas!), mas Oliver riu e pareceu relaxar um pouco. Missão cumprida. Então aproveitei para tentar entender como ele via sua própria raiva. Pedi que me contasse algum caso recente em que tivesse sido dominado pela fúria e causado algum problema no trabalho.

Ele contou que uma de suas subordinadas diretas tinha cometido um erro grave no balanço financeiro. Na mesma hora ele se levantou da mesa, furioso, e em segundos estava na mesa dela para, como ele dizia, "ir direto ao ponto".

Pedi que ele se descrevesse nesses momentos, como se estivesse se observando de fora.

Ele hesitou, como se não estivesse acostumado a se olhar assim.

– Bem, acho que nessas horas eu falo depressa e provavelmente levanto a voz.

– Provavelmente? – perguntei.

– Certo, levanto a voz. E provavelmente começo a listar todos os erros, em detalhes.

– E depois?

– Depois acho que viro as costas e vou embora feito um furacão.

– Como se sente quando "vai direto ao ponto"?

– Acho que me sinto bem no momento. Talvez não muito bem, mas fazendo o meu trabalho. No comando. Alguém precisa ter coragem de corrigir os erros. Talvez com isso eu possa até ensinar uma coisa ou outra a alguém.

– Entendo, então você ensinou sua subordinada a não cometer mais o mesmo erro. E depois? Por quanto tempo você se sentiu bem depois disso?

– Não muito. Comecei a me sentir mal porque talvez tenha sido muito duro com ela. Parecia que a coitada ia chorar quando a repreendi. Minha intenção não é ofender ninguém, mas me irrita quando os outros entregam um lixo de trabalho, porque preciso que todo mundo faça a sua parte para eu fazer a minha. Minha função não é ser babá de funcionário. Trabalho feito um condenado o dia todo e não preciso de mais serviço na minha mesa.

Perguntei com que frequência coisas assim aconteciam, e a resposta pareceu surpreendê-lo.

– Praticamente toda semana. – E então acrescentou: – Não consigo evitar. Quando alguém erra, preciso fazer alguma coisa, entende? É o meu trabalho.

– E o que aconteceria se você não disparasse até a mesa dos funcionários nem fosse direto ao ponto toda vez que alguém errasse?

– Como assim? Não dizer nada? Está fora de cogitação. Acho que eu explodiria de raiva. Preciso tomar uma providência na mesma hora!

Entendi o que ele queria dizer. Toda vez que Oliver encontrava o erro de um funcionário, o cérebro dele percebia "perigo", e esse alarme falso criava um desconforto intenso, como ir de zero a 1 milhão na escala da ansiedade. Então Oliver precisava fazer alguma coisa para se acalmar, e o que ele fazia era gritar, ser enfático, ir direto ao ponto. Quando confrontava os subordinados, a raiva se reduzia momentaneamente, mas qual era o preço? No caso de Oliver, o RH já tinha alertado que sua carreira estava em risco.

Muita gente evita sentimentos intensos de frustração e irritação do mesmo modo que Oliver. Estudos sobre ambientes de trabalho indicam que quase metade dos trabalhadores que passam por situações irritantes expressam raiva.[13] Especificamente, profissionais com empregos muito estressantes, como médicos e militares, tendem a ser bastante reativos. Durante a pandemia de covid-19, profissionais da saúde relataram irritação e ansiedade elevadas.[14] O estresse também contribuiu para acessos de raiva pouco construtivos.[15] Lembre-se: a reatividade é uma resposta biológica a ameaças (ou ao que causa emoções intensas que queremos aplacar rapidamente), mas isso não significa que não cause problemas para nós.

Mas não me entenda mal: soltar um pouco de vapor de vez em quando não tem problema algum – como desabafar com um amigo sobre um dia péssimo ou fazer exercícios mais intensos para queimar o excesso de energia. Só que a reatividade não ajuda quando cria tensão nos relacionamentos em casa e no trabalho.

Evitação reativa e você: manual do proprietário

Como eu já disse muitas vezes, a reatividade só é evitação quando serve para você se sentir melhor com rapidez, mas acarreta um alto preço a longo prazo. Como já deu para perceber, há várias maneiras divertidas e irresistíveis de as pessoas se sabotarem. Em vez de contar *todas* as histórias de evitação reativa que já encontrei, listo algumas reações comuns na página 112. Mas atenção: essa lista é meramente ilustrativa, não uma compilação definitiva, porque a evitação tem a ver com o motivo de se fazer alguma coisa, e não com o que se faz. Então pode ser que você não identifique sua própria reatividade nesses exemplos.

Quando reagir não é evitação?

É importante observar que, às vezes, reagir não é evitação. Ser assertivo, defender-se de agressões e falar o que se pensa (com respeito) numa conversa acalorada são exemplos de reatividade justificável. Num conflito legítimo, em que haja uma ameaça real, e não apenas uma ameaça aparente, o "porquê" da reatividade será a autopreservação.

A que tudo se resume

Em todos os exemplos deste capítulo, a evitação reativa assumiu a forma de produtividade, comparação e confronto. Embora o comportamento de cada indivíduo citado aqui tenha sido muito diferente, havia uma função em comum na reatividade: sentir-se melhor momentaneamente fazendo algo para reduzir as fortes emoções. Se estiver às voltas com a evitação reativa, como fico tantas vezes, já deve ter percebido que, quando a explosão passa, você precisa limpar a sujeira – e esse sentimento é horrível. Antes de acharmos uma solução, precisamos entender as razões por trás desse tipo de evitação.

Reatividade

Uma resposta comum ao desconforto é a evitação reativa, em que agimos para eliminar o que nosso cérebro percebe como possível ameaça.

Eis alguns exemplos de reatividade:

- Erguer a voz ou gritar
- Empurrar, segurar ou pôr a mão em alguém
- Interromper ou responder depressa
- Confrontar alguém sobre um problema ou preocupação de maneira agressiva
- Olhar os outros com raiva
- Transformar uma conversa em discussão
- Responder impulsivamente a um e-mail
- Trabalhar ou assumir compromissos em excesso
- Sair do trabalho às pressas
- Marcar muitas reuniões para discutir desafios
- Agendar atividades demais
- Apresentar trabalhos sem revisar primeiro
- Cumprir outras tarefas menos importantes (isto é, procrastinação produtiva)
- Bloquear pessoas nas redes sociais
- Recorrer a autoridades mais elevadas antes de tentar soluções menos drásticas

CAPÍTULO 7

A ciência por trás da sua cabeça quente

Super-heróis! Cheios de poderes incríveis, eles podem fazer qualquer coisa, inclusive colar meu filho de 5 anos na frente da TV por períodos prejudiciais à saúde. Diego ama tanto super-heróis que exige que inventemos uma nova história toda noite antes de dormir. Chega ao ponto de eu me sentir uma estagiária não paga da Marvel. O super-herói que mais conquistou o amor do meu filho é o Homem-Aranha. A ideia de que ele consegue escalar prédios e lançar teias pelo pulso é fascinante para Diego, e sempre que permitimos que assista a meia hora de qualquer coisa do Homem-Aranha ele fica completamente arrebatado. Na maior parte das vezes, ele assiste pelo tempo combinado e depois passa para os próximos itens da programação: ir ao banheiro, lavar as mãos e jantar. Mas, quando ele está cansado, eu e David ficamos atentos, porque tentar desligar a TV raramente acaba bem. Ontem, por exemplo, quando o tempo do Homem-Aranha acabou, Diego se jogou no chão, exigindo mais tempo em frente à TV, como um minúsculo ditador de uma nação rica, soberana e obscura. Enquanto eu o observava em pleno ataque de manha, ficou bastante óbvio que ele sentia que o mundo ia acabar e que a única maneira de transmitir esse apocalipse era gritar o mais que pudesse. Era como se tentasse dizer: "Droga, mulher, não percebe o que isso significa?! Se eu não assistir ao Homem-Aranha AGORA MESMO, NESTE INSTANTE, será meu fim! A ruína! O colapso!"

Essas explosões parecem totalmente ilógicas para qualquer pai ou mãe, inclusive para mim, e, embora tentemos argumentar com a criança, isso não é nada fácil. Crianças pequenas não conseguem regular totalmente suas emoções porque o cérebro humano só chega ao pleno desenvolvimento quando temos quase 30 anos.[1] É claro que as partes do cérebro essenciais para a sobrevivência se desenvolvem primeiro, e crianças como Diego ficam plenamente preparadas para fugir de perigos e absolutamente mal equipadas para lidar com algo mais sutil do que um tigre-dentes-de-sabre, como a hora de desligar a TV.[2] Uma estrutura essencial desse cérebro da sobrevivência é nossa velha amiga amígdala, o eixo emocional do cérebro, que, como aprendemos, tem um papel essencial na percepção e na resposta a ameaças. Como é mais importante ser capaz de sentir e reagir a ameaças do que realizar cálculos complexos ou transmitir pensamentos poéticos, a parte pensante do cérebro (o córtex pré-frontal) se desenvolve depois. Assim, quando grita com a cara no tapete, clamando a um universo insensível, Diego está no modo "cérebro emocional", e nenhum argumento consegue entrar na cabecinha dele (pelo menos, não antes que ele fique exausto com a própria histeria).

Antes que o cérebro pensante se desenvolva plenamente e se conecte à parte emocional, é dificílimo lidar com fortes emoções. É por isso que muitos adolescentes e jovens adultos tomam decisões precipitadas e agem de maneira impulsiva: é que o sistema interno de freios ainda não se desenvolveu por completo. Até poucos anos fazem uma enorme diferença, pois jovens adultos de 18 a 21 anos têm mais dificuldade de concluir uma tarefa cognitiva quando tomados por uma emoção do que os de 22 a 25.[3] Já é bastante ruim que as emoções estejam ao volante, mas, quando consideramos o cérebro em desenvolvimento, é como se também estivéssemos sem freio! O tempo, porém, é apenas um ingrediente necessário para desenvolver o cérebro pensante. No caso do sistema de freios, também precisamos aprender a regular nossas emoções.

Regulação emocional

A maioria de nós, uma hora ou outra, sente que as emoções estão no controle, embora isso seja diferente para cada um. Quando as emoções estão no comando, é quase impossível avançar com lógica, calma e frieza. Essa capacidade de recuperar o volante e passar do estado emocional para o racional é o que os pesquisadores e clínicos chamam de *regulação emocional*.[4]

A habilidade de regulação emocional pode ser aprendida em qualquer momento da vida, inclusive na infância. Quando somos crianças, o cérebro se desenvolve com rapidez, e aprendemos o tempo todo a reagir a nossas emoções. O modo como somos tratados por quem cuida de nós e o modo como essas pessoas lidam com as próprias emoções, assim como o clima emocional geral dos que nos cercam, têm seu papel para determinar se aprendemos ou não a regular nossas emoções.[5] Num mundo utópico, teríamos "pais perfeitos" e um "lar perfeito" em que os adultos nos ensinariam a identificar o que sentimos e nos ajudariam a administrar com elegância e atenção nossos altos e baixos emocionais. Nesse mundo ideal, todos aprenderíamos que as fortes emoções são naturais e que há toda uma gama complexa delas, da felicidade à tristeza, com vários tons no meio do caminho. Também aprenderíamos que as emoções em si, mesmo as intensas, não são necessariamente ruins! Se todos tivéssemos esse conhecimento, seríamos capazes de entender que não podemos fugir de emoções fortes e que, de fato, é melhor trazê-las conosco, no banco do passageiro, sem deixar que assumam o volante da vida.

Mas os pais são apenas seres humanos que fazem o que podem, com as habilidades que têm ou não têm a cada momento. Assim, não há família capaz de ensinar os filhos a lidar "perfeitamente" com as emoções fortes. (Além disso, a vida seria muito chata sem crianças pequenas aos gritos e sua manha adorável.) Quando não aprendemos a regular nossas emoções, acabamos conhecendo a gêmea má da regulação: a desregulação emocional. Ela acontece quando as emoções ficam intensas demais e perdemos o controle da situação.

A desregulação emocional está associada a comportamentos de risco, dificuldades de relacionamento e problemas de saúde.[6] Num grande estudo internacional com 12.461 participantes que haviam sofrido um infarto agudo do miocárdio (ataque cardíaco), 14% disseram ter se zangado ou se abalado emocionalmente uma hora antes do início dos sintomas.[7] Depois de análises adicionais, a equipe de pesquisa concluiu que estar zangado ou emocionalmente transtornado tem uma correlação com o aumento de risco de infarto. Outros estudos mostraram que a raiva também está associada a maior probabilidade de ter um AVC.[8] Em outras palavras, quando nossa panela de pressão explode de emoções fortes, além de pagarmos um preço emocional também podemos pagar um preço físico!

Há barreiras adicionais que alguns de nós enfrentamos e que podem atrapalhar ainda mais a capacidade de aprender a gerenciar emoções. Os maus-tratos na infância são um exemplo de "golpe duplo", em que a criança enfrenta aumento dos estressores que provocam emoções intensas, mas não tem um modelo adulto que demonstre como reagir com eficácia a essas emoções. Uma revisão recente de 35 estudos verificou que as crianças que sofrem maus-tratos têm menos habilidade de regulação emocional e mais probabilidade de recorrer à evitação diante dos estressores na vida adulta.[9] Ao tentar entender os processos cerebrais ligados aos maus-tratos e à regulação emocional, pesquisadores constataram que adolescentes que foram maltratados na infância recrutam mais partes do córtex pré-frontal para regular as emoções do que os demais adolescentes.[10] Em outras palavras, ligar o cérebro pensante para regular as emoções dá muito mais trabalho às crianças que sofrem maus-tratos. Pense nisso como correr 15 quilômetros: um maratonista conseguirá completar a corrida com mais facilidade (e menos esforço) do que alguém que só corre quando se atrasa para pegar o ônibus.

Outra barreira muito comum ao desenvolvimento da regulação emocional é o que os pesquisadores chamam de *experiência adversa na infância* (EAI). As EAIs são eventos potencialmente traumáticos que acontecem entre o nascimento e os 17 anos, como violência doméstica, abuso físico ou emocional, e morar com pessoas que usam drogas ou sofrem de doenças mentais.[11] De acordo com o CDC (Centros de Controle e Prevenção de Doenças dos Estados Unidos), cerca de 61% dos adultos sofreram pelo menos uma EAI, e 16% sofreram mais de quatro.[12] As EAIs estão ligadas a doenças crônicas, transtornos mentais e uso de drogas na adolescência e na idade adulta.[13] Por exemplo, estudos demonstram que os indivíduos que passaram por quatro ou mais EAIs têm probabilidade 10 vezes maior de usar drogas ilícitas,[14] quatro vezes maior de ter depressão, e 30 vezes maior de tentar suicídio.[15]

Como vem aprendendo sobre a natureza maleável do cérebro, talvez você não se surpreenda com uma revisão recente da literatura científica que mostrou que as EAIs também afetam o desenvolvimento cerebral.[16] A revisão sintetiza os estudos que mostram que as EAIs estão ligadas à hiperatividade e à hipertrofia (nome chique para "aumento") da amígdala. Esse achado faz sentido, porque seria de esperar que quem sofreu EAI tenha passado mais tempo no modo de luta, fuga ou congelamento – mais tempo com a amígdala no comando – do que as pessoas que não enfrentaram ameaças constantes. Se ficar muito no controle, a amígdala se tornará maior e mais forte. E, enquanto a amígdala aumenta, o córtex pré-frontal está no banco de reserva. Os achados da neurociência nessa revisão mostram que os indivíduos com EAI têm o córtex pré-frontal menos desenvolvido do que aqueles que não sofreram EAI. Sei que isso soa científico demais, mas o resultado é o seguinte: as pessoas que vivenciaram EAI têm o cérebro desenvolvido para reagir, o que, por sua vez, limita a capacidade delas de regular emoções fortes.

Explosões para evitar sentimentos

Embora os maus-tratos duradouros e as EAIs sejam casos extremos de como as experiências da infância afetam a regulação emocional, algumas pessoas simplesmente nunca aprendem a regular emoções por vários fatores menos óbvios. Vejamos o exemplo de Oliver, o Explosivo, e consideremos cientificamente sua tendência a perder a cabeça. Oliver me contou que foi criado numa família militar e que passou algum tempo nas Forças Armadas. Explicou que sua criação e o treinamento instilaram nele a noção de que havia sempre "certo e errado" em todas as situações, até na maneira como alguém se comportava, se vestia e falava com os pais. Havia sempre um código estrito de conduta que indicava que as coisas deveriam ser feitas de determinada maneira, senão algo muito ruim poderia acontecer. É uma atitude saudável em missões militares, mas não deixa muito espaço para a flexibilidade emocional dos civis no mundo real. Trabalhando hoje como gestor numa empresa, Oliver também queria que tudo fosse classificado em categorias. E, quando não era, ele explodia.

É importante notar que nem todo mundo criado dessa forma reage da mesma maneira, mas os dados indicam que três em cada dez militares apresentam comportamento agressivo.[17] E não surpreende que esse tipo de reação explosiva não se limite aos indivíduos com histórico militar. É também bastante comum em pessoas expostas a outras situações de muito estresse, como policiais, médicos na linha de frente e bombeiros, mas também, o que é um pouco surpreendente, educadores e até profissionais da gastronomia. Pense em qualquer serviço que envolva situações estressantes e tolerância zero para erros: há uma boa probabilidade de que esse profissional também tenha reações explosivas como forma de evitação.[18] Por exemplo, um estudo realizado na Austrália constatou que chefes de cozinha são mais agressivos do que a população em geral.[19] (Pense nisso na próxima vez que estiver prestes a devolver um prato no restaurante!) Até o estresse que ocorre fora do trabalho ou no início da vida também causa aumento de raiva, agressão e impulsividade.[20] Seja qual for a fonte do estresse, as explosões acontecem quando as emoções estão ao volante, a amígdala assume o controle e não se sabe para onde foi o cérebro pensante. Como o medo e ansiedade, a agressividade surge quando o córtex pré-frontal não está regulando a resposta da amígdala.[21]

Vale lembrar que nossa amígdala não dispara apenas quando encontra algum grau de ameaça objetiva. Tudo é altamente subjetivo, e, contanto que haja uma percepção de ameaça em jogo, a reação de luta, fuga ou congelamento será ativada. É por isso que o que você chama de fim do mundo outra pessoa pode chamar de um dia comum.

Com isso em mente, voltemos a Oliver e suas explosões de raiva. Uma das maiores descobertas que fizemos na terapia foi que ele nunca tinha sido ensinado a regular suas emoções quando elas assumiam o volante e desgovernavam o carro.

Quando ele era criança, seus pais sem querer lhe ensinaram que as emoções intensas não são boas e que ele precisava guardá-las dentro de si. Na verdade, a única vez que Oliver via emoções fortes em casa era quando o pai tinha explosões de raiva – iguaizinhas às que ele tinha agora –, e Oliver aprendeu que a única maneira de realmente mostrar que estava aborrecido, desapontado ou frustrado era com a fúria total. Faltava-lhe a habilidade de regular suas emoções; não havia variedade de expressões em sua caixa de ferramentas. Ele passava de absolutamente bem para alerta total em questão de instantes! Sempre que algo o frustrava, fosse num nível 1 ou 10, Oliver começava a se sentir tenso, com o coração disparado. Nesses momentos, ele não sabia articular a frustração. Essa raiva por não saber articular a frustração fazia as emoções difíceis ferverem, como a criança que ainda não sabe formular frases completas. Sem saber o que fazer, Oliver evitava essas emoções fervilhantes reagindo e gritando.

Situações estressantes nem sempre causam raiva

Nem todo mundo vai usar a raiva como estratégia para evitar emoções fortes ou situações estressantes. Alguns reagem de maneira mais leve, num nível laranja de desconforto, mas não vermelho. É interessante que pesquisas demonstram que temos mais probabilidade de reagir quando a ameaça parece próxima e pessoal (digamos, um motorista descuidado que quase atropela você ou sua família na faixa de pedestres) e acabamos nos agarrando à lembrança dessa ameaça.[22] Assim, na próxima vez que atravessarmos a rua com a família, ficaremos em alerta vermelho. Mesmo que a reatividade não seja a sua praia, pode haver momentos de "mamãe ursa" em sua vida, quando surge uma ameaça a algo ou alguém próximo e você reage para evitar danos.

Há muito mais sob a superfície quando se trata de evitação reativa. Diversos outros fatores influenciam o desejo de revidar. Vale a pena examinarmos aqui duas dessas razões: a necessidade de pertencimento e o apego.

A necessidade de pertencimento

Todos temos a necessidade evolutiva de pertencer a um grupo ou "tribo"[23] – seja no trabalho, na escola, numa equipe ou nas redes sociais –, mas alguns sentem essa necessidade de forma muito mais intensa do que outros. Pertencer a um grupo nos dá segurança,[24] noção de significado[25] e até a capacidade de autorregulação.[26] A exclusão do grupo é uma ameaça real a nosso bem-estar. Quem fica de fora do grupo sofre de má administração do tempo, rotatividade no trabalho, frequência cardíaca mais alta e menos controle de impulsos, como comer por estresse.[27] Assim, quando sentimos que não pertencemos mais à tribo, nossa reação de luta, fuga ou congelamento entra em ação, e isso ajuda bastante a explicar por que muita gente que conhecemos se esforça tanto para manter uma posição de destaque no grupo.

Como nossa necessidade de pertencimento é intensa e biologicamente programada como reação de luta, fuga ou congelamento, é comum sentirmos que temos que fazer alguma coisa quando ela é ameaçada, e às vezes essa coisa é a evitação reativa. E preciso confessar que sou a rainha desse tipo de coisa. Hoje sei muito bem que tenho um medo especial de não pertencer ao grupo, devido ao meu medo de não ser suficiente, que começou lá na infância.

Quando me sinto deslocada ou "inferior", me sinto ameaçada e ajo depressa. E, uhu!, me sinto melhor imediatamente. Até que não me sinto mais. Por exemplo, há cerca de uma década, minha maior meta era finalmente me tornar diretora de um laboratório de pesquisa no lendário (pelo menos para mim) Hospital Geral de Massachusetts. Vou explicar para os que não são acadêmicos (leia-se nerds): obter um cargo desses significaria "Você é uma estrela do rock e conquistou o mundo". Então é óbvio que fiquei entusiasmada quando vagou o cargo de diretora-associada do centro onde eu trabalhava. Na época eu era a pessoa mais antiga da equipe e supus que seria chamada para o cargo sem problemas. Só que, quando procurei a nova diretora para conversar, ela me disse que "só colaboradores com diploma de Medicina" seriam considerados para a vaga. Fiquei arrasada; embora tivesse Ph.D., estava fora da disputa! Naquele momento, além de ver meus sonhos se esvaírem, também senti que não pertencia (à instituição, à carreira, à equipe). Meus pensamentos entraram em espiral: se não sou médica, nunca vou dirigir um laboratório de pesquisa! Não pertenço nem nunca pertencerei a esse grupo!

Embora houvesse um milhão de maneiras de lidar com a situação – inclusive conversar mais com meus superiores –, evitei. E fiz isso de maneira super-reativa. Minutos depois daquela rápida interação com a diretora do laboratório, corri de volta à minha sala e decidi que me candidataria a outro emprego e abandonaria aquele cargo. Se eu nunca seria líder nem pertenceria ao Hospital Geral de Massachusetts, era melhor ir para outro lugar depressa. Embora você com certeza considere minha reação um pouco apressada, na época não achei que fosse evitação. Na verdade pensei que estava sendo superproativa! Parecia bastante lógico.

Então comecei imediatamente a pesquisar vagas em psicologia, a escrever cartas de apresentação e cheguei ao ponto de pedir cartas de recomendação aos meus colegas de confiança. Enquanto fazia alguma coisa, eu me sentia um pouquinho melhor (a evitação é poderosa!). Mas, depois de um fim de semana me preparando para me candidatar a dezenas de empregos acadêmicos no país todo, não me senti muito melhor.

Foi quando David conversou comigo. Ele perguntou com gentileza por que eu estava tão aborrecida com minha chefe, e só quando comecei a explicar a situação percebi que tinha apenas me sentido ameaçada, como se não pertencesse ao grupo por causa da minha formação (ou da falta dela). David me perguntou se eu pretendia mesmo me mudar para outra cidade ou se havia outra maneira de abordar o problema. Ao falar sobre a situação racionalmente (oi, córtex pré-frontal!), percebi que, mais uma vez, estava no modo evitação. Reagi ao comentário "só médicos" decidindo me candidatar a empregos que eu nem queria. Embora isso me fizesse me sentir melhor, o alívio era apenas momentâneo. E não deixava de ter suas consequências, porque, como a panela de pressão que explode e faz uma enorme sujeira, eu teria que explicar a meus colegas que, na verdade, não estava saindo do hospital (que vergonha!). Como você pode ver, combater a evitação é difícil, mesmo para "acadêmicos elegantes" como eu (tudo bem, elegantes só pelos lindos óculos vermelhos!). Mas confie em mim: é possível, e vou ajudar você a mapear o caminho no próximo capítulo. Mas, antes de chegarmos lá, vamos examinar outra razão para ficamos emperrados na evitação reativa: o apego ansioso. Para isso, vou contar um pouco mais sobre minha cliente Filomena.

Não vá embora: o apego ansioso

Para Filomena, a explicação por trás da evitação reativa é um pouco diferente. Ela não reage p raiva nem pela sensação de não pertencimento. Ela reage diretamente a seu pior medo: o abandono. Lembre-se: Filomena foi adotada quando pequena e, como muitos adotados, vivenciou ansiedade e insegurança nos relacionamentos.[28] A única maneira de Filomena se sentir segura no relacionamento com Ted era estar fisicamente perto dele. Do contrário, sentia uma ansiedade inescapável que a deixava insegura e a levava a enviar várias e várias mensagens para tentar se sentir próxima de Ted, mesmo que só por um instante. Você já esteve numa relação em que você ou a pessoa amada se sentia assim? Em que a segurança só vinha com a proximidade física? Talvez não mandasse mensagens o tempo todo, mas pedisse tranquilização sob a forma de perguntas como:

Você me ama?

Está tudo bem entre a gente?

Fiz alguma coisa que chateou você?

Era o que também acontecia com Filomena, e, como ela era incapaz de aguentar o desconforto, buscava confirmar com Ted que o relacionamento ia bem. *Busca de tranquilização* é a expressão usada por psicólogos para descrever o padrão de fazer perguntas para obter validação. Como a busca de tranquilização é uma forma leve e sutil de evitar emoções, muitos não conseguem percebê-la quando acontece.[29] Sempre que Filomena perguntava a Ted se ele a amava e ele reafirmava que sim, ela se sentia um pouco melhor.

Mas o doce alívio da tranquilização não é o único motivador aqui. O comportamento de Filomena também era influenciado pela maneira como ela havia aprendido a se relacionar com os outros (ou se "apegar" a eles).[30] A noção de "estilos de apego" ficou bastante popular nos últimos anos, e provavelmente a maioria já ouviu falar destes quatro estilos: ansioso, evitativo, desorganizado e seguro. Na teoria do apego, a insistência de Filomena em obter resposta é descrita como *comportamento de protesto*. Comportamento de protesto é qualquer ação realizada para se reconectar com a pessoa amada ou chamar sua atenção.[31] Costumo pensar no comportamento de protesto como forma reativa de evitação porque todo cliente com quem trabalhei, e que tinha uma situação semelhante à de Filomena, descrevia esse desejo de maneira visceral e urgente. É quase o equivalente psicológico de "quem não chora não mama" – só que, em vez de leite, a pessoa recebe uma dose rápida de alívio emocional. Essas pessoas reagem protestando, e isso alivia a ansiedade momentaneamente, mas, como se pode ver no caso de Filomena, causa conflitos significativos no relacionamento romântico.

E nossa amiga Filomena não é a única: o resultado de 132 estudos indica que, em geral, pessoas com um estilo de apego inseguro, como Filomena, sentem menos satisfação nos relacionamentos.[32] Você já notou uma ânsia parecida em suas relações? Talvez o desejo urgente de afirmar e reafirmar com frequência sua conexão com a outra pessoa? Talvez você não mande uma tonelada de mensagens, mas se afaste da pessoa amada ou dê um gelo nela. Talvez tente fazer seus pais ou amigos sentirem ciúmes de você.

Como psicóloga, entendi a situação de Filomena, e como humana senti uma empatia profunda por ela, porque também fui muito ansiosa quando criança. Eu lembro que, com 12 anos, implorei para minha mãe me deixar faltar à escola certo dia porque estava convencida de que, se saísse, eu voltaria horas depois e descobriria que ela havia me abandonado. Essas experiências difíceis nos formam e, às vezes, cabe a nosso eu adulto criar um novo caminho à frente. É fácil pensar nessas situações como injustas, e talvez sejam, mas é mais útil vê-las como oportunidades de romper antigos hábitos que não nos servem mais. Assim poderemos forjar um jeito de ser mais saudável – mais ousado. E é exatamente isso que aprenderemos a fazer no próximo capítulo.

Aprender em qualquer idade

O bom para todos nós é que podemos continuar fortalecendo nossa habilidade de regulação emocional durante a vida inteira. Hoje sabemos que o cérebro muda ao longo de toda a vida,[33] e nunca é tarde demais para aprender a administrar nossas emoções. Pesquisadores demonstraram que não há diferença entre adultos mais jovens ou mais velhos quando se trata do potencial de desenvolver a regulação emocional.[34] Ou seja, macaco velho também aprende truques novos. Tampouco é tarde demais para quem sofreu experiências adversas na infância (EAIs) ou vive no modo de evitação. Todos temos pontos de partida diferentes, e para alguns será mais fácil do que para outros, mas podemos aprender. É como entrar em forma: pode ser mais difícil aos 50 anos do que aos 20, mas, com treino e dedicação, nunca é tarde demais para ficar sarado. Além disso, minha própria pesquisa demonstrou que desenvolver a regulação emocional é possível até nas circunstâncias mais difíceis.

De 2014 a 2019, nossa equipe do PRIDE (um programa de psiquiatria para pesquisa em implementação e disseminação de tratamentos baseados em evidências), do Hospital Geral de Massachusetts, fez parceria com a

Roca, Inc., uma organização fundada para dar apoio a rapazes com alto risco de reincidência e desemprego, que não queriam ou não podiam se inscrever em outros programas. A Roca se destacava por compreender seu público-alvo. Sua equipe sabia que aqueles rapazes precisavam da habilidade de regular emoções, mas estava com dificuldade de encontrar uma metodologia cientificamente comprovada para implementar nas ruas. Foi assim que a Roca se uniu a nós para criar um programa de regulação emocional e desenvolvimento de habilidades que pudesse ser aplicado pelos orientadores sociais.[35]

Durante os cinco anos de nossa parceria, testamos e refinamos várias vezes o programa para se encaixar nas necessidades da Roca e dos jovens atendidos, especialmente dos rapazes envolvidos no sistema penal.[36] Juntos criamos um produto final satisfatório, factível e eficaz. A avaliação de 980 rapazes que receberam atendimento da Roca de 2014 a 2017 constatou que os que tiveram pelo menos uma experiência de aprendizado ou uso de habilidades de regulação emocional apresentaram risco 66% menor de abandonar o programa e probabilidade 65% maior de conseguir emprego do que os rapazes que não usaram essas habilidades.[37] Em outras palavras: a cada dia que fica no programa, o rapaz da Roca não está nas ruas nem volta à prisão. Como se pode imaginar, ficamos empolgados com esses dados, mas fomos igualmente incentivados pelas histórias de transformação que os rapazes nos contaram. Um deles disse:

> [As habilidades] com certeza me ensinaram a canalizar minha raiva [...] e me concentrar na minha reação, porque em geral sou muito impulsivo. [...] Sempre [...] estou precisando pisar no freio, digamos assim; assumir o comando dos meus pensamentos e ações [...] e também dos meus sentimentos.

E não ouvimos só os rapazes. Os orientadores sociais da Roca também perceberam a mudança de vida causada pelo impacto de desenvolver a habilidade de regulação emocional.

> Atendo um participante que tem um problema terrível de acesso de raiva. Ele destrói propriedades, é isso que ele faz. [...] Recentemente ele brigou

com a namorada; ela o chutou, ele gritou com ela. No meio da gritaria ele me liga: "Estou surfando a onda, estou surfando a onda" [frase relacionada a uma habilidade de regulação emocional]. Aí ele foi embora de lá. É óbvio que ainda estava transtornado, mas não fez nada fisicamente. Não quebrou nada na casa, não quebrou nenhuma janela. [...] Achei que eu nunca conseguiria fazê-lo parar com isso. Pensei: "Que beleza, esse negócio funciona mesmo."

Como se pode ver, até os rapazes saídos da cadeia que já tiveram seu quinhão de adversidade conseguem aprender as habilidades necessárias para pisar no freio quando as emoções tentam assumir o controle. Em última análise, as habilidades que compartilhamos com a Roca se baseiam na mesma ciência das habilidades que estou ensinando nestas páginas.

Se você é como eu e reage para evitar – seja mandando mensagens impulsivas, seja publicando nas redes sociais como reação automática –, é fundamental entender que só fazemos isso na tentativa de nos sentirmos melhor. Nesses momentos, as emoções dirigem enlouquecidas na tentativa de evitar o desconforto. Como vimos neste capítulo, o estilo de dirigir e as razões por trás dele variam muito, mas a evitação reativa ainda é o denominador comum. Agora que entendemos a ciência por trás disso, vamos aprender a pisar no freio e ativar o cérebro pensante. O truque para combater a evitação reativa é *Abordar*, mas com base na ciência. Afinal de contas, a ousadia não cai do céu, assim como não se aprende a tocar piano batucando as teclas aleatoriamente com o cotovelo. É uma habilidade que precisamos desenvolver, e esse será nosso próximo foco.

CAPÍTULO 8

Um lance que muda
o jogo

Um motorista corta você na estrada em alta velocidade. Um anônimo xinga você na internet. Sem querer, seu filho taca fogo no sofá. Você passa uma hora ouvindo a musiquinha da empresa telefônica e a ligação cai. O que essas situações têm em comum é que, provavelmente, todas provocarão algum grau de raiva num ser humano comum. O que acontece depois resulta, principalmente, da capacidade desse humano de regular as próprias emoções. Como você aprendeu no fim do capítulo anterior, a regulação emocional é uma habilidade que qualquer um, da bibliotecária à piloto de caça, pode aprender. Na verdade, você já aprendeu uma habilidade que pode ser usada para regular as emoções: *Modificar*.

A *Modificação* altera nossas emoções porque altera também o que pensamos num momento difícil. É a capacidade de adotar um ponto de vista novo, como pensar no que um amigo diria, para superar os desafios. No entanto, há outra maneira de regular as emoções, principalmente as inflamadas e reativas que estamos examinando. Para aprender a regular emoções, vamos recorrer aos princípios da terapia cognitivo-comportamental (TCC)[1] e da terapia comportamental dialética (TCD),[2] o supercasal mais sexy da ciência.

A técnica parece bem contraintuitiva: *Abordamos* os sentimentos difíceis em vez de evitá-los, fazendo o contrário do que nossas emoções nos dizem para fazer, na técnica chamada de *ação oposta*. Quando alcançar um certo nível de fluência nessa técnica, você será capaz de se manter mais frio em situações difíceis ou diante de um gatilho, e com isso vai parar de reagir de maneira prejudicial. Só é preciso um pouco de treino.

Supere a evitação reativa conhecendo seus gatilhos

Um dos meus jogos favoritos, além de fingir que biscoito é vitamina, é pensar em emoções difíceis como botõezinhos por todo o corpo, como uma mesa de DJ com luzes coloridas. Tem luz azul, verde, amarela, laranja e vermelha.

Os botões azuis representam as situações em que temos nível baixo de emoção e nosso cérebro pensante está on-line e ativo. Quando uma situação aperta um de meus botões verdes, posso sentir algo passageiro, como uma pontinha de aborrecimento, e pode ser que eu dê um sorriso irônico, mas na maior parte das vezes não faço nada. Quando meus botões amarelos são pressionados, começo a sentir mais desconforto. Os botões laranja me fazem tecer um comentário mordaz, e até levantar a voz, mas ainda é pouco provável que eu mergulhe de cabeça na evitação reativa. Mas ai de quem apertar um botão vermelho! Imagine uma criança pequena pisando várias vezes num botão vermelho: você vai sentir suas emoções entrando em combustão e alarmes disparando por todo o seu corpo. Você terá que agir (ou, devo dizer, *reagir*) para tirar a criança de lá e baixar a temperatura emocional. Evitação reativa é basicamente isso.

Botões da emoção

Quando os botões vermelhos são pressionados, acabamos perdendo a capacidade de pensar de forma crítica, e em geral isso nos faz reagir. O que ativa o botão vermelho em vez do verde, por exemplo, é exclusivo de cada um. A seguir estão exemplos de gatilhos comuns para cada tipo de botão. Mas lembre-se: isso é muito pessoal. Portanto trate de encontrar seus próprios exemplos também.

Azul	Verde	Amarelo	Laranja	Vermelho
"Estou tranquilo, calmo, controlado."	"Não é a situação ideal, mas estou bem."	"É difícil, mas consigo controlar."	"Estou começando a ferver."	"Estou prestes a explodir."
Sair com os amigos	Fazer faxina	Conversar com um amigo magoado	Falar numa conferência	Ser desrespeitado pelo seu filho
Ler um livro ou ver TV	Esperar na fila	Visitar parentes complicados	Ser preterido numa promoção	Ser demitido

Mas, quando você não sabe que botões fazem o quê na mixagem de emoções do seu DJ pessoal, é difícil mudar a maneira de agir. Portanto, é importante identificar primeiro qual tipo de situação aperta seus botões verdes e qual aperta seus botões vermelhos (veja a "Reflexão" a seguir). Afinal de contas, se não sabe que botão provoca o feedback negativo, você não conseguirá resolver o problema. Para isso, é preciso criar uma lista de situações que funcionam como gatilhos reativos e pisam no seu calo.

REFLEXÃO
Identifique os botões de alerta

O primeiro passo para aprender a *Abordar* é fazer uma lista das situações que tendem a provocar a evitação reativa em você. Esta reflexão pretende ajudá-lo a desacelerar o processo entre o gatilho e a reação, e sugiro que se concentre apenas na semana passada. Se conseguir captar seus padrões reativos, você ficará mais equipado para implantar uma solução.

Situação

Descreva uma situação que tenha apertado um de seus botões.

_____

_____

_____

Emoções

Cite as emoções que sentiu na ocasião.

_____

_____

_____

Intensidade

Aponte a intensidade de suas emoções: azul, verde, amarela, laranja ou vermelha.

_____

_____

_____

Ações atuais para lidar com as emoções

O que você faz quando sente essas emoções?

_____

_____

_____

Isso é evitação? (sim ou não)

_____

_____

_____

Lembre-se: para ser evitação reativa, a ação precisa ter acontecido porque você sentiu desconforto, e a resposta em si precisa ter tido o objetivo de fazer você se sentir melhor depressa, embora tenda a emperrar sua vida.

Os botões de alerta de Angad

Está lembrado de Angad? Ele vivia se comparando com os outros, principalmente nas redes sociais, e, quando se sentia ansioso ou inseguro, publicava várias fotos para provar a si mesmo (e aos outros) que era um sujeito descolado. No entanto, suas ações eram puramente reativas e, na verdade, nunca o faziam se sentir melhor; ele acabava com vergonha das próprias atitudes. Para ajudar Angad a entender a evitação reativa, buscamos primeiro identificar seus botões de alerta.

Antes de começarmos, porém, ele me fez uma pergunta importante que muitos clientes costumam fazer: "Se procurar meus botões de alerta, não vou me sentir pior?" A princípio, quando começar a listar seus botões de alerta, você pode sentir um leve aumento do desconforto, mas só porque não está mais evitando (lembre-se: a evitação funciona depressa!). Sugiro que você apenas observe esses sentimentos em vez de ser atraído imediatamente por eles. Além disso, ao escrever no papel seus botões de alerta, você ativa o cérebro pensante, ou seja, o cérebro emocional não terá tanto domínio. Enquanto escreve, pode ser que você sinta o efeito adorável de baixar sua temperatura emocional. Portanto, acredite: procurar é muitíssimo melhor do que ficar empacado na evitação e mostra o caminho para sair do padrão de evitação reativa.

Após duas semanas identificando seus botões de alerta, Angad reconheceu diversas situações que lhe causavam um desconforto tão grande que ele se entregava à evitação reativa para se sentir melhor, mas todas estavam associadas a um custo para ele (veja a tabela adiante). Além das redes sociais, Angad descobriu que qualquer conversa em que amigos falassem longamente sobre as próprias conquistas ativava seu cérebro emocional e ele tinha vontade de reagir para esfriar a cabeça. Nesses episódios, ele constatou que fazia algo impulsivo, como publicar no Instagram, ou começava a se gabar, tentando provar que sua vida era divertida e interessante a ponto de fazer qualquer ser humano saudável adoecer de inveja. A princípio, essas ações pareciam inofensivas, mas, com o tempo, Angad sentiu que precisava manter uma mídia social "ativa", senão seria derrubado pelos sentimentos de inadequação.

Os botões de alerta de Angad

Situação	Emoções	Intensidade	Ação	Evitação?
Um amigo publica no Instagram a foto de uma viagem que eu não fiz	Arrependimento	Amarelo	Publico fotos das minhas férias	Sim
Converso com um amigo e percebo que não tenho nada interessante a dizer	Aborrecimento Tristeza	Amarelo	Conto uma história das férias na Espanha no ano passado	Sim
Noto que minha última postagem no Instagram não recebeu muitos likes	Tristeza Vergonha	Amarelo	Edito a legenda para tornar a postagem mais interessante	Sim
Perco 10 seguidores no Instagram	Medo	Vermelho	Sigo 100 desconhecidos aleatórios para impulsionar os números	Sim

A vida de Angad está emperrada porque ele evita as emoções. Toda vez que sua temperatura emocional sobe, ele faz algo para combater o desconforto. Mas não é a ação em si que o deixa empacado, e sim o motivo de agir daquela forma, que é evitar as próprias emoções. Se sentisse suas emoções sem reagir depressa assim que surgissem, Angad conseguiria desenvolver uma nova relação com elas.

Lições aprendidas

Como vimos com Angad, identificar nossos botões nos leva a realmente ver onde, quando e por que a evitação reativa assume o controle. Eis como aconteceu com nossos outros personagens.

Filomena percebeu que, em qualquer situação que indicasse abandono, ela tentava se agarrar ao relacionamento como quem se agarra aos destroços do navio para não se afogar; é isso que acontece quando a pessoa tem um estilo de apego ansioso.[3] Longe dela, Ted ameaçava sua sensação de segurança, tanto que ela disparava uma torrente de mensagens incessantes para baixar a temperatura emocional o mais depressa possível. E não era só com Ted: ela também se comportava assim com familiares e amigos mais próximos. Filomena aprendeu que, ao se agarrar com força àqueles que amava, na verdade ela prejudicava seu relacionamento com eles.

Já Oliver constatou que, sempre que estava numa situação em que as regras (sociais, pessoais ou profissionais) não eram seguidas, sentia grande desconforto a ponto de explodir. Assim, quando sua funcionária Martha cometeu um erro, ele ficou ansioso. Para lidar com a própria ansiedade, ele foi grosseiro com ela e isso causou um alívio momentâneo, seguido de vergonha e arrependimento, o que, em última análise, o trouxe ao meu consultório. E não era só no trabalho. Ele se via em situações semelhantes em casa. Oliver me contou que toda vez que alguém quebrava alguma regra tácita, como jantar depois da hora, ele se via levantando a voz (ainda que admitisse a insignificância de jantar meia hora depois). Em geral, a briga fazia com que o horário do jantar fosse respeitado, mas também deixava Oliver aborrecido e se sentindo muito mal por ter gritado com a esposa. Esse tipo de coisa também acontecia com as filhas, daí a fita isolante de presente, meio brincadeira, meio a sério. A família o via como o "pai cabeça quente", e todos se sentiam pisando em ovos perto dele, senão correriam o risco de provocar outra explosão. Faziam piada, é verdade, mas o impacto desse comportamento na família era inegavelmente nocivo.

Como podemos ver, o processo de identificar os botões de alerta permite que cada um de nós aprenda algo sobre si mesmo. A percepção obtida nesse processo é mais do que intelectual; na verdade, é um forte motivador para a mudança de comportamento, porque, como se diz, não se pode mudar o que não se consegue medir. Se você já usou algum relógio ou aplicativo que calcula seus passos, deve saber do que estou falando. Basta medir quanto se mexeu para se sentir motivado a dar um passo a mais (sem trocadilho). E essa não é apenas minha maravilhosa e perspicaz opinião. Uma revisão recente de estudos verificou que adultos que monitoram o próprio comportamento sedentário ficam mais ativos.[4] Também podemos usar a magia motivadora do automonitoramento para nos preparar para a *Abordagem*.

Hora de Abordar

Quando localizar seus botões de alerta, você basicamente saberá onde estão as minas terrestres que provocam aquela explosão reativa. E, após compreendermos o que nos irrita (e nos faz explodir), precisamos aprender a regular essas emoções usando a ação oposta.

E o que é mesmo a ação oposta? Trata-se de "agir de maneira contrária à ânsia de ação de uma emoção".[5] Em outras palavras: se o desconforto nos dá ânsia de evitar, a ação oposta é qualquer coisa que façamos para abordar esse desconforto e ativar o cérebro pensante. A ação oposta é uma poderosa técnica de regulação emocional muito usada na terapia comportamental dialética (TCD). A TCD foi criada pela Dra. Marsha Linehan para ajudar as pessoas a lidar de maneira mais produtiva com as emoções fortes e romper padrões comportamentais nocivos. Embora tenha sido criada para tratar indivíduos diagnosticados com transtorno da personalidade ou borderline, foi demonstrado que a TCD poderia tratar com eficácia uma grande variedade de problemas, como transtornos alimentares,[6] raiva e agressividade[7] e uso de drogas.[8] Além de abordar uma série de problemas de regulação emocional, a TCD funciona em indivíduos de várias idades, de adolescentes[9] a idosos.[10] Inclui muitas habilidades diferentes, mas vamos nos concentrar especificamente na ação oposta.

Quando recorremos à ação oposta, equipamos o córtex pré-frontal para regular nossas emoções. Em essência, as emoções fortes querem controlar o comportamento, e fazem isso por meio da evitação reativa. Em vez de deixar as emoções assumirem o volante, você adota o plano de ir no sentido oposto sempre que se deparar com um gatilho. Para isso é preciso *Abordar* o desconforto. Quando *Aborda* o desconforto, o cérebro aprende que, não importa o que você esteja vivenciando, não importa quanto seja doloroso, muito provavelmente é um alarme falso.[11]

O propósito da ação oposta não é evitar as emoções intensas. Esse nunca é o objetivo, quer falemos de TCD, quer de meditação. Os pensamentos e emoções são apenas subprodutos da nossa biologia. Sem eles seria bem difícil ser alguém funcional e vivenciar todas as nuances da vida. Na verdade, as emoções, quaisquer que sejam, com a força que tiverem, têm seu propósito, mas, quando dirigem nosso comportamento e nossas ações, em geral levam à evitação. Então nosso trabalho aqui é retomar o volante. Não podemos controlar as emoções que sentimos, mas, aplicando atentamente a ação oposta, podemos controlar nossa maneira de reagir a elas.

Mas já tentei, Dra. Luana

A raiva de Oliver fez com que ele levantasse a voz com Martha (evitação reativa). A ação oposta seria qualquer coisa que o impedisse de fazer isso. Por exemplo, Oliver poderia pensar em revelar seus sentimentos a ela (em vez de atacá-la). Quando descrevi a ação oposta, Oliver fez uma pergunta que muitos clientes me fazem: "Acha que não tentei?"

Na realidade, na maioria das vezes meus clientes tentaram a "ação oposta". E posso dizer que eu também! Nem sei quantas vezes tentei não reagir com um de meus e-mails instantâneos depois que Susan me chamou a atenção. Então Oliver não estava errado. Aposto que ele tentou muitas vezes não gritar com Martha. Mas o que Oliver não entendia era que não adianta simplesmente se segurar para não fazer o que as emoções fortes querem; é preciso realmente treinar o cérebro e adotar um plano para não sucumbir à evitação reativa. A diferença é que, com uma ação planejada, você faz algo com propósito e habilidade, e não por causa de um instinto de luta, fuga ou congelamento. E, para desenvolver essa habilidade, não adianta treinar a *Abordagem* em situações de alerta máximo. É preciso fortalecer pouco a pouco a habilidade do cérebro de agir (em vez de reagir).

Não foi o que eu fiz quando finalmente entrei na onda e comprei uma

Peloton (bicicleta ergométrica com tela acoplada, conectada a um serviço de streaming com conteúdo fitness). No primeiro dia fiz uma aula dificílima de uma hora porque eu ia – ah, se ia! – *Abordar* minha saúde e perder aquela barriga pandêmica. Resultado: mal consegui andar nos dias seguintes e acabei fugindo daquele aparelho como o diabo foge da cruz. Não sei o que me fez achar que, depois de dois anos sem nenhum exercício, eu estava apta para o nível hard de malhação. É claro que não deu certo! No meu caso era uma limitação física, mas muitos clientes meus tentam parar de evitar o desconforto excedendo suas limitações emocionais. Para que você não cometa o mesmo erro, vamos recorrer à ciência para treinar a ação oposta como uma habilidade, e não uma reação automática.

Que venham as pequenas vitórias

Embora não pareça, treinar a ação oposta é difícil. Afinal de contas, é ir contra nossa própria biologia. Como Oliver, provavelmente você já tentou uma versão dessa habilidade uma vez ou outra, mas nunca teve sucesso. Assim, decidir por onde começar é fundamental para aprender essa habilidade. Sugiro que você identifique situações de alerta em que conseguiria facilmente *pequenas vitórias*. Ou seja: o contrário do que fiz com minha Peloton. Fui com tudo para me exercitar e consegui o oposto: evitei aquela maldita bicicleta enquanto me recuperava de toda a dor que sentia. E o que seria uma pequena vitória? Começar aos poucos, manter o ritmo e aumentar a força gradativamente.

Na prática isso significa o seguinte: *NUNCA comece treinando em situações VERMELHAS.* O cérebro entra facilmente no modo de luta, fuga ou congelamento nas situações de botão vermelho, e, sem treino, você não estará com o cérebro pensante on-line a ponto de ser capaz de surfar a onda emocional que virá. Escolher algo para treinar na faixa laranja prepara você para o sucesso, mas lembre-se: toda habilidade precisa de prática. E, como em qualquer treinamento, às vezes você vai acertar, outras vezes vai cair de cara. O segredo é continuar.

Treinando a ação oposta

As reações de Angad nas redes sociais

Angad concordou em treinar a ação oposta alterando seus hábitos nas redes sociais. Primeiro, comprometeu-se a ficar só 30 minutos por dia no Instagram. Mandei que ele ligasse o cronômetro quando abrisse o aplicativo. Passados 30 minutos, fim. Em seguida, quando tivesse ânsia de publicar, ele reprogramaria o cérebro telefonando para um amigo. Essa técnica é poderosa para criar uma mudança de comportamento duradoura: substituir velhos hábitos por novos. Por fim, na hora de conversar sobre tópicos-gatilhos com os amigos, a ação oposta seria escutar e *não* revidar (reagir) contando histórias sobre seus sucessos ou as férias anteriores. Sempre que combatia os sentimentos de insegurança tentando superar os amigos, ele deixava as emoções no volante. Estávamos tentando reconduzir o córtex pré-frontal para o banco do motorista. Concordamos que ele tentaria treinar essas etapas primeiro com amigos mais próximos, que provavelmente seriam menos propensos a se gabar da vida (e a não julgá-lo), antes de avançar para situações mais desafiadoras. Se não conseguisse tolerar a situação, o plano era arranjar uma desculpa e sair de fininho (para o banheiro, por exemplo) até recobrar a calma.

– Espere aí: se eu abandonar a conversa, também não vai ser evitação? – perguntou ele.

Eu diria que sim, mas, naquela situação, íamos usá-la de propósito como uma pequena ferramenta num arsenal maior projetado para fazer mudanças positivas.

– O que não quero ver, Angad, é uma situação em que sua temperatura emocional fique tão quente que você não consiga empregar o plano de ação oposta. Então às vezes usamos uma pequena quantidade de evitação para nos livrarmos dela completamente.

Após várias semanas treinando e não reagindo, Angad começou a aprender a domar sua impulsividade nas redes sociais. Certo dia, empolgado, Angad me contou que um amigo publicara uma foto das férias em Nova York, mas ele não postou nada em resposta. Não foi fácil, e ele admitiu ter rascunhado várias postagens, mas na verdade não publicou nenhuma. Como conseguiu isso? Seguindo o plano! E também treinando com inteligência. Ele me disse que, sempre que tinha vontade de publicar algo por desespero, abria a pasta de fotos e começava a editá-las e organizá-las sem postar nenhuma. Esse processo de rever as próprias fotos esfriava suas emoções e, quando terminava de examinar todos os álbuns, não sentia mais necessidade de publicar nada. Aliás, essa ideia não foi minha; foi dele! E não poupei elogios a ele, pois essa estratégia permitia que ele liberasse parte da pressão emocional, evitando agir por impulso. Vi isso acontecer com a maioria dos meus clientes: depois de treinar a ação oposta comigo com base no plano que traçamos juntos, eles acabaram criando seu próprio plano, que, em geral, além de mais eficaz, ainda lhes dava mais poder. É nessas horas que eu percebo que meus clientes estão mesmo mudando de vida.

A ação oposta de Filomena

Filomena tentou ao máximo não enviar mensagens a Ted quando se sentia angustiada, mas, como sabemos, não deu certo. O que mais ela poderia fazer então? Criamos uma lista de estratégias para ela lidar com a distância sem buscar tranquilização. Começamos planejando separações mais curtas e planejadas durante as quais ela procuraria algo para fazer que não envolvesse o celular. Nas primeiras experiências, Filomena e Ted combinaram que ele sairia com os amigos por algumas horas enquanto ela iria à academia (ação oposta – sem o celular!). À medida que o tempo que passavam separados ia aumentando, ela planejava com cada vez mais antecedência a ação oposta, para tolerar melhor o desconforto. E, quando Filomena e Ted voltassem a se encontrar, ela não poderia interrogá-lo. Esse era o plano original, mas, como não queríamos criar nenhuma nova modalidade de evitação no relacionamento, Ted concordou em compartilhar o que ele quisesse, e ela poderia fazer perguntas, desde que isso não se transformasse em busca de tranquilização. Essa técnica funciona bem com casais, mas só quando os dois embarcam juntos. Costumo dizer aos meus clientes: "Vou responder a qualquer pergunta sua, mas, se começar a perguntar várias vezes de maneiras diferentes, provavelmente só estará evitando e me obrigando a tranquilizá-lo, o que nunca dá certo." Ensinei esse truque a Ted e Filomena, e eles o usaram com sucesso.

Infelizmente, quando começamos a implementar o plano de ação oposta de Filomena, sua relação com Ted já estava tensa, e não demorou para Ted romper com ela. Filomena sentia que o dano ao relacionamento já estava feito e que, por mais que tentasse, Ted ainda pisava em ovos perto dela. A princípio, ficou arrasada; chorou muitas vezes no consultório e disse coisas como "Ah, se eu soubesse disso antes, teria salvado meu relacionamento".

Conversamos muito sobre o fato de o cérebro sempre querer entender as coisas e inventar uma conclusão ou outra para minimizar a dissonância, e fazia sentido ela querer se culpar. E não estava errada: concordei que não conhecer seu padrão de evitação certamente dificultara o relacionamento. Mas costumo recordar a meus clientes que se encontram num torvelinho romântico que são necessárias duas pessoas para dançar o tango, e, nesse caso, Ted também teve seu papel no rompimento.

Filomena continuou a adotar a ação oposta quando sentia medo de abandono, inclusive com os pais. Assim, foi com prazer que recebi recentemente um e-mail dela dizendo que hoje está feliz, casada e com um recém-nascido. Pelo que me contou, sua vida amorosa foi difícil por algum tempo, mas ela conseguiu romper o padrão de evitação e chegou ao outro lado feliz e, finalmente, à vontade num relacionamento romântico.

O plano de ação oposta de Oliver

Quanto ao impetuoso Oliver, a maioria de suas reações era provocada pela sensação de raiva, e ele ia de zero a 100 em segundos antes de explodir. Quando se trata da raiva, a TCD ensina um plano claro de ação oposta que envolve alguns métodos diferentes. Um deles é o mais simples: evitar a pessoa com quem você se zangou até a raiva passar. Em outras palavras, assim que sentisse raiva de Martha por cometer um erro no trabalho, a ação oposta de Oliver seria ficar longe dela até não estar mais sequestrado pela amígdala, em vez de começar um ataque inútil e ofensivo. Às vezes, isso é difícil demais para o cliente, que pode precisar de um tempo sozinho, substituindo "gritar com fulano" por "dar uma volta no quarteirão". Seja o que for, recomendo que você tenha um plano para evitar acessos de raiva. Acredite se quiser: na verdade, é dificílimo formular um plano racional quando você está a segundos de esganar alguém. Também depende de até que ponto o cliente se sente engatilhado. Para Oliver, esperar três minutos para cobrar o erro de um subordinado parecia um século, mas, quando se tratava da raiva que sentia em família, era mais fácil esperar o triplo desse tempo.

Por fim, a TCD também sugere que você escolha a ação oposta mais extremada, o que, nesse caso, seria se esforçar ao máximo para ser gentil ou tentar entender a pessoa com quem você se zangou. Quando sugeri isso, Oliver me olhou como se eu fosse um ET.

– Quer que eu seja gentil quando estou zangado?

– Isso!

– Como poderia dar certo? É impossível!

– Bom, vejamos sua esposa. Sei que você a ama muito, mesmo quando se zanga com ela. Que gentileza você poderia fazer a ela nesses momentos?

Oliver me olhou com ceticismo.

– É bem simples, Oliver. Só estou pedindo que diga algo gentil sobre sua esposa.

– Bem, ela é uma excelente cozinheira, por exemplo.

– Certo. Então, quando se sentir irritado por jantar mais tarde do que de costume, em vez de levantar a voz e ser sarcástico, talvez você pudesse elogiar a refeição.

– Mas não seria falsidade?

– Não se você for sincero. Do que você gosta na comida que ela faz?

Ele se pôs a descrever com detalhes todos os pratos incríveis que ela prepara e, ao fazer isso, relaxou. Chamei a atenção dele para esse fato e expliquei que, quando praticamos novos comportamentos, eles ativam outras emoções. Quando sorrimos para alguém ou elogiamos os outros, na verdade nossa fisiologia muda.[12] Quando praticamos gentileza, nos sentimos mais felizes.[13] Quando praticamos violência, nos sentimos irritados.[14] Quando consideramos que, na verdade, a raiva é apenas um padrão de pensamento que nos força a agir, é fácil ver que, se dermos atenção plena à raiva e tirarmos o controle das emoções, o verdadeiro sentimento de raiva tem vida bastante curta. A única maneira de permanecer com raiva é pensar que você está com muita raiva e reagir a isso com comportamento raivoso e desregrado. Tudo bem viver assim se é o que você quer, mas duvido que alguém queira passar a vida à mercê de seus pensamentos e sentimentos.

Uma coisa é um cachorro enlouquecer latindo para um esquilo ou para outro cachorro, mas outra bem diferente é passarmos anos da nossa vida magoando as pessoas que amamos.

Depois de meses seguindo o plano de ação oposta e se esforçando para elogiar a esposa sempre que se irritava em casa, Oliver se sentiu pronto para combater sua reatividade no trabalho. Ele pegou a fita isolante que as filhas tinham lhe dado, mas riscou a mensagem original e escreveu "SEJA GENTIL". Pôs a fita isolante junto à porta da sala, para vê-la sempre que saísse. Fez isso depois de alguns incidentes em que ignorou completamente o plano e reagiu de maneira impulsiva e desagradável com a equipe. Também treinou começar as conversas no escritório comentando algo positivo sobre a pessoa, mesmo quando estivesse zangado. Oliver acabou percebendo que, no alerta vermelho, ele não conseguiria ser gentil, então nesses momentos sua ação oposta era primeiro evitar a pessoa por algum tempo, até esfriar um pouco a cabeça. Depois de um tempo eu o treinaria a amenizar esses alertas vermelhos, mas, quando se trata de controlar a raiva, é importante avançar aos poucos.

Como Oliver, a maioria dos meus clientes me considera "fiscal de evitação", mas não sou tão intransigente quando se trata dessas coisas. A realidade é que, às vezes, precisamos dar tempo à amígdala antes de recuperarmos o acesso ao cérebro racional. E o que Oliver fazia nas pausas? Treinava outra habilidade de regulação emocional que adoro, muitas vezes comparada a reiniciar o sistema. Sempre que sentia um alerta vermelho, Oliver segurava um cubo de gelo. É isso mesmo, um cubo de gelo. A ciência nos ensina que a exposição ao frio realmente desacelera a frequência cardíaca,[15] parte fundamental da reação de luta, fuga ou congelamento. Assim, pelo preço de um único cubo de gelo, você obtém uma ótima ferramenta para baixar suas emoções depressa antes de reagir.

Já no fim da terapia, Oliver me contou que as filhas tinham notado seu esforço e o elogiaram pelo progresso. Até Martha, a funcionária com quem teve tanto conflito no trabalho, notou que ele estava muito melhor. Por sua vez, ele também pediu desculpas e lhe contou o esforço que estava fazendo para mudar. Na dúvida, um pouco de vulnerabilidade sempre ajuda. Admitir que erramos e que estamos nos esforçando para mudar exige coragem, mas é difícil pensar num modo melhor de se abrir para a bondade dos outros. Martha e Oliver agora conseguem trabalhar juntos, e, em vez de explodir com ela a cada pequeno erro, Oliver passou a orientá-la, deixando mais claro o que espera dela. Por tentativa e erro, ele aprendeu que se sente bem melhor orientando os funcionários, porque isso faz com que ele use mais o cérebro racional e não se transforme num monstro furioso.

Mais exemplos de ações opostas

Quando começam a trabalhar no plano de ação oposta, meus clientes costumam empacar. Tentam criar a ação oposta "perfeita", como se achá-la erradicasse toda a evitação. Mas sejamos claros: buscar a ação oposta perfeita enquanto sua vida se desenrola é apenas outra forma de evitação. Por quê? *Porque, em essência, a ação escolhida como ação oposta é irrelevante.* Em vez disso, seja criativo enquanto treina e experimente coisas diferentes, tendo em mente o seguinte: a meta é vivenciar suas emoções, não fugir delas. Fazer essas mudanças exige tempo, mas o resultado vale a pena. Não demora e você se verá *Abordando*, e não evitando quando a situação ficar difícil. Lembre-se: você caiu nesses padrões; sair deles vai parecer antinatural, mas libertar-se da autossabotagem involuntária será uma tremenda recompensa.

Por estar aprendendo uma habilidade, sugiro que leve em conta algumas sugestões adaptadas da terapia comportamental dialética. Use algumas dessas estratégias para criar seu plano de ação oposta (veja também a "Reflexão" a seguir).

Exemplos de ação oposta

Emoção	Comportamento de evitação reativa	Ação oposta
Raiva	Gritar	Evitar falar durante conversas acaloradas
Constrangimento	Isolar-se	Ficar perto dos outros e puxar conversa
Vergonha	Refugiar-se por horas em frente à TV	Dar uma caminhada ou fazer outro exercício

REFLEXÃO

Crie seu plano de ação oposta

Quando as emoções estão no controle, não conseguimos planejar direito. Então é importante elaborar com antecedência o plano de ação oposta. Use os espaços abaixo para isso. Não se esqueça: é melhor começar por um conflito que não esteja no nível vermelho. Anime-se com as pequenas vitórias e siga em frente.

Botão de alerta

_____

_____

_____

_____

_____

Comportamento de evitação reativa

_____

_____

_____

_____

_____

Ação oposta

_____

_____

_____

_____

_____

Virando o jogo: aumente sua capacidade de regular emoções

É importante lembrar: à medida que aumenta sua habilidade de *Abordar*, as situações podem ficar *mais* desconfortáveis, não menos. Então é preciso aprender a levar uma vida "confortavelmente desconfortável". Pense nisso como um treino físico. Quando consegue fazer o levantamento terra de 40 quilos com certa facilidade, você não fica nele para sempre. Você aumenta o peso, porque a única maneira de continuar o progresso é desafiando o corpo (e, no nosso caso, a mente). O truque é encontrar a quantidade certa de desafio. Quando é fácil demais, perdemos a motivação para crescer. Quando é muito difícil, desistimos ou nos machucamos. Como se diz, ótimo esforço + ótimo repouso = ótimo progresso. É isso que ensino a meus clientes, e é o que espero que este capítulo ensine a você também.

Pedras no caminho

Outra questão importante é que, por mais que tente evitar, ainda haverá situações em que seus botões serão pressionados a ponto de você reagir. Não desanime nesses casos. Em vez disso, faça algumas perguntas a si mesmo. Primeiro: *Eu sabia que essa situação seria um botão de alerta?* Se não sabia, acrescente à sua lista de botões. Se sabia, pergunte-se: *Segui um plano de ação oposta?* Então reflita sobre o que faria se a situação acontecesse outra vez.

Benefícios a longo prazo

Embora a princípio seja difícil adotar a técnica de ação oposta, a longo prazo ela traz muitos benefícios. Você já viu alguns nas histórias de clientes que contei. Angad desenvolveu uma relação mais saudável com as redes sociais. Embora o namorado tenha terminado com ela, Filomena hoje tem um casamento feliz. Oliver melhorou seu relacionamento com a colega Martha. Cada uma dessas histórias reflete a mudança real de alguém. E sei que você também pode experimentar o poder transformador de *Abordar*.

Continuemos nossa jornada

Abordar é uma habilidade que nos ajuda a identificar a evitação reativa e administrar o desconforto. E como fazemos isso? Com a criação de um plano claro de ação oposta, podemos aprender a regular as emoções e ter uma vida mais feliz. É minha habilidade favorita, mas não a única deste livro. Para criarmos resiliência com o tempo, precisamos nos manter fiéis às coisas que são mais importantes para nós. Por isso vamos mergulhar na última habilidade deste livro: *Alinhar*.

PARTE 4

Alinhar

CAPÍTULO 9

Não sei se vou ou se fico: permanecer como estratégia de evitação

Depois de 15 anos morando no centro de Boston, eu conhecia cada rua, beco e atalho bizarro daquela gloriosa cidade antiga (pelo menos para os Estados Unidos). Mas, quando me mudei para o subúrbio, fiquei totalmente perdida. É uma sensação estranha começar do nada a ponto de não conseguir se situar, mas ali estava eu, completamente desorientada e incapaz de dar a um desconhecido até as instruções mais básicas para chegar a uma esquina. Ainda bem que nossos carros têm GPS. É incrível que hoje tenhamos essa tecnologia no celular ou mesmo no pulso, se você tiver um smartwatch. É uma ferramenta maravilhosa – quer dizer, quando tudo funciona bem.

Algumas semanas após a mudança, parei numa encruzilhada – literal e figurativamente. Estava num grande cruzamento a caminho de Boston para uma reunião. Estava um pouco atrasada e já meio nervosa. O GPS me informou que havia um grande acidente na interestadual 90 Leste, que levava à cidade, e me fez pegar um desvio. Parada no semáforo, notei uma fila de carros atrás de mim – suponho que o GPS deles também tivesse recalculado a rota –, e estava ficando claro que esse novo trajeto também teria muito trânsito. Enquanto esperava ansiosa a luz ficar verde, de repente o GPS saiu do ar! Agora éramos apenas eu, meu frio na barriga e a mensagem inútil na tela preta que dizia: "Recalculando... recalculando... recalculando..."

Meu coração batia com força e meus pensamentos dispararam. Eu sabia que só tinha cerca de um minuto para decidir em que direção seguir antes que o semáforo abrisse. O problema era que eu não estava prestando atenção – só seguia o GPS às cegas – e não fazia ideia da direção de Boston. À esquerda? À direita? Em frente? Eu realmente não sabia o que fazer. Nos segundos que se passaram, meu cérebro ficou paralisado. Até que fiz um cálculo mental: o GPS voltaria em algum momento (mesmo que a tela estivesse congelada) e talvez eu conseguisse ficar com o carro parado um pouquinho. *Claro, eu prenderia o tráfego, mas só levaria um segundo*, disse a mim mesma. *Que mal faria prender uma fila de carros na hora do rush?* Embora eu tentasse me acalmar, minha ansiedade só fazia crescer.

Com os segundos se passando, eu só tinha um desejo: ter uma bússola. (Na verdade, havia uma bússola no meu iPhone o tempo todo, mas acontece que fui a última pessoa do planeta a descobrir.) Talvez você se pergunte por que estou falando de bússolas. Mas acho que a bússola é um dos instrumentos mais ousados da humanidade. Antes de fazer meu discurso, vou destacar brevemente as principais diferenças entre o GPS e a bússola e por que eu queria uma bússola naquele dia.

Os riscos de usar o GPS

Além do tipo de perrengue que descrevi, o GPS também faz você se perder caso, sem querer, registre um endereço na cidade errada. Claro que o GPS vai levá-lo ao destino, mas você não chegará aonde queria. Essa infeliz limitação do GPS foi uma das razões de alguns clientes novos se atrasarem para a primeira sessão em meu consultório no centro de Boston. Eles digitavam "Cambridge Street" e, por padrão, o GPS escolhia "Cambridge Street, *Cambridge*, Massachusetts" em vez de "Cambridge Street, *Boston*, Massachusetts". Quando percebiam que iam na direção errada, muitas vezes já estavam em Cambridge, no outro lado do rio, e chegariam meia hora atrasados para uma sessão de 45 minutos. Depois que isso aconteceu umas cinco vezes, comecei a mandar e-mail aos novos clientes para que não se perdessem também.

Por outro lado, a bússola é um instrumento de navegação projetado para ajudar você a determinar a direção em relação aos polos magnéticos da Terra. Como a bússola não pensa por você, é preciso estar sempre atento aonde se vai (um precipício, uma árvore, um abismo). A bússola é projetada para *nos guiar em nossa jornada*. Naquele dia infeliz, portanto, a bússola teria sido mais útil, pois pelo menos me faria avançar na direção de Boston. Claro que eu levaria um tempinho até achar um caminho alternativo para leste, mas seria muitíssimo melhor do que um GPS travado.

Permanecer para evitar

Conto minha triste história de paralisia no trânsito porque ela ilustra lindamente quanto nossa vida emperra quando operamos de acordo com um GPS externo. Para mim, a permanência como estratégia de evitação funciona assim também: ficamos empacados no mesmo lugar, sem nos mexer, diante de uma percepção de ameaça. Sabemos que a situação não é boa para nós, mas estamos paralisados demais para resolver. Em geral, quem luta com a permanência fica fazendo a mesma coisa várias vezes, apesar de se sentir esgotado com isso. A seguir dou alguns exemplos de clientes meus que recorriam a essa modalidade de evitação.

Permanência

Às vezes, principalmente quando percebemos uma ameaça, nosso corpo trava e permanecemos imóveis. Nosso cérebro parece atolado, como se não conseguisse pensar nem sentir muito, tampouco planejar uma ação. Eis exemplos desse tipo de permanência:

- Parar de falar numa conversa
- Insistir num relacionamento tóxico, seja amoroso ou não
- Não conseguir responder quando um gestor faz uma pergunta
- Continuar no mesmo emprego, embora infeliz
- Passar horas sentado, sem fazer nada
- Desligar a mente e contemplar o vazio
- Adiar as decisões de carreira
- Manter uma situação de vida nada saudável

Como envolve inação e imobilidade apesar do desconforto, às vezes é difícil identificar a permanência. Mas nunca conheci quem sofresse disso e não soubesse que estava meio empacado. Em geral, a pessoa só não sabe o que fazer, como um cervo na estrada, que fica imóvel diante dos faróis. Isso pode acontecer em muitas áreas da vida. Para identificar como você permanece, faça a "Reflexão" a seguir.

REFLEXÃO

Identifique sua permanência

Examine as circunstâncias atuais da sua vida. Você costuma empurrar uma situação com a barriga mesmo que ela não seja a ideal? Sente-se frustrado ou cansado, mas a simples ideia de mudança o paralisa? Isso costuma acontecer em algumas áreas da vida. Por exemplo:

- Você já esteve num relacionamento romântico claramente fracassado, mas não sabia como terminar nem se queria pôr um fim na relação?

- Já teve um emprego que não era mais satisfatório, mas ficar ali parecia mais sensato do que se aventurar em novas oportunidades?

- Já percebeu que reclamava várias e várias vezes da mesma coisa com os amigos, sem fazer nada de concreto a respeito?

- Já quis se reinventar – quando os filhos saíram de casa, por exemplo –, mas não soube por onde começar?

Depois de refletir sobre as perguntas acima, descreva uma situação em que você tenha permanecido no mesmo lugar.

_____

_____

_____

_____

> Sabendo que a evitação nos impede de ter uma vida ousada, imagine por um segundo que você tenha conseguido superar a paralisia. O que seria diferente na sua vida?
>
> _____
>
> _____
>
> _____
>
> _____
>
> _____
>
> _____

Sua bússola interna

Fazer essa "Reflexão" nos ajuda a identificar as áreas da vida em que seguimos o GPS às cegas, o que invariavelmente nos deixa perdidos e empacados (afinal de contas, até a melhor tecnologia falha de vez em quando). Mas não é preciso ser assim, porque todos temos acesso irrestrito a uma bússola interna: *nossos valores.*

Os valores são ferramentas de navegação incrivelmente poderosas na vida. Quando penso no que é exatamente um valor, eu me lembro do trabalho do Dr. Steven Hayes, que desenvolveu a terapia de aceitação e compromisso (TAC),[1] é psicólogo clínico e escreveu 47 livros até agora. A TAC foi desenvolvida para ajudar pessoas a buscar uma vida significativa e aceitar a dor inevitável que a acompanha. As práticas centrais da TAC são desfusão (afastar-se dos próprios pensamentos e emoções); aceitação (olhar de frente os pensamentos e sentimentos como são); contato com o momento presente; auto-observação; ação comprometida; e, o mais relevante para este capítulo, valores.[2] Alguns anos atrás, numa conferência acadêmica, ouvi o Dr. Hayes descrever os valores como "aquilo *de acordo com o qual você viveria* se fosse apenas um segredo entre você e você mesmo". Em outras palavras, *os valores são bússolas internas intrínsecas que guiam nossas decisões, atitudes e comportamentos, e são exclusivamente nossos.* Por exemplo, você pode dar muita importância à humildade, enquanto outra pessoa prefere as realizações.

Se procurar na internet, você achará centenas de listas de valores diferentes. É surpreendente (ou não, dada a esquisitice dos seres humanos) que o mundo não concorde com uma lista definitiva de valores, embora Shalom H. Schwartz e sua equipe de pesquisa intercontinental tenham identificado 19 deles que são comuns em quase 30 países.[3] Para lhe dar uma ideia dos valores comuns que costumo ver quando trabalho com meus clientes, apresento adiante uma pequena lista.

Reflita um pouco sobre ela. Algo lhe chama a atenção? Um valor mais importante para você do que os outros? Um valor a que você não dá muita importância? Um valor que você acha que esteja faltando? Sempre que se sentir estagnado, será que há algum valor que você possa usar como bússola interna para seguir seu caminho?

No fim das contas, tudo bem se você se identificar ou não com cada valor listado (e isso é até esperado, porque nossos valores são muito pessoais). E tudo bem se houver vários valores que se destaquem para você. Raramente temos *um só* valor. Em geral achamos muitos valores importantes, mesmo que não estejam interligados. O truque para usar sua bússola interna para navegar pela vida é escolher que valor é mais importante em cada momento específico.

Mas não basta identificar seus valores para mudar de vida. Para muitos de nós, os valores são como um quadro dentro de casa: faz bem olhar para eles e refletir a respeito, mas eles não desempenham um papel ativo no dia a dia. Meio que conhecemos nossos valores (ou, pelo menos, temos um bom palpite de quais sejam), mas na verdade não nos referimos a eles com frequência. Quando ignoramos nossos valores, voltamos à vida por GPS, na qual permitimos que uma fonte externa (cultura, sociedade, amigos, família) nos diga como avançar, sem nunca termos clareza de por que fazemos o que fazemos. E é assim que nos perdemos.

Valores comuns

Ambição	Honestidade
Amizade	Humildade
Amor	Humor
Audácia	Igualdade
Autenticidade	Inclusão
Autoexpressão	Individualidade
Autorrespeito	Jovialidade
Aventura	Justiça
Beleza	Lealdade
Bondade	Liberdade financeira
Carisma	Mente aberta
Compaixão	Objetividade
Compromisso	Otimismo
Comunidade	Paciência
Confiança	Paixão
Coragem	Perdão
Crescimento	Perseverança
Criatividade	Pertencimento
Curiosidade	Pragmatismo
Determinação	Presença
Disciplina	Produtividade
Diversidade	Realização
Entusiasmo	Reconhecimento
Equidade	Riqueza
Excelência	Sabedoria
Fama	Saúde
Família	Segurança
Fé	Simplicidade
Franqueza	Sustentabilidade
Frugalidade	Trabalho em equipe
Generosidade	Tradição
Gratidão	Vulnerabilidade

Como me perdi

No início da carreira, eu tinha um valor claro que guiava a maior parte das minhas ações, tanto pessoal quanto profissionalmente: a ambição. Para mim, ambição significava trabalhar com afinco para ter sucesso, e eu acreditava que, por ser ambiciosa, eu conseguiria afastar qualquer possibilidade de voltar à pobreza. Quem, como eu, é criado em condições difíceis só consegue pensar em sair dessa situação de uma vez por todas. Pode não ser a postura de maior iluminação espiritual, mas, dependendo de quão fundo você esteja na base da pirâmide, o dinheiro realmente compra felicidade. Mais ainda: percebi que, se conseguisse sucesso profissional, finalmente estaria em condições de sustentar minha família. Assim, a ambição me movia, e foi uma das principais forças que me trouxeram aos Estados Unidos.

A ambição é um valor legítimo, e pesquisas mostram que, quando damos passos na vida que refletem nossos valores, os sentimentos de estresse, ansiedade e depressão se reduzem.[4] E foi exatamente o que senti como aluna de pós-graduação e no início da minha carreira acadêmica. Eu ficava mesmo inebriada quando trabalhava muito, e quanto mais ambiciosa, melhor me sentia. Embora não seja corredora, provavelmente não era diferente do barato que os maratonistas sempre descrevem. Do alto da minha ambição, eu estabelecia metas claras como "fazer doutorado", "trabalhar no departamento de psiquiatria com mais prestígio nos Estados Unidos" e muitas outras. A ambição realmente me manteve concentrada em minhas metas, e no início da carreira isso não era evitação. Eu vivia alinhada com meus valores – naquela época.

Só que em algum momento isso mudou. Em que momento exato não sei dizer, mas provavelmente foi nos anos intermediários da carreira. Parei de prestar atenção em *por que* eu fazia o que fazia (meus *valores*) e só me concentrei no *que* eu achava que precisava atingir (ou seja, minhas *metas*). Estava tão concentrada o que as pessoas me diziam que deveria ser minha próxima meta que vivia inteiramente de acordo com a ideia de sucesso delas, não com a minha. Continuei subindo a escada, mas já não avançava em direção aos meus sonhos.

Em outras palavras, eu tinha perdido o rumo: navegava pela vida sem conferir meus valores. O problema de ignorar a bússola interna é que, em geral, acabamos indo numa direção que não reflete o que é mais importante para nós. E viajar por um caminho não alinhado com nossos valores geralmente é desconfortável. Por exemplo, se você valoriza a franqueza e conta uma mentira, vai se sentir desconfortável. Do mesmo modo, se você valoriza profundamente a criatividade mas tem um emprego cheio de regras engessadas, ficará insatisfeito. Caso a saúde seja um valor central mas você come demais e não se exercita, vai se sentir horrível.

Quando sentimos a conhecida pontada de desconforto, permanecemos onde estamos. Em geral, só continuamos a fazer o que sempre fizemos, porque parece a única coisa que podemos fazer – e às vezes nos forçamos ainda mais, como se mais do mesmo fosse melhorar (eu me declaro culpada!). Dizemos a nós mesmos que vai melhorar, mas não melhora. Essa é a essência de *permanecer como forma de evitação*: mantemos o rumo mesmo que isso signifique nos afastarmos cada vez mais da vida que queremos. Não fugimos nem revidamos; só ficamos em nosso padrão atual. É claro que manter-se no caminho parece melhor momentaneamente, porque permanecer é evitação e, como vimos, a evitação funciona a curto prazo. Se pararmos de enxergar nosso verdadeiro norte, a saúde física e emocional pagará um preço. Isso acontece com qualquer um e, quando continuei a buscar metas sem considerar o que mais importava, aconteceu comigo.

Ferrou: estou tendo um derrame?

Sei que havia um custo emocional no que eu fazia, e em geral ficava frente a frente com esse custo na madrugada, naqueles momentos silenciosos e solitários em que, para variar, eu me permitia um pequeno vislumbre atrás da cortina dessa carreira que tinha virado uma esteira ergométrica movida a metas. Muitas vezes me pegava deitada na cama, incapaz de dormir, ansiosa, fitando o teto, enquanto ondas de pensamento quebravam nas margens do cérebro:

O que estou fazendo?
Vou me sentir ansiosa assim para sempre?
Não tem jeito: tenho que ficar nessa carreira!

Vou me sentir melhor com outra bolsa de pesquisa.

Por que estou fazendo isso?

Por quem estou fazendo isso?

Por que me sinto tão mal se conquistei tanta coisa?

Não tenho o direito de me sentir tão mal com a vida que tenho.

Se eu largar esse emprego, o que vai ser de mim?

Mas o estresse prolongado dá um jeito de aparecer no corpo também. De acordo com a Associação Americana de Psicologia, o estresse afeta diretamente os sistemas musculoesquelético, cardiovascular, respiratório, endócrino, gastrointestinal, nervoso e reprodutivo.[5] Não quero soar alarmista, mas vale notar que o estresse pode levar à morte. Estudos realizados na Inglaterra mostraram que até um nível *baixo* de angústia está ligado a 20% de aumento no risco de mortalidade.[6]

No início de 2021, o efeito físico do estresse finalmente me atingiu. Eu estava em casa, trabalhando numa solicitação de bolsa de pesquisa, quando do nada comecei a sentir uma parte do rosto dormente. Meu primeiro pensamento foi: *Tudo bem, só estou um pouco estressada, essa é uma reação fisiológica simples, acalme-se, nada está acontecendo, é só ansiedade,* mas em poucos minutos perdi toda a sensibilidade em metade do rosto e o pânico começou a se instalar. *Meu Deus... Estou tendo um derrame!* Uma lágrima escorreu pelo meu rosto enquanto eu repetia: *É ansiedade ou estou mesmo tendo um derrame?* Com o último pedacinho do cérebro pensante ainda disponível, liguei para meu médico e falei com a enfermeira. Descrevi os sintomas: dormência no lado direito do rosto, formigamento nos braços e pernas, frequência cardíaca de 150 batimentos por minuto (sentada à minha mesa). Apesar da tentativa de controlar a voz, a enfermeira ficou alarmada, e meu cérebro imediatamente partiu para...

Meu Deus, estou MESMO tendo um derrame! Vou perder tudo o que conquistei com tanto esforço! É o fim!

Agora eu já estava me debulhando em lágrimas enquanto me esforçava para falar com a enfermeira, que insistiu que eu fosse ao consultório o mais rápido possível. Meu cérebro rodopiava, e só consegui pedir a David que me levasse. No caminho, meus pensamentos giraram, e vi a vida inteira passar na minha frente.

Logo fui avaliada pelo clínico geral, que achou que eu poderia estar sofrendo um AVC. Mas não era nada confirmado, então pediram uma ressonância. Naquela noite eu estava num hospital-satélite, presa à gigantesca máquina de ressonância magnética, e me lembro vivamente de ter pensado com meus botões: *Estou emocionalmente falida e não há mais salvação.*

As 24 horas seguintes se passaram num borrão, com meu cérebro prevendo o pior desfecho possível, enquanto eu tentava manter o controle na frente do meu filho. No fim das contas, ficou decidido que não tive um derrame, e ninguém sabia o que realmente acontecera; talvez uma enxaqueca grave, foi o que o neurologista me disse. Mas, seja o que for que tenha acontecido fisicamente naquele dia, em termos emocionais esse foi meu ponto de virada. Não pude mais ignorar que uma vida correndo atrás da ambição numa esteira ergométrica movida a metas não dava mais certo para mim e que era eu quem pagava um preço altíssimo.

O custo de ignorar nossos valores

A ansiedade, o estresse e o medo incapacitantes que tive naquele dia são exatamente o que meus clientes vivenciam. Quando eles começam a afrouxar os próprios valores, quase consigo ver o estresse se empilhando. Em geral eles também dormem mal, ficam um pouco mais irritadiços ou até raivosos depois do trabalho, sentem-se estressados o tempo todo e, o que é pior, não conseguem identificar direito por que tudo isso está acontecendo. Esse sentimento de que falta alguma coisa é o preço de navegar sem bússola, preço geralmente escondido até batermos no muro, quando não conseguimos mais continuar como antes.

Um efeito comum da evitação pela permanência é a síndrome de burnout ou síndrome do esgotamento profissional. Uma rede de coortes ocupacionais europeias realizou recentemente uma extensa revisão de literatura para desenvolver uma definição única dessa síndrome aprovada por especialistas de 29 países. "Burnout é um estado de *exaustão emocional* devido à exposição prolongada a problemas ligados ao trabalho."[7] Mas o burnout não está ligado apenas à carreira. É possível desenvolvê-lo com estressores prolongados ligados à vida pessoal (como ser cuidador de alguém). De acordo com a Organização Mundial da Saúde, os sintomas comuns de burnout incluem, entre outros, sentir-se esgotado ou fatigado, ter sentimentos negativos em relação ao trabalho ou se distanciar dele mentalmente, e sentir queda de produtividade.[8]

A ironia é que, quando temos burnout (por causa da evitação), alguns (como eu) só continuam avançando, fazendo o que sempre fizeram e torcendo por um resultado diferente. Enfim, continuamos evitando! Escapamos do desconforto escolhendo conviver com nossos velhos fantasmas, em vez de encarar as incertezas que acompanham qualquer mudança drástica na vida. Quero que você se pergunte: *Houve alguma vez em que só continuei fazendo o que sempre fiz, mesmo sofrendo?* E, se continuou, você não é o único: todos já passamos por isso. Empresas com milhares de funcionários no mundo inteiro realizaram pesquisas para medir a prevalência de burnout, e a McKinsey & Company observou que 49% dos entrevistados se diziam pelo menos um pouco esgotados,[9] enquanto a Deloitte notou que 77% relataram burnout no cargo atual.[10]

Geralmente, quando chegamos ao burnout já estamos evitando há algum tempo. Adotamos o hábito de ignorar o que é mais importante para nós e acabamos nos sentindo cada vez pior. Quanto pior nos sentimos, mais difícil é voltar aos trilhos, e, quando esbarramos em algum obstáculo, avançar parece impossível.

Escolher (sem bússola) é doloroso

Em geral, os obstáculos que enfrentamos vêm sob a forma de pontos de virada ou bifurcações do caminho: é ali que os valores colidem e precisamos tomar uma decisão. Por exemplo, são nove da manhã, você tem uma reunião marcada com sua equipe, mas seu filho quer um abraço, um beijo e toda a sua atenção. Você se atrasa para a reunião para atender ao seu filho ou desaponta a criança e prioriza o trabalho? Família e trabalho colidem com frequência para muitos de nós, e, quando isso acontece, às vezes tomamos uma decisão para nos sentirmos melhor rapidamente naquele momento (ou seja, evitação). Assim como não podemos ir para leste e oeste ao mesmo tempo, também não podemos priorizar duas coisas simultaneamente.

Quando se trata de trabalho, família e saúde, se nos concentrarmos em um desses aspectos, não nos concentraremos nos outros. Nosso tempo, nossa atenção e nossa energia representam as peças de um jogo de soma zero, e, quando gastamos parte dessa moeda limitada, ela se vai para sempre.

Assim como não podemos comprar um sanduíche e uma pizza ao mesmo tempo com a mesma nota de 10 dólares, é preciso fazer escolhas quando decidimos o que buscar na vida. E, quando estamos estressados, ansiosos e presos num longo padrão de evitação, é comum decidirmos com base em como nos sentimos no momento, em nossas emoções, e talvez não no que seria melhor para nós a longo prazo. Afinal de contas, todos queremos nos sentir melhor logo.

Era assim que meu cliente Ricardo vivia diariamente. Ricardo se descreve como um verdadeiro pai de família. Quando o conheci, ele abriu um sorriso ao falar da esposa e dos dois filhos, do passado em família e das adoradas férias que passaram juntos. Ricardo foi logo pegando o celular para me mostrar com orgulho as fotos dos filhos, que na época tinham 5 e 7 anos. A família era a coisa mais importante para ele – seu verdadeiro norte, foi o que disse. Esse monólogo centrado na família me deixou confusa, porque, quando me procurou, Ricardo tinha acabado de receber da esposa os documentos do divórcio. Eu lhe pedi que explicasse essa aparente contradição.

Ricardo suspirou e descreveu a tarde da sexta-feira anterior, um claro exemplo, pelo que me disse, de por que estava em conflito. Ele estava no trabalho, perto da hora de encerrar o expediente. Olhava o relógio com ansiedade, porque tinha que buscar os filhos no máximo às 16h30. Desde que a esposa pedira o divórcio, ainda dividiam meio a meio a casa e as responsabilidades com as crianças.

É importante observar que Ricardo era vice-presidente de uma organização financeira. Ele adorava o emprego de alto nível e a possibilidade de se destacar numa área tão competitiva. Naquela tarde de sexta, Ricardo estava em plena negociação de um contrato potencialmente enorme com um novo cliente. Fazia uns dois anos que se esforçava para conquistar esse cliente – vamos chamá-lo de Mark –, e Mark tinha finalmente decidido transferir todos os seus investimentos para a empresa de Ricardo. Seria uma grande vitória para a empresa, sem falar do bônus incrível no fim do ano, que muito viria a calhar devido ao divórcio iminente.

Ele estava pronto para sair do escritório e buscar os filhos, sentindo-se o máximo, quando o telefone tocou. Era Mark. O coração de Ricardo quase parou. E se Mark estivesse com dúvidas e precisasse conversar mais? Se não atendesse ao telefonema, poderia perder o cliente. Mas, se atendesse, se atrasaria para buscar os filhos. Pensando depressa, Ricardo pegou o celular e perguntou por mensagem à esposa se ela poderia buscar as crianças. Era um baita pedido na época, pois a relação dos dois estava bastante tensa, e até pequenos conflitos tendiam a se transformar em grandes brigas. Ricardo sabia que, ao priorizar o trabalho, corria risco com a esposa, mas esse novo cliente era tão importante que ele achou que não havia outra opção; precisava pôr em primeiro lugar o trabalho, que era o incêndio que ardia à sua frente. Mas, quando cumprimentou Mark, ele só conseguia se concentrar no sentimento de medo.

– E o que aconteceu? – perguntei a Ricardo.

– Bem, no fim das contas, minha esposa – ele parecia triste ao dizer essa palavra – também estava numa reunião de trabalho e não viu minhas mensagens, e as crianças ficaram presas na escola. Ainda bem que as professoras ficaram mais 20 minutos com elas e não as deixaram sozinhas, mas, caramba, estavam furiosas comigo quando cheguei.

Seus olhos se encheram de lágrimas.

– Não é que eu estivesse preferindo conscientemente o trabalho à família! Às vezes essas coisas acontecem, e sempre acabo escolhendo o que parece mais urgente na hora. Acho que é por isso que minha esposa está me largando. Ela diz que não sou um parceiro de verdade, alguém em quem ela possa confiar. E, depois de oito anos, ela disse que não aguenta mais. Acho que ela não vai mudar de ideia, mas preciso aprender a me comportar de maneira diferente. Tudo o que eu faço é pela minha família, mas sei que eles não me veem assim, e isso acaba comigo.

Para Ricardo, essa decisão entre o sucesso no trabalho e a confiança da família era muito dolorosa, porque em geral ele escolhia o sucesso no trabalho e comprometia a vida familiar. Quando a esposa de Ricardo finalmente pediu o divórcio, ele ficou arrasado, porque no fundo a amava profundamente e entendia muito bem por que estava aborrecida. Na verdade, ele sentia a mesma frustração com seu próprio comportamento! Queria mudar, mas não sabia como parar de evitar e de fazer o que sempre tinha feito.

Como Ricardo, muitas vezes me vejo num beco sem saída e talvez você sinta o mesmo. Todo dia acordo e digo: "Vou me exercitar esta manhã!" Então Diego acorda, me abraça e, sorrindo, me pede: "Mãe, vamos brincar?" Meu coração derrete, e só quero passar cada segundo da vida com ele, e qualquer intenção de passar a manhã num simulador de escada ou erguendo um haltere desaparece. Eu priorizo meu filho naquele momento (e em todos os outros) e é bom... momentaneamente! Mas essa escolha inclui um sopro desagradável de evitação, porque me mantém empacada no mesmo lugar, fazendo o que sempre faço, com 20 quilos a mais e me sentindo fisicamente cansada e dolorida, e nada disso se resolve com o tempo.

Por sorte, não precisamos esperar o colapso para identificar as áreas da vida em que os valores colidem. Em geral essas áreas são cheias de evitação. Então faça a "Reflexão" a seguir e descubra onde está sua encruzilhada.

REFLEXÃO
Identifique as encruzilhadas onde os valores colidem

Sentir o estresse da colisão de valores não é exclusividade minha nem de Ricardo. Todos lidamos com isso o tempo todo. O problema é quando sentimos a tensão da escolha, mas, em vez de escolher, evitamos. Recorde os valores que você identificou neste capítulo, reflita sobre uma situação recente em que dois deles tenham colidido e pense nas perguntas a seguir:

Quando meus valores colidiram, o que fiz?

_____

_____

_____

Como me senti depois disso?

_____

_____

_____

É algo que faço com frequência?

_____

_____

_____

Qual é o efeito a curto prazo dessa minha ação?

_____

_____

_____

A longo prazo, agir de um jeito específico com base em um desses valores vem emperrando minha vida?

_____

_____

_____

Permanecer é sempre evitação?

Quando explico que às vezes mantemos uma situação desagradável como forma de evitação, uma pergunta que sempre recebo é: *Você está dizendo que uma pessoa refém de violência doméstica está evitando?* A violência doméstica é uma situação grave e multifacetada. Sei disso não só como especialista que tratou muitos sobreviventes de trauma nas últimas duas décadas, mas por ter visto minha mãe passar por isso durante anos. Em casos que podem ser de vida ou morte, só há uma certeza: a segurança vem em primeiro lugar. Então, se estiver lendo este livro e se encontrar nessa situação, insisto enfaticamente que você procure ajuda profissional ou um amigo de confiança e cuide da sua segurança acima de tudo. Embora eu imagine que seja difícil sair em busca de um lugar seguro, vi como a vida da minha mãe se transformou quando ela conseguiu fazer isso. Não me entenda mal; foi muito difícil. Mas trouxe uma vida melhor para todos nós.

Eis outro exemplo de alguém que permanece, mas não está evitando. Kate, uma antiga cliente minha, me ligou outro dia para perguntar se estava evitando ou não. Quando nos conhecemos, seu ambiente de trabalho era muito abusivo e infeliz, e ela se sentia estagnada. Tinha engordado 45 quilos com o passar dos anos e sofria muito. Durante a terapia, ela conseguiu outro emprego. Ficou feliz lá por algum tempo, mas após um ano veio a insatisfação. Como no primeiro emprego, ela decidiu ficar, mas se perguntava: *Será que estou evitando?* Então pedi a Kate que me explicasse por que tinha decidido ficar na empresa, e eis o que ela me contou:

– Apesar de não ser o emprego ideal, se eu ficar mais seis meses receberei um bônus muito bom, e preciso muito disso para ajudar a quitar a dívida da família. Então decidi ficar esse período, fazer o melhor possível e, quando a data se aproximar, procurar outro emprego.

– Como se sentiu quando tomou essa decisão? – perguntei.

– Ainda não gosto do emprego, mas tomar essa decisão facilitou minha rotina diária. Agora sinto que tenho um plano e preciso executá-lo. Acho que me sinto confortavelmente desconfortável!

Foi aí que Kate e eu entendemos que ela não estava evitando; ela apenas sopesou as opções até conseguir uma situação melhor. A vida é difícil, e às vezes não há opções boas à vista. Assim, estar parado não significa necessariamente evitação. Se quiser saber se sua situação e seu comportamento específicos constituem evitação psicológica, sugiro que volte ao fluxograma da página 43.

Nosso velho inimigo ainda é um inimigo

Quando levamos a vida concentrados numa única meta, sem verificar se ela é útil para nós, corremos o risco de transformar a vida num ciclo interminável de estresse e esgotamento, como aconteceu comigo na época da roda-viva acadêmica. Embora minha trajetória não se encaixasse mais no que eu esperava da vida, continuei. E acho que fiz isso porque é muito mais seguro enfrentar um velho inimigo que já conhecemos. Mesmo sendo difícil enfrentá-lo, sabemos como agir e o que esperar dele. Mas não podemos esquecer que ele ainda é um inimigo. E, no minuto em que ele nos ajuda a nos manter estagnados, começamos a ver as consequências negativas a longo prazo. Quase tive que sofrer um derrame para acordar e dar ao inimigo seu outro nome: *evitação*.

Trabalhar demais apesar do custo é apenas uma maneira de permanecermos evitando. Às vezes nossa vida emperra porque nossos valores colidem. Ricardo se preocupava com a família, mas muitas vezes deixava de estar presente, em geral porque se concentrava no trabalho. Ou talvez você seja como eu e ponha a família em primeiro lugar, mas em detrimento da própria saúde. Se permanecer na evitação nos prejudica a longo prazo, por que continuamos ali parados? No próximo capítulo, vamos mergulhar na ciência por trás disso.

CAPÍTULO 10

Mas por que fico?

Se temos uma bússola interna – nossos valores –, por que não a usamos em vez de evitar? Parece lógico nos orientar pelo mundo e tomar decisões com base no que é mais importante para nós. No entanto, às vezes ficamos presos aos velhos hábitos de evitar o desconforto. Com base na minha experiência com centenas de clientes do mundo inteiro, sei que costumamos recorrer a três guias substitutos: emoções, metas e os outros. Para entender como esses guias problemáticos acabam nos orientando pela vida, vou começar contando uma curta história pessoal.

Quando vim aos Estados Unidos pela primeira vez, achei muito difícil entender o que as pessoas queriam dizer quando me perguntavam "Em que você está pensando?" sempre que eu ficava em silêncio durante uma conversa. A ideia de me concentrar no que eu pensava e não em como me *sentia* parecia estranha. Nos países latinos, *somos* nossas emoções; elas definem a cultura, o indivíduo e o modo como reagimos a tudo. Agimos com o coração. Basta observar os torcedores brasileiros na Copa do Mundo: lágrimas, desespero, gritos... Somos assim. (Mas admito: os brasileiros não monopolizam o futebol apaixonado. Não é, Itália?)

Como aluna de intercâmbio, recordo o curso de debates no primeiro semestre (que desastre!) e ainda me lembro de argumentos que, em meu cérebro, eu *sentia* serem muito lógicos. "*Sinto* intensamente que homens e mulheres devem receber salário igual!" Ainda acredito que homens e mulheres devem receber o mesmo salário, mas argumentar a favor da equiparação salarial com base apenas em sentimentos não era muito convincente e deixava de fora muitas nuances de um tema bem complicado. Rio de mim mesma ao contar isso porque, como adulta, provavelmente digo um milhão de vezes aos clientes e ao meu filho: "As emoções são válidas, mas não são fatos." Só que, como aluna de intercâmbio de 18 anos, eu *nunca* concordaria que meus sentimentos não eram fatos. Eu os sinto, logo só podem ser verdadeiros. Naquela época, a professora ficava me pedindo com gentileza que eu criasse um argumento *lógico*, usando dados; mas meus sentimentos não eram dados suficientemente bons para um debate? Resposta curta: não. Imagine quantas discussões políticas dos últimos anos nem sequer aconteceriam se os envolvidos deixassem as emoções de lado e só recorressem a lógica, empirismo e dados. Imagine quantas reuniões de família terminariam bem!

Embora seja engraçada hoje, essa situação no curso de debates foi muito frustrante na época. Aprender inglês era muito importante para mim. Era minha chance de sair do Brasil e começar uma nova vida. Mas recordo as inúmeras vezes, em meu primeiro semestre nos Estados Unidos, em que meu cérebro simplesmente pifava. Mesmo quando eu sabia as palavras e a frase estava quase formada na mente, não conseguia articulá-la, nem se minha vida dependesse disso. Lembro como se fosse ontem: eu estava diante da turma prestes a debater com um rapaz russo muito bonito. A professora pôs cada um de nós atrás de uma tribuna, e organizei as anotações que tinha feito na noite anterior. Naquela manhã, eu me sentia confiante e disse a mim mesma que, com a ajuda que vinha recebendo da família que me hospedava, eu conseguiria vencer o debate. Mas, assim que começamos, o mundo desabou na minha cabeça.

Dizer que meu coração batia forte é pouco: eu parecia um desenho animado com o coração batendo fora do peito. Imaginei que todos veriam como eu estava ansiosa, e a cascata toda de reações de luta, fuga ou congelamento começou. Era como se minhas emoções sequestrassem meu cérebro pensante e nada lógico pudesse sair dele. E o que fiz? Você pode adivinhar: fiquei parada no mesmo lugar, sem dizer nada, só evitando. Fitei os colegas, tentando não fazer contato visual com o rapaz bonito! Foi só quando voltei para minha cadeira, no fim do debate, que senti algum alívio. A professora teve pena de mim e me aprovou (o que não é grande coisa, porque esse curso nem dava nota).

Hoje, como cientista formada, entendo o que aconteceu no meu cérebro: a amígdala chutou o córtex pré-frontal para escanteio e fez meu cérebro de refém. Então é claro que naquele momento seria impossível formular um argumento lógico. Mas eu não conhecia a ciência por trás disso tudo. Eu só sabia que as emoções eram "ruins" e, portanto, precisava me acalmar evitando-as.

Emoções enlouquecidas

As emoções são poderosas e, em geral, a maneira mais rápida de reduzir a intensidade delas é pela evitação. Esse tipo de comportamento automático é o que os psicólogos chamam de *comportamento emocional*. Os comportamentos emocionais refletem diretamente nosso estado emocional a cada momento.[1] Em outras palavras, quando está nervosa ou estressada, a pessoa pode fazer algo de que se arrependerá mais tarde, só para se sentir melhor depressa.

Quando agimos com base nas emoções, não ativamos o cérebro pensante,[2] e isso pode nos levar a beber mais do que planejávamos, comer em excesso, negligenciar nossas responsabilidades e até ser infiéis com as pessoas que amamos.[3] Algumas dessas ações talvez não pareçam problemáticas no momento, mas podem ter consequências a longo prazo. Os padrões de comportamento impulsivo e reativo estão associados a uso de drogas, ganho de peso, perda de emprego, divórcio, crise financeira e delinquência. Todas essas situações são exemplos do que acontece quando navegamos pela vida com base nas emoções. E a pegadinha é que essas consequências provocam ainda mais as emoções intensas que estávamos tentando reduzir no início de tudo!

Quando se via estressado no trabalho, era comum Ricardo ficar até mais tarde, atender telefonemas na hora de sair do escritório ou fazer alguma coisa de última hora antes de ir embora. Ficava no escritório para evitar. Esse comportamento lhe dava alívio temporário. Mas aí se atrasava para jantar com a família, provocava outra briga com a esposa e desapontava os filhos. Nesses momentos, ele era guiado pelas emoções. Punha o trabalho em primeiro lugar não porque quisesse, mas porque sentia que era a única maneira de controlar seu desconforto naquele momento, e isso acabou em divórcio.

Eu mesma costumo lutar com o comportamento emocional. Como já contei, tendo a priorizar o tempo com Diego, o que é fofo, mas, francamente, faço isso com base no que sinto no momento: com seus olhos doces, sorrisos, beijos e abraços toda manhã, eu me sinto tão amada que escolho ficar com ele, embora saiba que reservar um pouco desse tempo para ir à academia seria melhor para mim a longo prazo. Mas tenho que confessar que é difícil. É comum eu ser dominada pelas emoções nessas horas. Então acabo irritada comigo mesma mais tarde, quando as costas doem ou as calças não cabem. Meu cérebro chega a me dar bronca: *Hipócrita! É isso que você ensina aos seus clientes?*

Nesses momentos, eu e Ricardo *agimos com base em como nos sentimos, não no que valorizamos*. E é por isso que os comportamentos emocionais são problemáticos na hora de ter uma vida alinhada com nossos valores: eles nos impedem de avançar rumo ao que é mais importante para nós. Costumo chamar os comportamentos emocionais de abordagem do extintor de incêndio. Claro, *podemos* extinguir o incêndio mais próximo, mas também podemos perder a oportunidade de salvar o que é mais importante.

Todas as emoções são ruins?

De jeito nenhum! Nossas emoções têm funções importantes. Se já viu *Divertida Mente*, da Pixar, deve saber do que estou falando. Não se pode ter um conjunto limitado de emoções e ainda levar uma vida rica e satisfatória. Ter uma existência humana significa estar aberto a todas as nossas emoções. Além disso, as emoções contêm informações sobre o ambiente que nos protegem de problemas. No mundo selvagem, se ficarmos frente a frente com um leão, o medo nos forçará a sair correndo o mais depressa possível. Em casa, o nojo que sentimos quando cheiramos o leite estragado na geladeira nos protege de bebê-lo e ter uma dor de barriga daquelas.

Além de nos beneficiar, as emoções também ajudam os outros. A expressão emocional alheia também contém detalhes sobre o ambiente que nos ajudam a saber como agir. Por exemplo, se vir uma criança aleatória chorando, você fará alguma coisa para consolá-la. Se chegar atrasado a uma reunião e sua melhor amiga no escritório lhe mostrar os olhos arregalados como alerta, você vai entrar de fininho, sem chamar a atenção da chefia. Se for interrompido por batidas violentas à porta e gritos coléricos e incompreensíveis, talvez pense duas vezes antes de abrir.

Esses são apenas alguns exemplos das informações quase incontáveis que as emoções transmitem, mas voltemos à ideia de que as emoções são válidas, mas não são fatos. Embora sentir emoções fortes seja parte de sermos humanos, mesmo que contenham informações valiosas elas não transmitem *todas* as informações. Por exemplo, quando vemos alguém ofegante entrar correndo na sala de olhos arregalados, nosso coração se acelera e os músculos se contraem de medo antes de sabermos se a pessoa está fugindo de algo assustador, empolgada para contar uma boa notícia ou só cansada depois de correr 6 quilômetros. Portanto, embora faça sentido usar o cérebro pensante quando possível, nem sempre é assim que reagimos à vida, principalmente quando sentimos emoções fortes. As emoções não são boas nem más em si mesmas; os problemas surgem quando escolhemos nossas ações com base apenas nas emoções para evitar o desconforto.

F*dam-se as metas

As emoções (embora muito úteis e necessárias) podem, com certeza, nos impedir de ter a melhor vida possível, mas não são a única razão para negligenciarmos nossos valores. Uma das razões pelas quais a maioria dos meus clientes se vê num beco sem saída é a confusão entre valores e metas. As metas são o que planejamos fazer, enquanto os valores são motivadores intrínsecos que guiam nossas ações. Muitas culturas pelo mundo valorizam o cumprimento de metas,[4] e geralmente ensinamos nossos filhos a alcançá-las – entrar para o time de futebol, estudar muito para entrar numa ótima universidade, trabalhar mais horas para conseguir um aumento –, mas muitas vezes essas metas não estão ancoradas em valores pessoais. Por exemplo, eu dizia a mim mesma que era movida pela ambição, mas na verdade levava a vida concentrada apenas na meta seguinte. Por algum tempo isso deu certo para mim. Mas na realidade acabou me deixando empacada numa busca constante por metas, uma após a outra, ignorando o custo emocional.

E o preço que paguei é bem respaldado por pesquisas científicas. Por exemplo, em 2017, a *Psychiatry Research* (uma renomada revista acadêmica) publicou um estudo que mostrava que quem vincula suas metas à noção de amor-próprio e busca essas metas a todo custo tem mais probabilidade de apresentar sintomas de depressão.[5] Por quê? Bem, imagino que os indivíduos desse estudo passavam a vida buscando o *quê* e negligenciavam o *porquê*. Claro que atingir uma meta é sempre satisfatório, mas quanto dura a satisfação se não estiver alinhada com o que é importante para nós? Você já conseguiu uma promoção que esperava havia muito tempo e ficou se perguntando "E agora?" em vez de apreciar o momento? Esse sentimento de vazio é o resultado de transitar pela vida usando metas – ou um GPS que está mais concentrado no destino do que na viagem.

Talvez você se pergunte: *Por que fico buscando uma meta atrás da outra mesmo sabendo que elas não são o que realmente quero?* Já fiz essa pergunta a mim mesma muitas vezes. Uma das razões para continuarmos buscando metas é *evitar* qualquer resultado negativo.[6] O caminho onde já estamos parece mais seguro que o desconhecido. Para mim, subir os degraus da carreira acadêmica era uma trajetória familiar. Difícil, sim, mas um desafio conhecido. Sair dele para buscar outra carreira era arriscado, porque eu nunca tinha feito isso.

Então pus meus valores de lado e tentei me concentrar na próxima meta. A faca de dois gumes era que, para continuar atingindo minhas metas, eu teria que lidar com o desconforto de continuar buscando metas que não me satisfaziam. Podemos só perceber isso quando é tarde demais, como aconteceu comigo quando minha saúde começou a degringolar. Nesses momentos eu sentia – e provavelmente você também já sentiu – que não havia outro caminho.

Quando o Oriente encontra o Ocidente

O terceiro guia comum que seguimos são os valores dos outros em vez dos nossos, principalmente quando enfrentamos obstáculos reais (como ir morar em outro país, trocar de carreira, entrar para uma nova família). Em geral, esses obstáculos são complicados porque causam conflitos entre valores pessoais e coletivos, o que inevitavelmente leva a dificuldades interpessoais. Para ilustrar o que quero dizer, vejamos Stephanie.

Stephanie é uma jovem chinesa que atendi alguns anos atrás. Seu nome de nascença é 梓涵 (Zǐhán), mas fora de casa ela prefere ser chamada de Stephanie, embora na verdade mantivesse isso em segredo dos pais, que não aprovavam nenhuma "americanização", como ela me explicou.

Stephanie nasceu na China continental, e a família se mudou para Boston quando ela ainda era bebê. Seus pais falavam pouquíssimo inglês, e o único idioma em casa era o mandarim. Por outro lado, o inglês de Stephanie era perfeito, e, quando nos conhecemos, ela disse que se orgulhava muito disso. Descreveu os pais como pessoas amorosas que queriam que ela aproveitasse as oportunidades que os Estados Unidos ofereciam (mas *não* o verdadeiro sonho americano, porque eles não queriam que ela fosse americana em nenhum aspecto importante). Também eram muito rigorosos quando se tratava de crenças culturais. Por exemplo, insistiam que Stephanie comemorasse todas as grandes festividades chinesas.

Quando criança, Stephanie obedecia às exigências dos pais e até gostava das complexas festas tradicionais, mas, aos 20 e poucos anos, já na faculdade, ela se rebelou e começou a conviver mais com seus "amigos americanos". Uso aspas aqui porque era essa a expressão que Stephanie usava nas nossas sessões: os pais dela não aprovavam amigos não chineses e separavam as pessoas em categorias assim. Em geral, isso fazia Stephanie se sentir mal quando queria sair com os colegas da faculdade, como se estivesse traindo a família. Ainda assim, era o que queria fazer. Quando lhe perguntei por que decidira me procurar, ela respondeu que um de seus professores, por acaso muito amigo meu, tinha insistido que ela procurasse ajuda, porque estava se isolando e prejudicando seu desempenho acadêmico.

Em nosso primeiro encontro, Stephanie me disse que andava sentindo muita raiva. Não sabia de onde vinha esse sentimento, mas tinha certeza de que, se eu a ajudasse a "se livrar disso", ela seria feliz novamente. Em resposta, recorri à minha querida analogia sintoma/infecção e disse a ela que não desperdiçaríamos tempo abordando a raiva, e sim a raiz do problema.

Pedi a Stephanie que me descrevesse por alto sua vida em casa. Ela me falou dos muitos valores admiráveis que os pais lhe inspiraram e que esses valores a levaram a estudar muito, honrar sua cultura chinesa e pôr a família acima de tudo, o que lhe deu uma visão mais coletivista do mundo, ao contrário do individualismo encontrado nos Estados Unidos.[7] Para uma jovem que vinha de uma família com poucos recursos, ela conseguira bastante coisa, mas, apesar da gratidão, sentia que sua criação e a vida em casa também eram bastante restritivas.

– Quando estou em casa com meus pais, é como se eu tivesse que ser o mais chinesa possível.

Pedi que explicasse melhor. Ela fez uma pausa, como se estivesse prestes a trair sua família.

– Vamos lá. Por exemplo, até coisas triviais, como os programas que vejo na TV, têm que ser chineses. Só tenho permissão de assistir a programas em mandarim. Quero ver o mesmo que meus amigos veem, as mesmas séries, os mesmos filmes, mas em casa isso não é permitido, e, embora pareça pouca coisa, eu me sinto uma estranha na faculdade.

– O que acontece na faculdade? – perguntei.

– Quando estou no campus, uso maquiagem, mudo o penteado, coisas assim. Ajo e me arrumo como quero. É como se eu pudesse ser mais americana ou, pelo menos, americana até certo ponto. Mas aí meus pais começaram a pegar no meu pé e me obrigaram a "ser mais discreta com isso". Fiquei muito, muito frustrada.

Nesse momento ela começou a falar mandarim sem perceber e detalhou toda uma discussão entre ela e os pais. Nos cinco minutos seguintes, fiquei ali, esperando com paciência, sem entender uma única palavra. (Falo português quando estou nervosa, então me identifico.)

Até que Stephanie viu minha cara de paisagem e percebeu que eu não entendia nada do que ela estava dizendo, e ambas rimos. Mas eu lhe disse que tinha captado a ideia geral. Algumas coisas transcendem a linguagem, e uma delas é a maneira como a família às vezes nos enlouquece, por mais que haja amor.

– Parece que você está numa encruzilhada entre dois valores culturais distintos e não se encaixa direito em nenhum deles. E aí isso prejudica seus estudos e sua felicidade.

– Exatamente! E acho que não há solução. Se escolho um, sacrifico minha felicidade; se escolho o outro, dou as costas à minha tradição.

Por morar e trabalhar numa cidade universitária internacional como Boston, vi muitos pacientes como Stephanie, cujos valores culturais de origem (qualquer que seja essa origem) colidem com os novos valores culturais que vivenciam nos Estados Unidos, e essa tensão cria vários desafios interpessoais. Na verdade, a comunidade científica, que não se faz de rogada na hora de inventar palavras novas, tem uma expressão para isso: *estresse aculturativo*.[8] O modo como as famílias reagem ao processo de aculturação causa impacto direto sobre o nível de estresse sentido. Um estudo (sobre universitários asiático-americanos, por coincidência) constatou que o conflito familiar aculturativo está diretamente ligado ao aumento do estresse.[9]

A colisão de valores culturais é algo que conheço bem. Quando vim para os Estados Unidos, queria, mais do que tudo, ser americana (basta lembrar meu horror quando minha colega me disse que eu parecia "muito latina"). Durante vários anos me ofendi sempre que as pessoas ouviam meu sotaque ou olhavam para mim e passavam a falar espanhol comigo. Além de ser o idioma errado, eu só queria ser aceita como americana! Sempre que isso acontecia – e acontecia com frequência –, meu cérebro começava a rodopiar, e eu só queria gritar: "Não está vendo que sou americana?!"

Meu processo de aculturação levou anos, mas me lembro de uma história engraçada de meus primeiros dias em Boston que representa o momento em que comecei a ter confiança suficiente para integrar minha identidade brasileira à nova identidade americana. Eu me esforçava muito para ser aceita, mas numa bela tarde de sol, em meu primeiro ano no Hospital Geral de Massachusetts, discutimos identidade cultural e, como você já deve ter adivinhado, eu não estava pronta para essa conversa nem queria participar dela. Foi na primavera de 2005, e naquela época eu não tinha uma noção muito clara da minha identidade étnica. Assim, quando a diretora do programa de treinamento percorreu a sala perguntando a todos sua identidade étnica, comecei a ficar muito ansiosa. Quando ela veio até mim, só consegui dizer: "Sou latina!" Minha grande amiga Dra. Molly Colvin, neuropsicóloga incrível e uma das pessoas mais atenciosas que já conheci, me olhou e disse: "Caramba, Luana. Está tudo bem com você? Você *nunca* se identifica como latina!" E ela estava certa! Ali eu soube que precisava abordar minha jornada de aculturação. Só não sabia como lidar com isso, o que me fez entender pacientes como Stephanie.

Assim, cada uma a seu modo, eu e Stephanie lidávamos com o choque cultural, e esse conflito nos afastava ainda mais do que era importante para cada uma de nós. Por causa disso, recorríamos frequentemente à cultura para ditar nossas ações sem nem perguntar *por quê* nem checar nossos valores intrínsecos. Vamos recapitular o que aprendemos até aqui e pensar numa pergunta importante: o que tornava o comportamento de Stephanie uma forma de evitação? Bom, quando a cultura atrapalhava seus valores pessoais, Stephanie deixava as normas da cultura chinesa, ditadas pelos pais, determinarem o rumo da sua vida. (Para mim, era a cultura americana, ditada por meu desejo de pertencimento.) Agindo assim, nos sentíamos melhor no momento? Sim, mas nossas ações nos impediam de ter uma vida baseada em nossos valores, porque operávamos no piloto automático, segundo um valor cultural que talvez não fosse *nosso*. A cultura, a bússola dos outros, pode ser um fator que nos impede de levar uma vida alinhada a nossos valores.

Que os valores sejam seu guia

O contrário de uma vida baseada em emoções, em metas ou nos outros é uma vida baseada em valores. Os valores servem de bússola interna, nos ajudam a definir nossas metas na vida e nos guiam *rumo a elas*. Às vezes, ter uma vida baseada em valores é muito mais difícil do que ser levado pelas emoções, pelas metas ou pelos outros, porque temos que encarar a evitação, identificá-la e, muitas vezes, recalibrar a vida rumo ao que é mais importante para nós. Para isso, é preciso tomar decisões que no momento podem causar mais desconforto, mas vão trazer mais realização a longo prazo. Por exemplo, escolher malhar de manhã sempre vai colidir com o tempo que desejo passar com Diego e, para ser franca, em termos imediatos é menos compensador do que os beijinhos dele. No entanto, quando escolho *Alinhar* minhas ações diárias com o valor da saúde, é muito mais provável que eu tenha uma vida melhor e mais longa e, em termos gerais, mais tempo com Diego a longo prazo. Na verdade, mais de 100 estudos que examinaram a terapia de aceitação e compromisso (TAC, que apresentei rapidamente no capítulo anterior) documentaram o impacto positivo dos comportamentos baseados em valores.[10] As pessoas que aprendem a levar uma vida baseada em valores têm menos ansiedade, depressão, problemas com drogas e até dor física. Embora seja difícil a princípio, quando vista a longo prazo a vida baseada em valores traz mais realização. Para ter uma vida ousada, é fundamental alinhar os valores às ações, e é isso que faremos no próximo capítulo.

CAPÍTULO 11

Calibre sua bússola interna

Enquanto nos aproximamos do último capítulo, tenho uma confissão a fazer. Nos meus primeiros anos de carreira, nunca falei com meus clientes sobre os valores deles, embora pensasse muito sobre os meus. Eu me formei durante a "segunda onda" da terapia cognitivo-comportamental,[1] como se diz na nossa área, ou seja, eu me concentrava mais nos pensamentos e nas ações dos meus clientes, em geral elaborando planos claros para ensinar o cérebro a deixar de reagir a alarmes falsos (veja as Partes 2 e 3). Apesar de haver muitos estudos que respaldam essa metodologia[2] (além do fato de que muitos clientes meus progrediam), depois de algum tempo comecei a sentir que faltava alguma coisa. Era quase como se eu lhes ensinasse a melhorar a saúde com exercícios físicos, mas ignorasse completamente o sono e a alimentação.

Por falar nisso (e correndo o risco de estragar a analogia), eu passava muito tempo conversando com meus pacientes sobre o que eles comiam, quanto se exercitavam e quantas horas dormiam, porque cuidar da saúde física ajuda a melhorar a saúde mental.[3] Segundo um estudo publicado na *The Lancet Psychiatry*, muitas vezes considerada uma das três melhores revistas sobre saúde mental, uma pesquisa com 1,2 milhão de adultos nos Estados Unidos constatou que quem se exercitava regularmente tinha 43% *menos* dias de saúde mental precária.[4] Os pesquisadores realizaram análises adicionais para encontrar o ponto ideal do benefício para a saúde mental:

30 a 60 minutos de exercício, três a cinco vezes por semana. Até um simples passeio matinal ao sol traz benefícios tremendos, segundo o estudo. Essa é que é uma dica de vida!

Além de assegurar que meus clientes se dedicassem regularmente a comer, dormir e se exercitar, eu também prestava muita atenção na capacidade de estarem presentes e atentos, e os ajudava a aprender a se concentrar no momento presente de maneira não crítica.[5] A partir de 1998, me senti atraída pela pesquisa da atenção plena e, durante anos, fui a todas as oficinas dadas por Jon Kabat-Zinn. Fico contente de ter me concentrado nesse tema, porque hoje demonstramos cientificamente que a atenção plena e a meditação são importantes para a saúde emocional. Uma revisão e análise de 142 estudos com controle randomizado (isto é, experimentos que dividem aleatoriamente os pacientes para receber uma intervenção baseada na atenção plena ou outro tratamento) constatou que as intervenções baseadas na atenção plena eram tão eficazes quanto outros tratamentos de saúde mental baseados em evidências.[6] Esse resultado não surpreende quem já tentou ser multitarefa. Quando nossa atenção se divide entre duas atividades, podemos achar que estamos fazendo mais coisas, mas na verdade a qualidade do desempenho cai.[7] E é na sala de aula que vemos isso cada vez mais. Alunos que mandam mensagens, navegam na internet ou olham as redes sociais durante a aula têm desempenho pior nas provas e na média das notas.[8]

Assim, enquanto apoiava meus clientes ajudando-os a *Modificar* seu pensamento, *Abordar* em vez de evitar, praticar hábitos saudáveis e observar o momento presente, eu sabia que faltava alguma coisa. Foi depois de perceber isso que decidi mergulhar mais fundo na terapia de aceitação e compromisso (TAC).[9] (Só para lembrar, a TAC é um tratamento baseado em evidências[10] que se concentra em buscar uma vida significativa e, ao mesmo tempo, aceitar a dor e o desconforto que inevitavelmente a acompanham.) E eu estava muito interessada na ideia específica de que os valores poderiam complementar o trabalho que eu fazia com os clientes.

Resultado: quando incorporei os valores ao meu método de trabalho, meus clientes começaram a concluir a terapia mais cedo. Sucesso! Afinal de contas, sempre considerei que meu trabalho primário era concluir um processo atrás do outro. Além de os sintomas melhorarem, com um plano voltado aos valores meus clientes ficavam mais bem equipados para enfrentar desafios futuros. E esse é meu desejo para você também, depois de ler este capítulo.

Se nossos valores servem de bússola interna, então a meta é ter uma vida em que valores e ações se alinhem com a máxima frequência possível. Além de reduzir o estresse que sentimos, isso também aprofunda o significado da nossa vida. Quando ensino aos meus clientes os passos para *Alinhar*, gosto de usar a linguagem do tênis. Em vez de "*Game, Set, Match*", dizemos "*Name, Set, Match*". No jogo da vida, primeiro é preciso *Nomear* (*Name*) nossos valores, porque não conseguimos avançar sem uma bússola clara. Depois precisamos *Estabelecer* (*Set*) uma visão ousada para nossa bússola interna. Isso nos traz inspiração, permite ao cérebro sair da rotina e mostra aonde queremos ir com base em nossos valores. Por fim, precisamos *Combinar* (*Match*) nossos valores com ações diárias claras.

A massa muscular entre as orelhas também precisa de exercício

Nomear, Estabelecer e *Combinar* exige esforço e prática. Se estivéssemos realmente jogando tênis (e não aprendendo habilidades de saúde emocional), talvez você já soubesse por onde começar. Aprendemos um milhão de maneiras de exercitar o corpo e temos diretrizes intermináveis que nos dizem que tipo de exercício fazer, quanto fazer e com que frequência. (Sem falar que muita informação boa se cruza com informações péssimas.) O mundo nos ensina que, para ficarmos mais fortes, mantermos a forma e prevenirmos o enfraquecimento, temos que mexer o corpo, e mexê-lo com vontade. Mas nossa cultura moderna separou a saúde física da emocional.

De certo modo, nossa cultura ignora que *o cérebro é apenas mais um órgão*. Como tal, também precisa de "exercício". Claro, não se pode fazer flexão com o cérebro, mas, quando exercita as habilidades deste livro, você cria *flexibilidade cognitiva*. Não é porque estamos tratando de conceitos abstratos que você vai sacar tudo da noite para o dia. As habilidades de saúde mental são como qualquer outra habilidade, como levantar peso ou aprender um idioma. Ou seja, levam tempo. Mas entendo: é horrível esperar. E, como muita gente faz, tentei furar a fila.

Em 2000, quando cheguei à pós-graduação, minha grande amiga Berglind me falou das maravilhas do yoga. Ela me incentivou a fazer uma aula para iniciantes. Adorei. A aula me deu (e dá, 22 anos depois) um enraizamento excelente. Mas, no fim daquela primeira aula, fui até a professora e perguntei:

– O que preciso fazer para chegar ao próximo nível? Será que consigo até o fim do semestre?

Em outras palavras: *Quero iluminação, um core de ferro e a mobilidade de um ginasta AGORA!*

A professora, bondosa e gentil, me olhou e disse:

– Essa é uma jornada, não um destino.

Detestei ouvir esse tipo de mantra trivial, pois ainda pensava na vida como metas a serem cumpridas implacavelmente. E eu lá quero saber de jornada? Que bobagem! Mas continuei praticando yoga e avançando aos poucos, e estou contente com isso, porque foi a única maneira de aguentar a pós-graduação. No fim do semestre, embora não tivesse aprendido o segredo da levitação, tive um claro progresso a ponto de realmente me sentir à vontade para tentar coisas que antes me apavoravam, como plantar bananeira.

Conto isso para incentivar você a trabalhar seus valores não apenas no decorrer deste livro, mas também durante a jornada da vida. Espero que se lembre disso sempre que chegar a uma grande encruzilhada ou transição. Pode ser papo de professor de yoga, mas o que importa é mesmo a jornada. Ou, se preferir, o que importa é o progresso, e não o resultado. Portanto, vamos progredir. Está na hora do jogo.

Nomeie seus valores

Nomear seus valores é o primeiro passo para alinhá-los às suas ações diárias. Embora você possa fazer uma lista, há um método mais potente e cientificamente válido de identificá-los: *escrever sobre o que é mais importante para você*.[11] Os dois exercícios de identificação de valores que se seguem são os mais usados na TAC.[12] Costumam ser chamados de exercícios "doce" e "azedo", e os adaptei com base na minha experiência clínica para garantir que você consiga trabalhar com eles neste capítulo.[13] O exercício *doce* visa identificar os valores centrais a partir de um momento de alegria, enquanto o *azedo* examina um momento doloroso para identificar por que aquela dor apareceu. Ambos nos ajudam a encontrar os valores que nos importam mais profundamente. Como esses exercícios são dois lados da mesma moeda, não é preciso necessariamente fazer os dois para descobrir seus valores centrais. Veja o que mais lhe chama a atenção. Na dúvida, comece pelo momento doce e vá seguindo o fluxo.

Como é doce viver segundo seus valores

Nossos valores costumam estar escondidos nos momentos mais deliciosos da vida, então comecemos nos concentrando numa situação específica que tenha sido boa para você nos últimos dois meses (veja a "Reflexão" a seguir). Se nenhuma lembrança boa lhe vier à mente, passe para o exercício seguinte, que se concentra em identificar os valores nos momentos dolorosos da vida.

REFLEXÃO
Sinta a doçura

Pense num momento específico em que tenha sentido a doçura da vida nos últimos dois meses. Pode ter sido um instante ou um dia inteiro. Não importa. Relembre esse momento como se fosse um filme passando à sua frente e tente captar sua essência. Não censure seu cérebro nem tente interpretar a situação com conceitos desnecessários. Só tente voltar o máximo possível àquele momento, usando todos os seus sentidos. Assim que o filme estiver rodando na sua mente, pegue uma folha de papel e escreva sobre ele durante dez minutos. Para garantir que não vai se perder, use um cronômetro. O estilo é livre. Escreva o que lhe vier à cabeça sobre esse momento incrível da sua vida. Eis algumas perguntas caso precise de uma ajudinha para começar:

O que você estava fazendo?

Com quem estava?

Como se sentia?

Como se sentiu depois?

Como descreveria esse momento aos seus amigos?

Sugiro que realmente invista seu tempo escrevendo essa narrativa, pois a usaremos para identificar seus valores centrais no próximo exercício.

O momento doce de Ricardo

Voltemos ao Ricardo para ver como ele identificou seus valores com esse exercício. Apesar da dor do divórcio iminente, o exercício reverberou bastante dentro dele, e Ricardo trabalhou com afinco para entender melhor seus valores. Ele se concentrou na família e descreveu um momento das férias em que se recordava de se sentir vivo e presente com os filhos Gabriel e Júlia e com a esposa Maria. Eis um trecho de suas muitas páginas:

Estou de mãos dadas com Gabriel e Júlia e andamos pela praia em Miami. O dia de sol está quente, e a praia, lotada. Olho Maria, e ela dá um largo sorriso. Eu me sinto completo. Se a vida acabasse aqui, eu teria obtido quase tudo o que queria. Quando o sol bate no meu rosto, tenho a sensação de estar vivo, como se nada mais importasse no mundo, só esse momento. Meus pés tocam a areia, sinto que o mundo se move devagar. [...] Quando ouço Gabriel rir de uma piadinha que faço, me lembro de como esses momentos são preciosos e de como amo estar em família.

Ricardo descreveu com mais detalhes a conversa que teve com Maria naquele dia, quanto a esposa valorizava as férias e como ele tinha conseguido se concentrar na família naquela manhã e ser o pai e o marido que queria ser sem se distrair com o trabalho.

Depois que ele leu o texto em voz alta para mim, trabalhamos com algumas perguntas reflexivas para identificar que valores eram importantes para ele. Eis algumas perguntas que lhe pedi que fizesse a si mesmo:

O que é importante para mim nessa área da vida?
O que esse momento indica sobre a vida que quero ter?
Esse momento destaca que qualidades importantes em mim?

Ricardo se importava muito com o *pertencimento* à família e com se sentir *conectado* a ela. Aquele momento mostrou a Ricardo como sua vida poderia ser se ele conseguisse estar plenamente *presente* em família o tempo todo, sendo o melhor pai e marido possível. Ricardo mencionou que, naquela manhã, tinha deixado o celular de trabalho no hotel, e talvez tenha sido isso que tornou aquele momento tão especial para ele. Não era algo que fizesse com frequência (duvido que ele seja o único), e, em geral, sua atenção era dividida entre a família e o celular onipresente que tocava sem parar.

Para Ricardo, era muito difícil se concentrar em uma coisa de cada vez e, nas nossas sessões, ele dizia com frequência (a mim e talvez a si mesmo) que, para ter sucesso, era preciso ser multitarefa. Mas a lembrança das férias estava em forte contraste com essas crenças aprendidas. Ao refletir mais, Ricardo percebeu que, por *estar presente* naquele dia, ficou mais feliz e menos ansioso, o que o surpreendeu. Quando examinamos melhor os valores que realmente permitiam a Ricardo sentir a doçura daquele momento, ele identificou a *conexão* como um valor central. Com essa exploração, Ricardo percebeu que, para ter uma vida com menos estresse e mais significado, precisava de uma conexão real e constante com a família. Especificamente, esse valor tinha que ser aplicado aos filhos. Embora tenha escolhido observar seus valores pelo prisma da doçura, também houve tristeza no processo, pois Ricardo não vinha levando a vida de acordo com seus valores centrais. Ele percebeu que uma das razões para o fim do seu casamento talvez fosse sua falta de conexão com a esposa e os filhos. Sim, ele valorizava profundamente a conexão, mas em geral ignorava esse valor fundamental quando suas emoções eram intensas (o que era frequente) e, assim, passava a maior parte do tempo numa vida dolorosamente baseada em emoções, e não em valores.

Agora é sua vez. Sinta a doçura da vida e identifique os valores que mais importam para você.

REFLEXÃO
Identificar valores é muito doce

Com base na sua reflexão sobre um momento de doçura na vida, tente identificar valores específicos, perguntando-se:

O que esse momento indica sobre a vida que quero ter?

_____

_____

_____

Esse momento destaca que qualidades importantes em mim?

_____

_____

_____

O que mais importa para mim nesse momento?

_____

_____

_____

Depois de refletir sobre essas perguntas, tente identificar alguns valores importantes para você. Às vezes, _Nomear_ valores é difícil. Se precisar de ajuda para identificar os seus, dê uma olhada na lista de valores comuns na página 152.

De "La Bamba" aos valores

Durante algumas semanas, emperrei neste capítulo. Ou seja, não consegui pôr em prática a teoria que ensino. Para ser franca, fiquei empacada tentando fazer meu próprio "exercício doce" enfocando minha saúde física. Inspirada em Ricardo, quis ver se conseguia desenterrar algum momento bom na minha memória, mas não encontrava nada! ("Ficar suada em público" não me inspirava muita alegria, não sei por quê.)

Até que percebi que estava evitando! Assim que identifiquei isso, me perguntei: *Qual é o bloqueio aqui?* Foi aí que notei uma vozinha na minha cabeça que reclamava: *Estou tão fora de forma! Emagrecer vai ser um longo e árduo caminho! Que alegria eu tenho vivido quando o assunto é saúde?* Então me perguntei: *O que minha melhor amiga diria nesse caso?* (*Modificar*, lembra?), e cheguei a: "Só porque você está fora de forma *agora* não significa que nunca tenha se sentido feliz ao priorizar sua saúde." Isso aliviou meu desconforto e me permitiu finalmente fazer o exercício. Eis um trecho do que escrevi:

É abril, de manhãzinha. Diego acorda e entra correndo no meu quarto, exigindo usar a Peloton. (Não se preocupe, ele não tem uma Peloton, tem só uma bicicletinha parada ao lado da minha.) Olho para ele sem entender nada. Quer se exercitar às sete da manhã, meu filho? É isso mesmo? Ele me diz que se exercitou todos os dias com David enquanto eu estava em Los Angeles numa viagem a trabalho e queria que eu me exercitasse também. "Calma, preciso tomar café primeiro", protestei, sabendo que era uma batalha perdida. Que venha a Peloton então! Vamos para o porão, onde fica o aparelho, e Diego está extasiado. Vai levantar peso (ele tem halteres de brinquedo que ganhou no Natal). Diego se olha no espelho e sorri, dizendo que vai ficar mais forte. Seu sorriso me dá alegria, me sinto viva, como se pudesse abraçá-lo para sempre naquele momento. Mas ele persiste e exige que eu me exercite com ele. Assim, devagar, monto na Peloton (sem muita convicção), mas a empolgação genuína de Diego por mexer o esqueleto me faz avançar. Ponho minha playlist latina favorita, a música alta e animada, e logo chega a "La Bamba". [...] Agora Diego está dançando, estou sorrindo e pedalando, mas na verdade concentrada em como me sinto com a música e com meu filho: viva, presente, conectada. Diego adora essa música, e dança sempre que ela toca. Vinte minutos se passam quase num piscar de olhos. Estou suada, feliz e me sinto incrível.

Quando refleti sobre minha relação com a saúde e sobre aquela manhã específica, percebi que o que realmente importa para mim nessa área da vida é a conexão comigo e com minha família, uma sensação de bem-estar e também a responsabilidade como mãe. Percebi que, se me exercitar com frequência e demonstrar cuidado com a saúde, também servirei de modelo de vida saudável para Diego, com quem obviamente me importo muito. Isso deixou muito claro que quero ter uma vida que priorize a saúde. Uma vida em que eu ganhe e mantenha força física pelo máximo de tempo possível. Uma coisa é acumular saúde pela saúde, outra bem diferente é se manter saudável por amor a alguém.

Quem é pai ou mãe não tem a vida só para si. Vivemos pelo bem-estar dos nossos filhos. E sei que preciso ser forte para dar o máximo de mim a Diego, mantê-lo seguro, fazer com que se sinta amado e lhe dar as melhores chances de prosperar na vida. Tirar aquele tempinho naquela manhã também me permitiu perceber que talvez eu não *tenha que escolher* saúde ou família. Talvez haja um jeito de integrá-las. Mas o mais importante foi sentir de novo como é priorizar o *bem-estar*. Se eu tivesse que escolher um só valor para resumir tudo o que percebi com essa reflexão, seria o bem-estar. Quando incuti nesse valor um *porquê* mais profundo, foi quase como se eu pusesse um valor dentro de um valor. Sim, quero ter saúde, mas meu bem-estar não é só meu. Quero também ter *mais de mim* para oferecer à minha família, do mesmo modo que quem faz caridade quer ter mais riqueza para poder doar.

Use a dor para iluminar o caminho

Como seres humanos, somos programados para minimizar a dor e fazer o possível para não sentir desconforto, e por isso a evitação é tão predominante e muitas vezes vence quando tentamos mudar de comportamento.

Apesar do lado negativo, a dor também é um indicador importante na vida, em termos físicos e emocionais. Pense só: o que aconteceria se você não sentisse dor? (Na verdade, há uma mulher no Reino Unido chamada Jo Cameron que vive isso literalmente. É uma história interessante que vale uma busca no Google.) Imagine que você seja chefe de cozinha e perca os receptores de dor das mãos. O que aconteceria se pegasse o cabo de uma frigideira de ferro quentíssima? Nada! Quer dizer, mais ou menos. Embora sem sentir nada, você ainda estaria suscetível a uma terrível queimadura. Portanto, sentir dor, por mais desagradável que seja, na verdade tem um papel importante em situações assim. A dor nos protege.

A dor emocional pode ter uma utilidade parecida (eu sei que é difícil acreditar nisso quando você está chorando na cama porque terminou um namoro). A dor emocional nos indica um possível perigo ou mágoa e, embora geralmente todos queiramos fugir da dor emocional, ela pode ser uma oportunidade para entendermos melhor nossos valores. Há uma pergunta que os psicólogos da TAC fazem aos clientes para identificar o valor por trás da dor: "Com o que você precisaria *não* se importar nessa situação para não sentir dor?" Muitas vezes, quando sentimos algum grau de dor emocional, uma das razões pode ser que algo realmente importante para nós – um de nossos valores – está sendo comprometido, e é claro que isso dói.

Por exemplo, quando fiz essa pergunta a Ricardo, na mesma hora ele caiu em prantos e me disse: "Para não sentir dor com o divórcio, eu precisaria não me importar com minha esposa e meus filhos, o que é impossível. Eu os amo e é por isso que tudo dói tanto." Do mesmo modo, quando me fiz essa pergunta, descobri que precisaria *não dar nenhuma importância ao meu bem-estar* para poder negligenciá-lo e continuar feliz. Quando paro para refletir sobre isso, na mesma hora fico com lágrimas nos olhos, porque sei que, se não investir hoje na minha saúde física, estarei perdendo um tempo precioso que posso passar com Diego no futuro.

Assim, a ideia de encontrar o valor por meio da dor se baseia nessa noção de que só sentimos dor emocional quando ela está ligada a algo que é muito importante para nós.[14] A "Reflexão" a seguir ajuda a entrar em contato com a dor e dar uma espiadinha no que realmente importa. Com esse conhecimento, poderemos então elaborar um plano para realinhar sua vida.

> ### REFLEXÃO
> ## Azedume: da dor aos valores
>
> Concentre-se numa situação que tenha lhe causado imenso sofrimento nos últimos dois meses. Pode ser um momento de dor, tristeza, desconforto ou alguma outra emoção desagradável. Relembre esse momento como se fosse um filme passando à sua frente e tente captar sua essência. Não censure seu cérebro nem tente interpretar a situação com conceitos desnecessários. Só tente voltar o máximo possível àquele momento, usando todos os seus sentidos.
>
> Assim que o filme estiver rodando na sua mente, pegue uma folha de papel e escreva sobre ele durante dez minutos. Para garantir que não vai se perder, use um cronômetro. O estilo é livre. Escreva o que lhe vier à cabeça sobre esse momento difícil da sua vida. No próximo exercício, usaremos sua narrativa para identificar alguns valores centrais. Eis algumas perguntas caso precise de uma ajudinha para começar:
>
> Em que partes do corpo você sentiu essa dor?
> Como foi que essa dor apareceu?
> O que você pensou na hora?
> Que lembranças essa dor evocou?

Identificando valores comprometidos por meio da dor: os valores de Stephanie

Stephanie fez esse exercício focada na última briga em família. Para acessar plenamente sua dor, ela pediu para escrever em mandarim. Foi uma excelente sugestão, pois pesquisas indicam que nos afastamos emocionalmente de um tema quando não somos tão fluentes no idioma usado.[15] Se duvida, tente escrever sobre uma época conturbada da sua vida num idioma que você não conheça bem! Meu palpite é que o resultado não será muito envolvente para você nem para o leitor. Stephanie escreveu sobre o mais recente conflito em torno de sua identidade sino-americana. Sempre havia muita coisa envolvida nessas brigas com os pais, com os dois lados sentindo que não eram ouvidos nem respeitados. O choque entre culturas e gerações causava muita dor a Stephanie, então ela resolveu escrever sobre isso.

Gostaria de poder contar mais sobre o que ela escreveu, mas, como já disse, traduzir mandarim não está na minha caixa de ferramentas profissional. Mas eis o que eu e Stephanie descobrimos com sua reflexão. Ela percebeu que, sempre que os pais lhe sugeriam que seguisse a cultura chinesa, ela ficava irritada, aborrecida e frustrada, e em geral não queria interagir com eles. Mas por que essas emoções existiam? O que estava por trás da dor? Ela me contou que percebeu que, se não se importasse com os pais e não os amasse tanto, as opiniões deles não teriam importância para ela, ou seja, ela poderia apenas dar de ombros e seguir com a vida. Em outras palavras, quando brigavam, seu amor por eles ficava comprometido, e isso causava dor. É importante destacar que eu e Stephanie tínhamos trabalhado muito na terapia antes de chegarmos a esse exercício. Quando se trata de aculturação, há pressões internas e externas, e tivemos que abordá-las antes que ela pudesse olhar a tensão familiar sob a lente dos valores. Assim, ao olhar sua dor e chegar ao *amor* como valor central, Stephanie se sentiu melhor, com menos raiva, e começou o trabalho de procurar um modo de integrar as diversas partes da sua identidade enquanto negociava com os pais.

Agora é sua vez. Depois de ter escrito sobre um momento azedo na "Reflexão" anterior, faça-se a seguinte pergunta: *A que valor eu precisaria não dar importância para essa dor não existir?* Ao ponderar sobre essa questão, você conseguirá identificar que valor provavelmente está sendo violado na situação dolorosa. Isso indica que o valor é muito importante para você. A "Reflexão" a seguir ajudará você a organizar seus pensamentos.

> ### REFLEXÃO
> ## Há valores no azedume
>
> Com base na sua narrativa desse momento doloroso, pergunte-se:
>
> **A que valor eu precisaria não dar importância para essa dor não existir?**
>
> _____
>
> _____
>
> _____
>
> **O que é importante para mim e está sendo comprometido?**
>
> _____
>
> _____
>
> Depois de refletir sobre essas perguntas, tente identificar alguns valores importantes para você. Às vezes, _Nomear_ valores é difícil. Se precisar de ajuda para identificar os seus, dê uma olhada na lista de valores comuns na página 152.

A dor de refletir sobre a dor

Se está com dificuldade de desacelerar e aquietar o cérebro para se dedicar a essa reflexão, você não é o único. Apesar de saber que olhar a dor para identificar valores é muito útil, eu mesma costumo evitar porque, como disse minha paciente Miriam outro dia, "é como se minha vida estivesse pegando fogo e, em vez de apagar o incêndio, eu deixasse arder para enxergar através da dor". Tive que concordar com ela: é contraintuitivo contemplar o sofrimento, tanto do ponto de vista cultural quanto do biológico, mas, sempre que um cliente meu se permite fazer isso, o resultado tem sido clareza absoluta em termos de valores.

Antes de chegarmos à etapa de *Estabelecer*, vou contar para você meu próprio momento de dor – o que, em muitos aspectos, levou a este livro. Na verdade, se eu não tivesse me permitido sentir aquela dor, aposto que ainda estaria perseguindo metas, mentindo para mim mesma ao dizer que era movida pela ambição, mas sabendo o tempo todo que havia alguma coisa errada. Como já disse, houve uma época em que eu sabia que algo não estava funcionando na minha carreira, mas me recusei a abordar o problema de verdade até atingir um enorme ponto de dor. Ele veio sob a forma de um choque de valores entre mim e os que comandavam a instituição onde trabalho. A realidade é que houve muitos momentos que ilustrariam por que eu não me encaixava mais, mas contarei aqui um em especial, que acho que ilustra o padrão e o modo como a dor pode revelar nossos valores abalados.

Tive um chefe difícil tempos atrás; vou chamá-lo de Robert. Robert é médico, com um cargo importante no hospital onde trabalho. Basicamente, ele é um figurão no nosso mundo, e me inspirei nele durante mais de uma década. Alguns anos atrás, ele me ofereceu um cargo difícil, mas fantástico, para trabalhar diretamente com ele, e, como eu o idolatrava, aproveitei a oportunidade. Mas, com o passar do tempo, notei que sentia uma pontada de incômodo sempre que Robert me fazia um de seus pequenos comentários. Não foi uma única coisa que ele disse que matou minha empolgação, mas um padrão de pequeninos cortes que acabaram me sangrando toda. Eram comentários do tipo que pessoas de certa idade fazem sem notar, cheios de estereótipos de gênero e microagressões, como a vez em que me disse que eu precisava ser "um pouco mais suave, mais feminina, sem querer agir como um homem". Era apenas uma atrás da outra, até que não aguentei mais.

Esse tipo de experiência não é exclusividade minha. Mulheres, homens, pessoas diversas... muitos de nós passamos por experiências de discriminação, microagressões e preconceito na vida. Para quem não está familiarizado com o assunto, as microagressões são breves insultos e invalidações verbais, comportamentais ou ambientais dirigidos a pessoas de identidade marginalizada.[16] Essas experiências são reais, dolorosas e podem afetar negativamente nossa saúde emocional.[17] Para mim, as alfinetadas constantes de Robert e sua falta de apoio me fizeram finalmente sair daquele cargo – mas saí sem explicar por quê, o que me mata de vergonha. Decidi que simplesmente precisava cortar todos os laços. Disse a Robert o que acreditava que ele queria ouvir: "Você tem razão. Não vou dar conta de tudo agora que tenho um filho." Fico até sem graça de contar isso, pois naquela época era a coisa mais distante possível da verdade.

Eu tinha imaginado que sair dessa maneira seria mais fácil e menos doloroso, mas, antes de aceitar o cargo, fui alertada por um psicólogo experiente do nosso departamento: "Não importa o que aconteça, não irrite o Robert." Eu não sabia o que isso significava nem como poderia irritá-lo, mas acontece que foi exatamente o que fiz.

Minha desistência foi um aborrecimento para ele, e as semanas seguintes foram meu inferno pessoal. O conflito surgiu em torno de questões financeiras; especificamente, Robert acreditava que, por algum motivo, eu tinha sido paga pelo fundo errado e, por causa disso, esvaziara sua conta bancária. Pode ser difícil entender para quem não é acadêmico, mas nosso salário vem de várias fontes: digamos, 50% da bolsa X, 25% da bolsa Y, etc. Esse sistema é difícil de administrar e é comum haver erros. Sem entrar em detalhes chatos e desnecessários, o resumo da ópera é que eu tinha negociado com Robert que ele pagaria todo o meu salário de uma conta (a dele) enquanto trabalhássemos juntos.

Alguns dias depois que saí, recebi um e-mail de Robert indicando que havia algum erro e que eu precisava devolver um grande percentual do dinheiro – ou seja, uma quantia igual a um ano inteiro de salário! Tudo isso cresceu como um atoleiro previsível de e-mails, telefonemas, discussões e conflitos e se tornou o pior episódio da minha longa carreira. Foi o tipo de situação que deixa a gente acordada à noite, ansiosa o dia todo e mental e emocionalmente exausta semanas a fio. Uma época muito divertida!

Eis um vislumbre da situação por dentro do meu cérebro:

É início de janeiro; acordo às quatro da manhã e não consigo voltar a dormir; meu cérebro dispara com um milhão de pensamentos:

Por que ele está fazendo isso?
O que fiz de errado?
Sei que negociei meu salário inteiro.
Isso é injusto.
Trabalhei tanto por tanto tempo, confiei nele por tanto tempo. Por que ele acha que eu roubaria dele?

Ele não confia em mim?

O que vou fazer se realmente me forçarem a pagar tudo isso?

Não tenho esse dinheiro!

O que será da minha família, das nossas finanças?

Talvez eu consiga atender mais clientes à noite... mas fico tão cansada! Não consigo trabalhar mais.

Enquanto escrevo isso e deixo a dor voltar outra vez, lágrimas escorrem dos meus olhos. Isso aconteceu há quase dois anos, e as lágrimas ainda estão aqui. Meu coração se aperta, a respiração se acelera, tenho vontade de fugir dessa lembrança... Quando me permito sentir essa dor, muitas outras lembranças surgem: momentos em que me senti oprimida, quando me disseram para ceder ao desejo da maioria, explícita ou implicitamente. O rosto das pessoas envolvidas surge na minha mente, e mais lágrimas brotam. No fim, estou com um nó na garganta, como se não pudesse falar.

Essa experiência foi muito dolorosa para mim e levei meses para conseguir me sentar de manhã cedo, elaborar essa reflexão e sentir a dor. No começo, era só a dor crua e as lágrimas, como o incêndio que minha paciente Miriam descreveu. Em certas manhãs eu me permitia chorar; em outras, só ficava com raiva. Mas, aos poucos, a intensidade diminuiu, e consegui realmente enxergar através do sofrimento e me perguntar: *A que valor eu precisaria não dar importância para esta dor não existir?*

Continuei a me perguntar: *Por que ainda dói tanto?* E finalmente encontrei minha resposta: *confiança.* A confiança é um dos meus valores centrais, e um dos mais difíceis. Hoje, adulta, entendo que nunca fui capaz de confiar no meu pai. Ele simplesmente não era confiável. É claro que minha mãe maravilhosa estava sempre lá me apoiando, e há muito tempo meu modelo de confiança é ela. Mas também vi, cedo na vida, que ela não podia confiar no meu pai, e a confiança sempre me pareceu uma pedra preciosa que só divido com os que estão mais próximos. Isso não é raro para quem teve experiências traumáticas, principalmente no início da vida.[18] Assim, a experiência com Robert doeu tanto porque senti que não podia mais confiar nele, e todas as lembranças associadas a essa época da vida estão ligadas a uma violação da confiança, de um jeito ou de outro.

Assim, para ser capaz de dizer "Que se dane o Robert, vida que segue!"

sem dor alguma, eu precisaria não me importar com a confiança, e aí não seria eu. Preciso confiar nos que me cercam para me sentir segura no mundo e funcionar direito, e por isso essa experiência doeu tanto. Depois de identificar o valor por trás da dor, comecei meu processo de cura, refletindo sobre o que faria de diferente hoje se me encontrasse numa encruzilhada semelhante.

Se você estivesse na minha situação com Robert, talvez não fosse a confiança que causaria o maior impacto. Poderia ser outro valor, como integridade, verdade ou equidade. O valor comprometido é exclusivo meu, da minha visão de mundo, mas o princípio subjacente é universal para todos nós. Por exemplo, se você se preocupa muito com o sucesso mas está num emprego onde tem mau desempenho constante ou precisa fazer tarefas que o frustram ou subutilizam, é provável que você se estresse na vida profissional. Do mesmo modo, se dá importância à justiça mas está numa situação totalmente injusta, as emoções serão fortes. Aqui, as emoções não são o problema, pois nos indicam que algo não vai bem; no caso, seu valor está sendo comprometido. Mas, se começar a usar essa dor como ponto de reflexão, você verá que as emoções tenderão a se reduzir um pouquinho e você será capaz de identificar o valor por trás dos sentimentos dolorosos, como aconteceu comigo.

Mas não vou mentir: sondar momentos dolorosos dói. De um jeito estranho, penso nisso como cirurgia emocional. Sim, poderíamos tomar um analgésico para a dor sumir, mas isso realmente resolve a causa básica ou só ameniza o sintoma? Também vale notar que, embora esses sentimentos e lembranças provoquem emoções desagradáveis, meu treinamento clínico me ensinou que, no mínimo, as emoções podem ser vistas com desapego, do mesmo jeito que nos treinamos para ver os pensamentos como se apenas passassem diante de nós. Você pode observar suas emoções de forma objetiva sem ser arrebatado por elas. Não digo isso para minimizar o que você sente, só para lhe dar coragem para sentir suas emoções sem hesitar – e, com isso, descobrir o que é mais importante para você.

Estabeleça uma visão ousada

Agora que identificou seus valores, o próximo passo é aceitar ser guiado por eles. Ser guiado pelos valores é fundamental para ter flexibilidade cognitiva.[19] E a flexibilidade cognitiva é fundamental para buscar suas metas até quando surgem dificuldades.[20] Em outras palavras, os valores nos permitem continuar avançando rumo às metas mesmo quando enfrentamos obstáculos.

Muitos clientes meus me olham com ceticismo quando discutimos um plano de vida baseado em valores, como se não houvesse problema em fazer isso como exercício acadêmico, mas fosse bem diferente no mundo real, onde reina o caos. Então como pôr tudo isso em prática depois que você fechar este livro? Pense assim: se os valores são a bússola, precisamos de uma direção geral (para não dizer um destino específico) que nos ajude a ter uma vida mais significativa. Fundamental para isso é ter uma *visão ousada* – e agora vem a parte importante – *ancorada num valor intrinsecamente motivador*. Com "visões ousadas" não quero dizer realizações frívolas que estão ali para serem riscadas de uma lista, ostentadas nas redes sociais e esquecidas. Estou falando de marcos importantes e centrais para quem você é, as coisas profundamente atreladas a seus valores e que, quando vividas, lhe dão a sensação de que, sim, é para isso que você está nesta Terra. Não precisa ser extravagante nem impressionar os outros. Só precisa ser importante para você.

Seu coração está batendo com força agora? Porque o meu com certeza bate quando penso nisso.

Muitas vezes, fico intimidada com esse tipo de visão audaciosa. Ela me assusta! A dor, o processo, o risco de fracasso... todos esses temores de não ser suficiente. Mas você não está lendo um livro sobre como evitar; está aqui para ganhar ousadia, e isso dói um pouco.

Não vou conseguir. Isso é assustador demais. Uma observação antes de começarmos: nosso cérebro julgador provavelmente vai intervir na mesma hora com uma placa gigantesca de rua interditada para nos avisar que não devemos sonhar tão alto. Muitas vezes meu cérebro tem coisas "úteis" a dizer sobre minhas visões ousadas:

Você não vai conseguir.
Você já tentou ter visões ousadas e nunca as concretizou!

Quem é você para sonhar tão alto?

Quem é você para achar que as pessoas vão se importar com o que tem a dizer? (Voz companheira e conhecida enquanto escrevo este livro.)

Se seu cérebro começar a rodopiar como o meu, sugiro que pegue a reflexão do ciclo PEC do Capítulo 2 e escreva o que acontece em sua mente. Assim, você conseguirá fazer uma pausa e ativar seu cérebro pensante antes de prosseguir.

Para *Estabelecer* sua visão ousada, pratique um exercício que muitas vezes uso com meus clientes quando começo a trabalhar com eles. Em nossos primeiros encontros, pergunto o que eles esperam conseguir com a terapia. Em geral, recebo respostas ligadas aos sintomas do paciente: *menos* ansiedade, *menos* tristeza, *menos* preocupação. Isso indicaria progresso, é claro, mas o que realmente quero saber é como seria a vida "nova" que eles estão buscando. E embora "menos" sofrimento realmente seja uma boa meta, enquadrar todas as respostas com "menos" não é tão útil quanto imaginar uma vida com "mais". Mais conexão? Mais abertura? Mais...?

Para essa reflexão, quero levar você um pouco mais longe: *Como seria a vida se você fizesse o que mais importa para você?* Em outras palavras, como seria viver plenamente seus valores? Ser aventureiro? Ser humilde? Ter a sensação de confiança ou transparência em todos que o cercam? Como seria viver cada dia priorizando seu valor central? Vou lhe dar uma dica: pode ser muito parecido com seu momento de doçura (e bem diferente do seu momento de azedume). Pare um instante e pense nessa pergunta durante a "Reflexão" a seguir.

REFLEXÃO
A varinha mágica

Baseie esta reflexão no valor que você identificou no exercício "azedo". Imagine que você tenha uma varinha mágica capaz de remover toda a dor ligada a esse valor e pense no que seria preciso para *Alinhar* sua vida a esse valor tão importante para você. Para isso, responda às seguintes perguntas:

Até onde você chegaria?

___

Como seria essa vida?

___

O que você estaria fazendo?

___

Com quem você estaria?

___

Quais seriam os valores fundamentais dessa vida ousada?

___

Não precisa se intimidar. Não estou pedindo um plano prático (temos o próximo passo para isso). Quero apenas que você se veja realizando essa visão ousada. Ainda não quero saber *como*, só o *quê*. Escreva o que sua visão ousada representa:

___

As visões ousadas de Ricardo e Stephanie, e a minha também

A visão ousada de Stephanie tinha menos a ver com o amor na relação com os pais e mais com seu próprio processo de aculturação. Ela queria ser capaz de integrar as partes diferentes de sua cultura dentro de si mesma de modo a trazer à luz todo o seu eu. Quando examinamos isso melhor, percebemos que a visão ousada de Stephanie estava ligada à *autenticidade*. Quando lhe perguntei o que era ser autêntica, Stephanie me disse que gostaria de acolher o Oriente e o Ocidente na sua identidade cultural e não ser prejudicada pela externalidade da vida. Assim, se quisesse ver um programa de TV em mandariam, veria sem problema algum – não porque os pais aprovariam, mas porque ela gostava. Por outro lado, se decidisse se vestir de um jeito mais "americano", se vestiria. Teria amigos que adotassem as duas culturas e, em geral, conseguiria viver de acordo com sua bússola interna, em vez de deixar as normas culturais lhe dizerem o que era aceitável.

A aculturação é difícil, mas, como eu mesma passei por ela, me identifiquei com o desejo de Stephanie de sempre se mostrar de forma autêntica, sem necessidade de pedir desculpas pelas partes que eram diferentes e pareciam contraditórias. Um segredinho: ainda uso o meu uniforme profissional em tons de cinza, mas não porque quero me encaixar. Hoje, quando me visto assim, é porque me sinto mais acadêmica e estudiosa. Embora, é claro, com o toque latino de uma echarpe vermelha!

Se eu usasse a varinha mágica em mim com foco no bem-estar, minha vida seria muito diferente. Eu teria uma vida mais equilibrada, com menos caos e mais tempo para realmente criar o bem-estar que tanto desejo. Praticaria mais atividade física, com e sem a família, mas também acrescentaria alegria incorporando caminhadas, passeios mais longos e uma conexão profunda com a natureza. A coragem também seria um valor com que eu me alinharia nessa vida mágica. Coragem para continuar cuidando da saúde, principalmente nos momentos de evitação. Com mais um movimento da varinha mágica, haveria outro valor para me guiar profissionalmente: o impacto. Especificamente, causar impacto em indivíduos do mundo todo ao ensinar as técnicas desse livro. O mundo vive uma crise de saúde mental, e eu adoraria fazer minha parte para ajudar a combatê-la.

Combinar: transforme visões ousadas em planos ousados

Identificar um valor e visualizar uma nova realidade em que esse valor seja plenamente adotado são os primeiros passos para *Alinhar*, mas só isso não muda o jogo. Precisamos traduzir os valores em ações! Talvez você esteja pensando: *Tudo bem, tenho uma visão ousada, mas não faço ideia de como começar... então por que me daria ao trabalho? Quais são as chances de dar certo?* Bem-vindo à festa da dissonância! Como já sabemos, o cérebro não gosta quando duas coisas não combinam (nesse caso, sua visão e a realidade). Isso acontece com todos nós, principalmente quando decidimos lutar contra o medo e a insegurança. Afinal de contas, para ter uma vida baseada em valores, é preciso se acostumar a ficar "confortavelmente desconfortável". Quando sentimos desconforto, o cérebro começa a entrar em pânico e tenta nos levar à evitação. Mas não tema: vamos usar a ciência comportamental para formular um plano claro e prático. Com isso, pegaremos sua paisagem interna e a tornaremos externa.

Primeiro, precisamos decompor nossa visão ousada em pequenos passos. Por quê? Porque, se tentarmos fazer tudo de uma vez, o fracasso será mais provável. Perdoe o clichê, mas Roma não se fez em um dia, e o mesmo se aplica ao seu futuro dos sonhos. Em outras palavras: imagine que você esteja visitando uma nova cidade e se perca no meio da rua. Pede ajuda a alguém, que lhe diz de forma apressada, rápida e ininteligível:

PegueasegundaàdireitanoSunsetBoulevardDriveatéveroBob'sPizzaentreàesquerdaquandochegaràcasadaSuzieeavancemaisunsquarteirõesequandoviraplaca"ruafechada"nãoligueeentreàdireitaéaprimeiracasaàesquerda.

Uau. Que diabos foi isso? O mais provável é que, se seguir essas instruções, você nunca chegue ao destino. Agora imagine que esse parágrafo absurdamente incoerente contivesse as instruções da sua visão ousada. Conseguiria chegar lá? Seu cérebro perguntaria: *Quem é Suzie? Quantos quarteirões? E se a rua estiver mesmo fechada?* E todas essas perguntas muito sensatas podem impedir que você faça a viagem ou podem levá-lo num caminho completamente oposto aos seus valores – e não é isso que queremos!

Queremos desenvolver um plano claro que descreva *quando*, *onde* e *como* chegaremos ao lugar que mais importa para nós.

Transforme valores em ação

Para transformar sua visão ousada num plano claro, vamos recorrer a um dos arcabouços mais revolucionários que vi nos últimos anos: o Círculo Dourado de Simon Sinek. Simon é palestrante e escritor mundialmente famoso, além de um otimista inabalável.[21] No livro *Comece pelo porquê: Como grandes líderes inspiram pessoas e equipes a agir*,[22] ele descreve a utilidade por trás do *porquê*, do *como* e do *quê*, que alimentam nossas ações, representando esses três domínios como círculos concêntricos.

Embora o livro se concentre nos exemplos do mundo empresarial, ele escreveu bastante sobre a aplicação do Círculo Dourado a muitas outras áreas da vida. Eu o uso para estruturar boa parte do meu trabalho, da minha vida e das minhas ambições. Na verdade o usei para estruturar este livro! Começo com o *porquê* do livro inteiro (ninguém merece a evitação!), depois cada parte (por exemplo, *Modificar*, *Abordar*, *Alinhar*) mergulha em *como* costumamos evitar (reagindo, recuando, permanecendo), e depois explico *o que* fazer a respeito (bum: ciência!).

Não deve surpreender que eu use o mesmo arcabouço para ajudar meus clientes a formular um plano para concretizar sua visão ousada. Descobri que é mais útil pensar em quatro coisas na criação das etapas de um plano ousado:

1. Está *alinhado*? (o porquê)
2. É *específico*? (o quê)
3. É *factível*? (o como)
4. Está *agendado*? (o quando)

Essas perguntas ajudam a chegar a uma etapa viável. As etapas viáveis auxiliam você a se orientar na vida com um plano alinhado aos seus valores, para você não se desviar (como fiz) e acabar se concentrando apenas no resultado (metas), e não em por que está fazendo as coisas (valor).

Os valores de Ricardo e Stephanie em ação

Voltemos às histórias de Ricardo e Stephanie para ter uma ideia melhor do que seria um plano ousado. Os planos de Ricardo foram difíceis no início, porque envolviam os filhos, ou seja, cada passo que ele traçasse teria que ser combinado com a esposa no meio de um desconfortável processo de divórcio. Ricardo achava que isso seria impossível, dada a dificuldade do relacionamento entre eles. A realidade é que, nesse caso, Ricardo estava evitando um pouco. Quando discutimos melhor, ficou claro que havia, sim, momentos em que ele ficava com os filhos e podia se concentrar na conexão (*alinhado*). Embora combinar esses momentos não fosse fácil, também não era uma dificuldade insuperável. Então trabalhamos exatamente no que ele faria dentro do possível (*factível*), e Ricardo encontrou uma ótima solução.

Ele decidiu que passaria 45 minutos sem o celular do trabalho quando estivesse com os filhos (*específico*), duas vezes por semana na hora do jantar (*agendado*), especificamente nas terças e quintas. Isso estava literalmente em sua agenda (*alinhamento a laser*). Para que isso fosse factível sem aumentar o estresse, nesses horários ele poria um aviso de "fora do escritório" no e-mail para controlar o desejo de olhar o celular. Isso é importante, porque é bom garantir que sua meta factível não crie mais estresse.

No caso de Stephanie, nos esforçamos para identificar etapas factíveis que se *Alinhassem* a uma vida autêntica. Stephanie não conseguia encontrar uma ação *específica* ligada a um conceito tão amplo como a autenticidade. Então lhe pedi que tentasse descrever comportamentos que seriam autênticos na opinião dela. Ela falou que, se fosse autêntica, não precisaria *tentar* se encaixar nas culturas chinesa ou americana que circundavam sua vida. Poderia simplesmente existir e exprimir suas opiniões como... ela mesma. Não como seu eu chinês ou americano. Só como Stephanie.

Pedi outro exemplo, e ela disse que seu modo de se vestir seria um jeito de manifestar autenticidade. Decidiu que, quando montasse seu look, apenas uma peça de roupa (*específico*) representaria sua identidade cultural (*alinhado*) em cada dia da semana (*agendado*), aonde quer que fosse. Stephanie só conseguiu chegar a um plano ousado porque se esforçou para visualizar uma vida autêntica. Uso muito esse truque com meus clientes, e você também pode usar. Quando escolher uma ação, pergunte-se: *Consigo visualizá-la nitidamente na minha cabeça?*

Tanto Ricardo quanto Stephanie conseguiram chegar a passos factíveis – embora não sem alguns desafios, que eram de esperar. A questão que quero reforçar é que, mesmo que o sucesso não venha logo, é preciso continuar tentando. Eu mesma volto à prancheta mais de uma vez para garantir que criei etapas suficientemente claras para mim. Você é como um arquiteto desenhando a própria vida, então se acostume a revisar o projeto de vez em quando.

REFLEXÃO
Plano ousado para uma visão ousada

É sua vez de transformar seus valores em ações com a criação de etapas factíveis. Use como guia as seguintes perguntas:

1. Porquê: Está alinhado?
O que é mais importante para você na sua visão ousada?

_____

_____

_____

- Identifique o valor mais importante na sua visão ousada e trace o plano com base nesse valor.

2. Quê: É específico?
Que ações você precisa fazer para concretizar sua visão ousada? Seja o mais específico possível e visualize-se pondo isso em prática.

- Ação: _____
- Ação: _____
- Ação: _____

3. **Como: É factível?**

Está na hora de traçar um plano. Do que você precisa para pôr em prática cada uma dessas ações?

- Ação: _____
- Ação: _____
- Ação: _____

4. **Quando: Está agendado?**

Abra sua agenda. Quando concluirá as etapas acima?

_____

_____

_____

Elaborando e reelaborando meu plano ousado

Tracei dois planos ousados para mim: um ligado ao bem-estar e outro ao impacto. Para o bem-estar, estabeleci a meta de me exercitar 20 minutos por dia, cinco dias por semana, pela manhã, antes de Diego acordar, durante um mês.

Era factível? Estava alinhado ao meu valor de bem-estar? Achei que sim, mas fracassei redondamente na primeira semana, e olha que tentei! Eu não me exercitava havia dois anos e carregava 18 quilos a mais do que antes da pandemia, e acabei não conseguindo. Mas o fracasso é aprendizado para o próximo sucesso, e não desanimei.

Isso é algo que muitas vezes vejo meus clientes fazerem: criam um plano que seria factível no passado, mas talvez hoje seja ambicioso demais (como a Luana pós-covid criando etapas como se ainda fosse a Luana pré-covid). Assim, se esta for sua primeira tentativa de criar etapas factíveis, sugiro que pegue o seu plano e o divida ao meio. A questão aqui é se preparar para o sucesso, em vez de se sabotar para o fracasso. Fique à vontade para roubar a seu favor! Por exemplo, se eu aconselhasse alguém a escrever um livro, diria: "Como sua primeira etapa, escreva uma página por dia. Literalmente uma página. Leve 15 minutos ou duas horas, não importa. Quando chegar ao fim da página, pare. Missão cumprida por hoje. *No más*." Pode parecer absurdamente fácil, mas também é supersustentável. E este é um exercício de sustentabilidade.

Depois que a primeira tentativa não deu certo, voltei à prancheta e criei uma etapa ainda mais factível: me exercitar por 10 minutos, três vezes na semana, antes do almoço, durante uma semana. Foi definitivamente melhor, e consegui seguir o plano! Foi preciso esforço para encontrar aqueles 10 minutos antes do almoço três vezes por semana, e esse é um ponto importante: *se não estiverem na agenda, suas metas nunca vão acontecer!* O truque aqui é realmente olhar a agenda, pôr a etapa factível no lugar onde você acha que terá mais probabilidade de sucesso e ir com tudo. Essa técnica ajuda bastante a garantir que a meta seja suficientemente *agendada*. Sei que parece exagero, mas juro: se você não agendar essas coisas, a vida *vai* atrapalhar.

Outro truque que costumo usar para respeitar essas etapas é imaginá-las como uma consulta médica. Quantas pessoas faltariam a uma consulta importante com o médico, principalmente se a saúde estivesse em risco? Aposto que bem poucos. Assim, se marcar hora consigo mesmo, é mais provável que compareça. Se estiver atrasado e souber que vai faltar ao compromisso, insisto que faça o mesmo que faria com o médico: remarque! No meu plano de bem-estar, certa vez tive que me exercitar às nove da noite porque não consegui nenhum tempinho antes disso. Na hora do almoço, pensei na programação completa do dia e transferi o compromisso para o único horário livre: 21h.

Quando percebi que a ambição não me guiava mais no trabalho, cheguei ao *impacto* como meu valor central na profissão. Especificamente, queria encontrar um modo de reduzir a crise de saúde mental e, assim, causar impacto positivo no mundo. Para o valor do impacto, me concentrei em criar etapas ligadas a este livro. Afinal de contas, estou escrevendo *Viver com ousadia* porque acredito que a ciência e as experiências presentes nestas páginas ajudam a causar um impacto real nas pessoas, mas escrever de acordo com o cronograma da editora é difícil. Como ainda sou relativamente nova nessa coisa toda, escrever é algo complicado para mim. Às vezes meu cérebro fica preso em pensamentos negativos e me impede de escrever. Então percebi que as metas não poderiam ser aspectos práticos de se criar um livro. Na verdade, só estabeleci etapas factíveis quando cheguei ao Capítulo 6 e percebi que meu primeiro rascunho estava horrível. Fiquei paralisada de terror e precisei de um pontapé no traseiro para manter o trabalho avançando dentro do prazo.

Eis o que me comprometi a fazer: escrever em sessões de 30 minutos, três dias por semana, durante três semanas. É comum eu conseguir escrever durante duas horas sem notar, então esse cronograma era bastante confortável, mas ainda enfrentei obstáculos. Adivinha o que foi. Não consegui visualizar! Foi quando refleti com mais calma e tracei um plano que eu realmente pudesse me ver seguindo.

No fim das contas, precisei ajustá-lo para: escrever às nove da manhã (quando Diego está na escola) nas terças, quartas e quintas, durante meia hora, por três semanas. Esse foi o plano que entrou na minha agenda.

Mas só porque criei o plano não quer dizer que escrever foi fácil. Claro, foi mais fácil do que se eu não tivesse meta nenhuma, mas manter o ritmo foi difícil, e me arrependi de ter programado três semanas seguidas. Por quê? Porque não levei em conta uma viagem profissional que tive que fazer e me fez reajustar parte da programação.

Coisas acontecem, valores mudam, a ousadia continua

Há dois pontos que eu queria destacar sobre a etapa de *Alinhar*. Primeiro, a vida acontece! Todos recebemos bolas com efeito, mas é como as rebatemos que dita nosso sucesso. Ajustei aquela semana para meu plano de escrita e acordei mais cedo na viagem para escrever, garantindo assim meu compromisso. Foi difícil e não muito "factível". Assim, se houver um grande obstáculo no caminho – uma viagem de trabalho, um filho doente, a pessoa amada que precisa de atenção –, volte à prancheta, verifique seus valores, vislumbre aonde quer chegar e revise o plano.

E este é o segundo ponto: às vezes fracassamos em nossos planos ousados porque situações externas nos forçam a mudar o valor priorizado (afinal de contas, os valores colidem). Na verdade, enquanto trabalhava neste livro, houve duas semanas em que joguei as etapas pela janela porque minha família inteira pegou covid. Estou contando isso para garantir que você se trate com gentileza quando estabelecer esses planos. Sim, é bom ser disciplinado, mas também é preciso ser realista. Seja honesto consigo mesmo e se comprometa a fazer do plano uma realidade, mesmo quando fracassar. Ninguém vai forçar você a ter uma vida mais significativa, então você terá que ser seu próprio fiscal. (Embora contar com um amigo para isso também seja um excelente recurso.)

Atualmente, quando comparo como me sinto no dia em que vou à academia e honro meus valores e no dia em que invento mais uma desculpa para deixar os tênis no armário, a diferença é gritante. Em poucas palavras: um desses dias é incrível e o outro é um lixo. Aposto que você consegue adivinhar qual é qual. Quando pensa num dia em que suas ações estavam mais alinhadas a seus valores e o compara com um dia em que não fez nenhuma das coisas mais importantes para você, como se sente? Acho que já deu para perceber por que é tão importante aprender essa habilidade. É a diferença entre dormir realizado e dormir estressado porque os dias vão passando sem que nada significativo aconteça para fazer a vida valer a pena. É claro que não estou dizendo que aprender essa habilidade é o segredo para se sentir incrível 100% do tempo, mas prometo que, se você realmente se dedicar a *Alinhar* valores e ações, sua jornada na vida será muito mais compensadora.

Mas, antes de encerrarmos este capítulo, há uma ressalva importante que quero fazer: os valores podem mudar no decorrer da vida. Na verdade, como vida *é* mudança, você *deve esperar* que seus valores mudem com o passar dos dias, semanas, meses e anos. Enquanto evoluímos, a situação muda, e podemos priorizar outros valores. Afinal de contas, nossos valores não são mais estáticos do que a vida, e, dependendo do que acontece a cada momento, precisaremos realinhar o que fazemos para combinar com nosso novo e verdadeiro norte. Pense nisso como uma manutenção periódica da sua bússola interna.

Como aprendi em 2000 na minha primeira aula de yoga, tudo é uma jornada, não um destino. Com sua boa bússola na mão, você estará equipado para essa jornada. E ela pode ser difícil algumas vezes, maravilhosa em outras, e às vezes só sem graça. Mas é uma jornada que vale a pena, porque você tem um verdadeiro norte, que é a realização. E não só a realização barata do mundo material. Estou falando da satisfação que permanece quando você põe a cabeça no travesseiro, empolgado pelo que virá amanhã. Quando as intempéries da vida acontecerem e você for arrancado do caminho, não desanime: a bússola ainda estará aí. Nunca conheci ninguém que se mantivesse sempre e perfeitamente no curso de seu verdadeiro norte. Isso é humanamente impossível.

Avançar com ousadia é se permitir parar sempre que estiver numa região desconhecida. Quando isso ocorrer, identifique seu padrão de evitação e combine-o a uma habilidade que o supere (mate esse dragão!). Se é seu pensamento que tira você do rumo, é a *Modificação* que vai ajudar. Se sua reatividade lhe rouba o que você tem de melhor, a *Abordagem* pela ação oposta vai recalibrar a jornada. E, quando se pegar fazendo as mesmas coisas de sempre e seguindo o GPS dos outros, será hora de se *Alinhar* aos seus valores. Como Jocko Willink, escritor, palestrante e ex-Navy SEAL da Marinha americana, gosta de dizer em seu podcast: "Se você sair do caminho, tudo bem. É só voltar para ele."

Não há solução única que dê certo com todo mundo para sempre, porque essas habilidades precisam combinar com seu padrão de evitação atual. Com a prática, você conseguirá captar mais depressa a evitação, encontrar a habilidade que a soluciona e agir, mas isso exige treino! Só há uma forma de fracassar aqui, que é não fazer nada. Quando a evitação bater à porta, atenda, reconheça-a e não a siga. Em vez disso, interrogue-a, descubra como ela pretende desencaminhar você e dê um passo ousado. Na vida, as apostas são altas. Estamos aqui por um tempo curtíssimo. Por isso incentivo você a usar essas habilidades como espada e escudo contra o inimigo (a evitação) que quer lhe roubar o significado da vida. Hiperbólico, talvez, mas não muito.

PARTE 5

Conclusão

CAPÍTULO 12

A ousadia de ser água,
e não pedra

Muitas vezes, quando leio para Diego na hora de dormir, penso no privilégio de ter esse tempo. Embora alguns achem que ler *I am Albert Einstein*, de Brad Meltzer, pela milésima vez não é um privilégio, posso garantir que, para famílias com poucos recursos, esse luxo de tempo é raríssimo. Quando criança, me lembro que minha mãe trabalhava até tarde quase toda noite. Quando voltava para casa, ela se sentava conosco em frente à TV, mas estava sempre com um olho na tela e o outro na tarefa que precisava cumprir, fosse remendar uma roupa ou preparar as refeições do dia seguinte. Sempre havia uma tarefa que exigia sua atenção até que ela tivesse que acordar e começar o ciclo todo outra vez. Não era fácil pôr comida na mesa, e parte da dificuldade era que o tempo nunca era suficiente. Nunca havia tempo suficiente para uma manhã preguiçosa, para sentar e conversar, para apreciar como ela era incrível por manter a casa funcionando com tão poucos recursos. Imagino que muitas famílias do mundo estão nesse mesmo barco, em que desacelerar e ler para os filhos simplesmente não é possível. Por conta disso, eu não lia muito na infância. Na verdade, quando vim para os Estados Unidos e descobri que algumas crianças passam o verão inteiro lendo, fiquei chocada. Não é que minha infância tenha sido um show de horrores: brincávamos ao ar livre, saíamos com amigos, nadávamos, mas não havia livros por perto, pelo menos não na minha família.

Mas isso mudou quando fui morar com minha avó em 1995. Ela tinha muitos livros em casa, lia com frequência e gostava de falar sobre o que estava lendo. Quando reflito sobre isso quase 30 anos depois, me sinto abençoada por ter passado meu tempo com ela, pois conhecer o mundo por meio de seus livros foi uma oportunidade de ouro. Eu me lembro nitidamente do primeiro livro que ela me deu para ler: *O alquimista*, de Paulo Coelho. Embora tenha se tornado um livro muito popular no mundo todo, *O alquimista* tinha muito peso (e tem até hoje) na comunidade brasileira. Ela me fez ler porque eu andava muito aflita com a minha futura carreira – o que fazer da minha vida, o que me tornar – e, enquanto eu lutava com essas questões, me preocupava muito com os recursos que eu tinha naquela época e que teria no futuro. Eu sabia que tínhamos limitações financeiras, e isso me preocupava a ponto de eu só conseguir sonhar dentro desse caminho estreito, nunca fora dele.

Certa tarde, tomando café, minha avó insistiu muito que eu podia ser o que quisesse, fazer o que quisesse e sonhar muito alto. A única questão era que, se eu conseguisse sonhar com algo grande e ousado, minha tarefa seria fazer isso acontecer. Para mim, essa realidade mágica parecia bobagem. A princípio atribuí esse "papo de maluco" à sua forte crença em coisas como cristais e campos energéticos. Não me entenda mal. Guardo com carinho os cristais que ela me deu no decorrer dos anos e ainda os tenho, embora a cientista que há em mim não saiba direito quanto poder eles realmente têm. Mas devo dizer que com os cristais me sinto poderosa, porque eles me lembram dela. Seja como for, quando ela me pintou esse cenário cor-de-rosa da Disney em que eu poderia fazer o que sonhasse, não entendi, e ainda me lembro de discutir com ela sobre as limitações que sempre marcariam minha vida. E agora podemos enfocar *O alquimista* de novo. Ela me deu o livro e disse:

– Leia isso e, quando terminar, me diga se ainda se sente assim.

Enquanto escrevo este capítulo, tenho meu velho exemplar em português a meu lado. Se você não leu o livro, é uma história maravilhosa sobre buscar pelo mundo sua lenda pessoal, escutando o coração e seguindo seus sonhos. Parece piegas quando falo assim, mas acredite que, como cientista de Harvard, ainda fico perplexa ao ver como essa obra de ficção mudou minha vida.

Depois de ler e discutir o livro com minha avó, tive a primeira *Modificação* da vida. Como você aprendeu neste livro, nossa visão de mundo se baseia no nosso contexto, na nossa história, nas lições aprendidas e em outras experiências. E, quando essa visão se forma, fazemos todo o possível para mantê-la. Você deve se lembrar de que nosso cérebro é programado para reduzir a dissonância cognitiva e confirmar o que já sabemos (ou *pensamos* que sabemos).[1] Assim, se quando você cresceu tudo lhe dizia que "o mundo é difícil, temos pouquíssimos recursos, não dá para melhorar", é assim que você verá o mundo, e essa crença guiará muitas das suas ações.

Felizmente para nós, a ciência demonstrou que o cérebro muda por meio da neuroplasticidade.[2] Com o tipo certo de exposição, podemos alterar a narrativa na nossa cabeça, e foi exatamente isso que *O alquimista* fez comigo. Minha avó não conhecia a terapia cognitivo-comportamental, mas a sabedoria dela lhe disse que a vida podia mudar – e que, para isso acontecer, a pessoa precisava mudar o que dizia a si mesma. Ela costumava descrever nossos pensamentos como uma fita que tocava na cabeça o tempo todo, e, se a fita tocava "Você não é suficiente", como pensar em outra coisa? (Sei disso muito bem porque estou há 30 anos tentando mudar essa música dentro do meu cérebro.)

Minha avó me deu *O alquimista* porque sabia que me ajudaria a ver o mundo de maneira diferente. Em outras palavras, que o livro transformaria meu ponto de vista limitado – pela lente da dificuldade financeira constante – numa visão muito mais ampla de um mundo expansivo, em que os sonhos podem se realizar quando aprendemos a mudar as mensagens limitantes transmitidas dentro do cérebro. Hoje, décadas de pesquisa em neurociência confirmam a sabedoria popular da minha avó, e, sabendo disso ou não, ela na verdade me ajudou a treinar meu cérebro a ser mais flexível. Estudos ressaltam que a habilidade de flexibilizar ou alterar o pensamento (habilidade chamada de *flexibilidade cognitiva*) está diretamente ligada à maior resiliência.[3] E faz sentido, não faz? Se pudermos mudar literalmente o modo como nos vemos e vemos o mundo que nos cerca, logo ficará muito fácil usar essa habilidade em nosso benefício. Se, até certo ponto, tudo é uma história arbitrária, por que não assegurar que essa história nos ajude a ter uma vida mais agradável?

Assim, aqui estou eu escrevendo este livro porque, 30 anos atrás, uma leitora entusiasmada deu à neta seu livro favorito, e esse livro ensinou aquela criança a ver o mundo de um jeito completamente diferente. Uma das citações mais famosas do livro (e uma das minhas favoritas) é: "Quando você quer alguma coisa, todo o universo conspira para que você realize o seu desejo." Sempre que enfrento um obstáculo no caminho ou sempre que sinto medo, ansiedade ou tristeza, repito para mim essa citação. Assim como insisto que você fale consigo mesmo como se falasse com seu melhor amigo, também treinei falar comigo como minha avó falava. Sempre que a evitação bate à porta, ainda ponho essa citação para tocar no toca-fitas da mente.

Na verdade, modificar meu ponto de vista exigiu muitos anos, muitos livros e muita ciência. Mas, para mim, tudo começou com *O alquimista*. Conto isso porque um dos meus desejos mais profundos para o livro que agora você tem nas mãos é que ele o ajude a passar da ansiedade, do burnout, do estresse, da adversidade, da dor e da evitação para uma vida melhor, alinhada aos desejos do seu coração, transformando ansiedade em poder.

No decorrer do livro, contei muitas histórias minhas para mostrar que às vezes meu cérebro trava e me diz que não sou suficiente ou que sou uma impostora que será descoberta a qualquer momento. Enquanto escrevo isso, rio, porque os dados objetivos da minha vida contradizem essa declaração. Como o cérebro ainda é uma máquina preditiva maravilhosa, mas que tem alguns defeitos e não gosta de mudar sua programação,[4] é comum que ele recaia em antigas crenças centrais que adotamos quando criança. Mas ter uma vida ousada não é ter uma vida sem pensamentos negativos ou distorcidos! É investir tempo para aprender a mudar esses pensamentos, *Modificar* seu ponto de vista várias e várias vezes e falar consigo mesmo com compaixão, como se você fosse seu melhor amigo. Talvez isso ainda soe piegas para alguns, mas por que só desejaríamos coisas boas para os outros? Comprometer-se com sua vida ousada significa reconhecer que você quer ser feliz, tanto quanto quer que seus familiares e amigos sejam felizes.

Embora *Modificar* seu ponto de vista seja muito poderoso, essa não é a única habilidade necessária. A realidade é que a vida é difícil e que desafios extremos acontecem. Mas ainda bem que há duas outras habilidades que você aprendeu e que tornam a jornada um pouco mais fácil, e minha favorita é *Abordar*.

É comum a *Abordagem* ser mal compreendida porque, na maior parte das vezes, quando fica emperrado você já tentou um milhão de coisas para se destravar. No entanto, *Abordar* é uma habilidade projetada para exercitar o cérebro, para lhe ensinar que você pode acalmar seu cérebro emocional e trazer de volta o cérebro pensante ao treinar a ação oposta. Ao abraçar o desconforto e vivenciá-lo, você começa aos poucos a combater o verdadeiro inimigo: a evitação.[5] Embora *Abordar* seja um dos superpoderes derivados da terapia comportamental dialética e da terapia cognitivo-comportamental, também é uma das habilidades mais difíceis de praticar. Por definição, você vai sentir algum nível de desconforto ao *Abordar*. É como se obrigar a sair da cama quentinha e tomar um banho frio: é difícil, mesmo sabendo que essa rotina matinal deixará você mais disposto durante o dia. Embora a cama quentinha seja gostosa a curto prazo, em termos metafóricos ela é o verdadeiro inimigo. Quando cede a seu canto de sereia, aos poucos sua vida vai ficando menor.

Minha avó também me ensinou a *Abordar* quando me convidou (ou seja, me *forçou*) a falar com desconhecidos quando adolescente. Depois de ir morar com ela numa cidade muito maior, meu cérebro me gritava: *As pessoas são assustadoras, fuja!*, e era o que eu fazia, evitando sempre que possível as pessoas e o desconforto resultante. Mas, em vez de me deixar emburrada em casa, minha avó me obrigava a fazer o contrário do que eu queria: falar com estranhos (ação oposta). Assim, do mesmo modo que precisamos começar a nos exercitar devagar para criar força e resistência, é preciso ser realista na hora de escolher as atividades de *Abordagem*. Embora esse processo seja tão lento quanto aprender qualquer habilidade, saiba que o cérebro é um órgão que pode mudar (e muda mesmo) e que, com prática, o medo e o desconforto diminuem.

Quando começar a treinar, sugiro que vá devagar para identificar seu próprio tipo de evitação. Além disso, não se esqueça de que isso leva tempo. Caso se sinta empacado, talvez precise de orientação profissional. Embora eu ache que este livro oferece muitas habilidades necessárias para ter uma vida ousada, também sei que às vezes precisamos consultar um profissional de saúde mental, e muitas vezes os vejo como treinadores. Assim como um atleta de alto nível precisa de um treinador de vez em quando para refinar uma habilidade, talvez você também precise de um empurrãozinho na direção certa. Nunca esqueça que ser ousado quando se trata de *Abordar* é aceitar que a vida sempre será "confortavelmente desconfortável". Descobri com minha própria experiência que é dentro dessa tensão que se encontram os verdadeiros prazeres.

Por fim, não podemos esquecer nossos valores. Quando comecei a escrever este livro, eu não fazia a menor ideia de até que ponto evitava a vida baseada em valores. Eu ignorava totalmente minha bússola interna e seguia o caminho que achava que o mundo em geral me ditava. Ninguém era culpado por minha abordagem cega, ninguém me forçava a viver de um certo modo. Mas, quando somos consumidos pela profissão, pela cultura e por nossa bolha, muitas vezes parece que só há um caminho para o sucesso (seja como for que você o defina), e, para mim, sucesso significava me forçar cada vez mais a seguir uma noção vaga de ambição. Durante muitos anos, essa definição de sucesso deu certo, mas, em determinado momento, parou de funcionar, e reagi evitando essa nova realidade. Costumo contar aos meus clientes que enfrentar a realidade não significa que você tenha que *gostar* dela. Enfrente sem gostar mesmo, porque ignorar a realidade é apenas outra forma de evitação.

É até meio estranho dizer isso, mas sou grata por algumas dificuldades que enfrentei na carreira nos últimos dois anos, porque esses conflitos me fizeram acordar para meus próprios valores. Se você examinar sua dor do passado e se perguntar "A que eu teria que não dar importância para não sofrer assim?", talvez consiga ver o valor que está sendo violado. Como já disse, a confiança é algo de que preciso para trabalhar com alguém, e esse acabou sendo o valor comprometido na minha vida profissional.

Enquanto buscava uma vida mais baseada em valores, comecei a prestar mais atenção nos meus momentos de alegria. O que eu estava fazendo quando me sentia melhor? Com quem estava? O que me deixava assim? Uma dessas experiências alegres foi gravar um curso sobre controle de ansiedade com Dan Harris. Conheci Dan quando participei de seu podcast em março de 2020. O tema do episódio era ansiedade, e, se prestar atenção na data, reconhecerá que foi no começo da pandemia de covid-19 nos Estados Unidos. Naquele dia, nenhum de nós sabia que o mundo se fecharia literalmente poucos dias depois da gravação.

Foi adorável trabalhar com Dan. Cerca de um ano depois, ele me convidou para gravar um curso com ele para seu aplicativo *Ten Percent Happier*. O processo de desenvolver o curso com sua equipe foi ótimo, mas gostei principalmente de trabalhar com Dan. Quem conhece suas entrevistas sabe que ele é um entrevistador incrível, e o processo de criar o curso foi absolutamente agradável. Acima de tudo, notei como me senti feliz em todo o processo. Foi como se eu mal me esforçasse, e mesmo assim o trabalho ficou excelente (se é que posso dizer isso). O prazer ao executar um trabalho pode ser um indicador importante para você encontrar seus verdadeiros valores, porque é aí que você age alinhado a algo realmente importante e pode sentir menos estresse nesse período. Da próxima vez que sair de um estado de flow, pergunte-se: *Eu tinha consciência de* mim *nesse momento?*

Quando recordei o sofrimento no antigo emprego e o comparei com a alegria que senti no trabalho com Dan, percebi que precisava fazer algo assim outra vez, e esse algo se tornou o livro que agora você tem nas mãos. Escrever este livro foi a parte mais transformadora da minha vida profissional, pois me permitiu realinhar imensamente minhas ações diárias aos meus valores. Embora eu não saiba como o mundo vai recebê-las, me orgulho de ter registrado nestas páginas minha jornada ousada da pobreza a Harvard, até me tornar uma escritora publicada. Quando você *Alinhar* sua vida aos seus valores, é quase certo que o medo vai aparecer. Mas ser ousado não significa ser destemido. Ser ousado é ter uma vida baseada no que mais importa para você, seja o que for, e essa se torna uma das recompensas mais lindas que se pode imaginar.

Para deixar tudo amarradinho, quero encerrar este livro com outra amostra de sabedoria da minha avó, pois acho que ela possuía a receita perfeita para ter uma vida ousada. Numa das nossas muitas conversas vespertinas na hora do café, falamos sobre como a maioria das pessoas se esforça muitíssimo para evitar a mudança. Minha avó dizia que, quando as coisas mudam, há duas maneiras de reagir. Algumas pessoas se transformam numa pedra imóvel; agarram-se ao velho e, dolorosamente, combatem o novo. Se for como a pedra, você sabe do que estou falando. Pode permanecer no emprego mesmo com muito sofrimento (como eu), porque quer deixar as coisas como estão. Ou talvez esteja num relacionamento que não dá mais certo, mas insiste na relação por medo de sair por aí e recomeçar o desconfortável processo de conhecer gente nova. Ou não dá o braço a torcer numa discussão, apesar de todas as provas em contrário. Mais tarde entendi que o que minha avó chamava de "pedra" era a personificação da "evitação". No fim das contas, evitação não é o que fazemos ou deixamos de fazer; é o *porquê*. E, se seu porquê é baixar rapidamente a temperatura emocional, provavelmente você está evitando. Assim, ao descrever a pedra, minha avó estava basicamente dizendo que não importa se você reage, recua ou permanece: em todos os casos, está se recusando a mudar.

Por outro lado, dizia ela, há quem se comporte como a água na hora de lidar com a mudança. Quando surge um obstáculo no caminho, essas pessoas ficam mais flexíveis e se adaptam ao que encontram. Podem escolher contornar a pedra, passar por cima dela ou até lapidá-la por meio de ações. Não importa como escolhe se adaptar; a água continua a se mover. Afinal de contas, a água de um rio nunca está parada e muda sempre. Minha avó não estava dizendo que você deve pular de alegria ao enfrentar mudanças, mas que a flexibilidade e a adaptabilidade às mudanças tendem a trazer um resultado melhor.

Então como se tornar água em vez de pedra? O primeiro passo é sempre identificar a evitação. Embora às vezes ela seja furtiva, se você se perguntar se está ou não fazendo tal coisa para se sentir melhor *agora mesmo* e a resposta for *sim*, muito provavelmente há algum nível de evitação em andamento. Todos evitaremos de várias maneiras, mas o fato de estar fazendo alguma coisa só para se sentir melhor *no momento* é o segredo para identificar a evitação. No decorrer da vida, posso garantir que às vezes você vai evitar. E, quando o fizer, o modo como reagir vai determinar o que acontecerá em seguida. Mas, como meu padrasto costumava dizer, não se pode vencer todas as batalhas na vida, e é preciso perder algumas para vencer a guerra. Acho que foi alguém mais famoso que disse isso primeiro, mas foi ele que me ensinou a aplicar isso à minha vida, portanto lhe dou o crédito. A questão é: de vez em quando, o fracasso é necessário.

Como lembrete final: primeiro *Modificamos* nosso ponto de vista e olhamos o mundo por ângulos novos. Depois *Abordamos* o desconforto, indo na direção dele. Por fim *Alinhamos* cada uma das nossas ações a nossos valores. Quando repetimos esses passos várias vezes em diversas situações, passamos a agir como a água, até nos momentos mais difíceis da vida.

Ser água e não pedra é só outro jeito de definir uma vida ousada. Se olhar os personagens mais incríveis da história, como Martin Luther King Jr. ou Thomas Edison, você verá indivíduos que fluíram em sua época e buscaram maneiras de continuar avançando, movidos por uma missão e um propósito. Para eles, ser uma pedra presa em seu lugar enquanto a mudança acontecia em volta não era uma opção. E essa noção de vida ousada pode ser elegantemente resumida nas palavras de Oprah Winfrey: "Quando enfrenta obstáculos com gratidão, sua percepção começa a se modificar, a resistência perde poder e a graça encontra um lar dentro de você."

Pois bem, chegamos ao fim do nosso tempo juntos. Para mim a pergunta permanece: "Sou suficiente?" E, quando me pergunto isso, me inspiro em *Minha história*, as memórias de Michelle Obama, em que ela escreve: "Sou boa o bastante? Sou, sim!" Desse modo, mesmo que meu cérebro queira pensar outra coisa, para terminar minha jornada com você afirmo a mim mesma: SOU, SIM! Quanto a você, daqui para a frente, o comando é seu. Espero que algumas lições deste livro permaneçam com você pelo resto da vida e lhe deem orientação e foco quando surgirem tempos difíceis.

E, se me permite a ousadia, vou lhe oferecer algumas últimas pérolas de sabedoria. Primeira: a vida é difícil e os desafios são reais. Gostaria de dizer que você será o primeiro na história humana a evitar momentos difíceis, mas problemas são tão inevitáveis quanto o nascer do sol. E quer saber o que penso disso? Fantástico! Os tempos difíceis nos moldam e podemos usá-los para o bem. Nosso inimigo é a evitação, então fique de olho nela. Por fim, seja ousado e siga as palavras da minha sábia avó: seja a água, e não a pedra. Flua pelos obstáculos que encontrar e nunca pare de avançar rumo aos seus valores. Aconteça o que acontecer, seus valores nunca falharão.

Obrigada por ter me acompanhado nessa viagem. Desejo a você uma bela e ousada vida. Agora vá atrás dela!

AGRADECIMENTOS

Toda manhã meu filho Diego acorda e corre até meu escritório. Ouço seus pezinhos batendo no chão enquanto ele se apressa para começar o dia. Ele pula no meu colo, me abraça com força e depois se põe a "trabalhar" ao meu lado. Ele tem 5 anos e acabou de aprender o que é um mouse de computador no acampamento de verão. Assim, toda manhã quer usá-lo para virar um escritor mais eficiente. É, você leu direito: Diego me informou que também está escrevendo um livro. O capítulo de hoje se chama "Mamãe me ama". Acordei às três da madrugada para revisar este livro que você está lendo agora e, às sete, estou (muito) cansada, mais do que um pouco irritada e só meio coerente. Descobri que os seres humanos realmente precisam dormir. #ciência! Mas, assim que meu humaninho me abraça e vejo em seu rosto a empolgação que marca o início do seu dia, todo o meu desconforto se desfaz. Essas interações matinais com Diego são a melhor definição de gratidão que posso compartilhar com você. É quase como se Diego soubesse que preciso de uma pequena dose de alegria para me manter *Abordando* meu desconforto com a escrita deste livro. Sou muito grata pelo amor e pelo apoio dele e, enquanto agradeço a muitos de vocês aqui, quero que saibam que, se pudesse estar com vocês agora, lhes daria um "abraço de Diego" para garantir que também tivessem o apoio necessário em tempos difíceis.

A linha de frente doméstica: Nada acontece na minha vida que não seja explicado pelo fato de que, ao meu lado, me apoiando, me tranquilizando e enxugando minhas lágrimas, está meu marido, *David*. David, você é meu porto seguro. Sei que este livro foi muito trabalhoso para você também, e nunca serei capaz de lhe agradecer o suficiente. *Dieguito*, seus abraços, seu amor e até suas manhas muito dramáticas são tudo o que há de melhor no mundo (e inspiraram bastante este livro). Todos os dias você me faz querer ser uma pessoa melhor. *Mamãe*, embora nossas narrativas de vida sejam diferentes, nosso amor nunca mudou. Obrigada por sempre ficar ao meu lado e me dar as ferramentas de que eu precisava para me tornar quem sou. *Juliana*, sua perseverança no meio do "inferno" me inspira! Você é uma mulher poderosa e fodona! *Dona Maria Helena*, a mulher que passei a chamar de vó, gostaria que a senhora pudesse ler a versão deste livro em português. Os anos que passamos juntas transformaram minha jornada e continuarão a transformar os menos afortunados em homenagem a seu legado. Quanto ao restante da família por trás deste livro, o amor de vocês me carregou. Obrigada, *Família Elias* e *Família Zepeda*. E, é claro, obrigada a meu padrasto, *Luiz Fernando Esteves Martins*: você foi mais do que um pai para mim, mais do que um pai jamais poderia ser. Sou muito grata por seu eterno apoio, desde o começo da sua relação com minha mãe e mais ainda desde que se separaram. No decorrer dos anos, você esteve ao meu lado, como faz um pai de verdade, e por isso sou muito grata.

A linha de frente da jornada da vida: Embora esteja muito distante de uma autobiografia, a sensação que tive ao escrever este livro foi o que imagino que um escritor teria ao concluir suas memórias: a sensação de olhar o arco da vida de cima, a 10 mil metros de altura. Com esse ponto de vista, eu seria omissa se não agradecesse a pessoas fundamentais que apoiaram minha jornada. À tribo de Governador Valadares que nos apoiou no início, quando a situação era difícil: sou muito grata a cada um de vocês. Meus queridos amigos que também foram fundamentais em meu desenvolvimento: vocês sabem quem são e moram no meu coração!

A linha de frente do livro: Embora seja o ponto culminante de muitos anos de pesquisa, trabalho clínico, trabalho comunitário e experiência de vida, este livro não seria possível sem a persuasão da minha querida amiga e colega *Anna Bartuska*. Anna, sou muito grata por você ter visto em mim o que não vi. Agradeço por me obrigar a *Abordar*. Fico muito agradecida por termos feito este livro juntas. Mal posso esperar para ver como será sua jornada incrível, e estarei lá a cada passo para lhe dar apoio! *Greg White*: bombas-relógio, iguanas e coisas assim; sua capacidade de elevar minha escrita para ser digerida por seres humanos é simplesmente incrível. Espero ter você ao lado em cada livro que vier a escrever (*Viver com ousadia 2: ousados e furiosos*; *Viver com ousadia 3: + ousados, + furiosos*). *Chris West*, a clareza narrativa que você trouxe a este livro é inestimável. Você me ajudou a elucidar o formato do projeto e guiou meus passos. Obrigada! *Dan Harris*, agradeço o empurrãozinho para escrever este livro. Sei que foi só uma frase de incentivo, mas você abriu portas e me deu apoio durante o processo com gentileza e generosidade. *Mel Flashman*, o que posso dizer? Você é a melhor agente literária que eu poderia pedir. Obrigada por me levar rumo aos meus sonhos.

HarperCollins: Obrigada a todos da equipe editorial, principalmente a *Elizabeth (Biz) Mitchell* e *Ghjulia Romiti*. Obrigada por acreditarem em *Viver com ousadia* e oferecerem feedback interminável enquanto apoiavam minha jornada até o fim. Seu apoio editorial foi fundamental para garantir que este livro fosse tudo o que poderia ser.

A linha de frente profissional: Em primeiríssimo lugar, sou eternamente grata aos clientes que confiaram sua vida aos meus cuidados. Vocês me ensinaram mais sobre o mundo do que podem imaginar. Sua vulnerabilidade e sua confiança enquanto trabalhávamos juntos me inspiram humildade. Em segundo lugar, embora eu tenha contado muitas dificuldades na minha carreira acadêmica na Faculdade de Medicina de Harvard e no Hospital Geral de Massachusetts, para mim é importantíssimo agradecer às pessoas que, durante todo esse processo, ficaram ao meu lado, me deram incentivo, me permitiram crescer em meu pleno "eu latino" e elogiaram minha ousadia, mesmo nas épocas em que eu mesma não a via. Obrigada a todos vocês. *Derri Shtasel*, você foi meu verdadeiro norte pessoal e profissional nos últimos 13 anos. Tanto chorei quanto ri com você, e, em minha jornada de desenvolvimento como profissional e ser humano, você foi a âncora que me permitiu ser sempre eu. Amo você demais e não posso lhe agradecer o suficiente pela bondade. *Maurizio Fava*, você continuou a me surpreender como chefe. Em cada uma das minhas encruzilhadas em nosso departamento, você tomou a frente e lutou por justiça e igualdade sempre que necessário. Agradeço seu apoio enquanto eu escrevia este livro e também por me incentivar a usar minha própria voz, sem opressão. *Guardia Banister*, que bênção quando você chegou à minha vida! A melhor coisa que me perguntou foi: "Você está sendo sua melhor versão?" Eu não estava, e isso não era aceitável para você. Fico muito contente por você ter me inspirado a me transformar com plenitude. Também gostaria de agradecer ao programa MGH Research Scholars, que recentemente financiou boa parte do meu trabalho no treinamento de profissionais em TCC, e principalmente à Rappaport Foundation, pelo financiamento generoso do meu trabalho acadêmico no Hospital Geral de Massachusetts. Esse apoio generoso garantiu que centenas de jovens recebessem auxílio ao tratamento mental no nosso programa de treinamento. Também quero agradecer à Sra. Barbara Dalio e à equipe do CTOP, que apoiaram minha pesquisa em terapia cognitiva para levar muitas dessas habilidades a organizações que trabalham com jovens de bairros periféricos. Sua generosidade e missão de trabalho são uma inspiração para mim.

Por fim, *a aldeia do feedback:* Obrigada a todos que leram os primeiros capítulos, deram sugestões e garantiram que chegássemos a um belo original. Acho que é graças às contribuições de vocês que este livro é ótimo (ou poderia dizer excepcional?): *Derri Shtasel, Ludmilla Ferreira, Gustavo Ferreira, Jennifer Duan, Dean Travers* e *Laurel Zepeda*.

REFERÊNCIAS

INTRODUÇÃO
Sou suficiente?

1. GROSS, J. J. "Emotion Regulation: Current Status and Future Prospects". *Psychological Inquiry*, v. 26, n. 1, pp. 1-26, 2015.

2. BECK, J. S. *Cognitive Behavior Therapy: Basics and Beyond*. Nova York: Guilford Publications, 2020. HOFMANN, S. G.; ASNAANI, A., VONK, I. J.; SAWYER, A. T.; FANG, A. "The Efficacy of Cognitive Behavioral Therapy: A Review of Meta-analyses". *Cognitive Therapy and Research*, v. 36, n. 5, pp. 427-440, 2012. DAVID, D.; CRISTEA, I.; HOFMANN, S. G. "Why Cognitive Behavioral Therapy Is the Current Gold Standard of Psychotherapy". *Frontiers in Psychiatry*, v. 4, 2018.

CAPÍTULO 1
A ansiedade dói, mas não é ela que nos paralisa

1. POWER, J. D.; COHEN, A. L.; NELSON, S. M.; WIG, G. S.; BARNES, K. A.; CHURCH, J. A.; VOGEL, A. C.; LAUMANN, T. O.; MIEZIN, F. M.; SCHLAGGAR, B. L.; PETERSEN, S. E. "Functional Network Organization of the Human Brain". *Neuron*, v. 72, n. 4, pp. 665-678, 2011. Disponível em: https://doi.org/10.1016/j.neuron.2011.09.006.

2. HUTCHINSON, J. B.; BARRETT, L. F. "The Power of Predictions: An Emerging Paradigm for Psychological Research". *Current Directions in Psycho-*

logical Science, v. 28, n. 3, pp. 280-291, 2019. Disponível em: https://doi.org/10.1177/0963721419831992.

3. OCHSNER, K. N.; GROSS, J. J. "The Neural Bases of Emotion and Emotion Regulation: A Valuation Perspective". *In*: GROSS, J. J. (Org.). *Handbook of Emotion Regulation*. 2. ed. Nova York: Guilford Press, 2014.

4. Pesquisas recentes identificaram redes neurais complexas associadas ao processamento de emoções. No entanto, a amígdala continua a ser uma das principais regiões ativadas no processamento, na expressão e na regulação de emoções. Ver LINDQUIST, K. A.; WAGER, T. D.; KOBER, H.; BLISS-MOREAU, E; BARRETT, L. F. "The Brain Basis of Emotion: A Meta-analytic Review". *The Behavioral and Brain Sciences*, v. 35, n. 3, pp. 121-143, 2012. Disponível em: https://doi.org/10.1017/S0140525X11000446.

5. FRIEDMAN, N. P.; ROBBINS, T. W. "The Role of Prefrontal Cortex in Cognitive Control and Executive Function". *Neuropsychopharmacology*, v. 47, n. 1, pp. 72-89, 2022. HARIRI, A. R. "The Corticolimbic Circuit for Recognition and Reaction". *In*: *Looking Inside the Disordered Brain: An Introduction to the Functional Neuroanatomy of Psychopathology*. Sunderland, Massachusetts: Sinauer Associates, 2015.

6. BISHOP, S.; DUNCAN, J.; BRETT, M.; LAWRENCE, A. D. "Prefrontal Cortical Function and Anxiety: Controlling Attention to Threat-Related Stimuli". *Nature Neuroscience*, v. 7, n. 2, pp. 184-188, 2004. Disponível em: https://doi.org/10.1038/nn1173. BISHOP, S. J.; DUNCAN, J.; LAWRENCE, A. D. "State Anxiety Modulation of the Amygdala Response to Unattended Threat-Related Stimuli". *The Journal of Neuroscience: The Official Journal of the Society for Neuroscience*, v. 24, n. 46, pp. 10364-10368, 2004. Disponível em: https://doi.org/10.1523/JNEUROSCI.2550-04.2004.

CAPÍTULO 2

O superpoder que você não sabia que tinha

1. DAVID, CRISTEA e HOFMANN. "Why Cognitive Behavioral Therapy".

2. HOFMANN *et al.* "The Efficacy of Cognitive Behavioral Therapy".

3. JOYCE, S.; SHAND, F.; TIGHE, J.; LAURENT, S. J.; BRYANT, R. A.; HARVEY,

S. B. "Road to Resilience: A Systematic Review and Meta-analysis of Resilience Training Programmes and Interventions". *BMJ Open*, v. 8, n. 6, e017858, 2018.

4. LINEHAN, M. M. *Cognitive-Behavioral Treatment of Borderline Personality Disorder*. Nova York: Guilford Publications, 2018.

5. HAYES, S. C.; STROSAHL, K. D.; WILSON, K. G. *Acceptance and Commitment Therapy*. Washington, D.C.: American Psychological Association, 2009.

6. BECK, A. T.; WEISHAAR, M. "Cognitive Therapy". *In*: FREEMAN, A. *et al.* (Org.). *Comprehensive Handbook of Cognitive Therapy*. Nova York: Springer, 1989. pp. 21-36.

7. RESICK, P. A.; MONSON, C. M.; CHARD, K. M. *Cognitive Processing Therapy for PTSD: A Comprehensive Manual*. Nova York: Guilford Publications, 2016.

8. BECK. *Cognitive Behavior Therapy*.

9. MARQUES, L.; LEBLANC, N. J.; BARTUSKA, A. D.; KAYSEN, D.; JEONG YOUN, S. "TEB Skills: Empower Youth and Build Resilient Communities Through Skills That Impact Thoughts, Emotions, and Behaviors". 2020. Disponível em: www.flipsnack.com/655ADEDD75E/teb-skills/full-view.html.

10. GHASHGHAEI, H. T.; HILGETAG, C. C.; BARBAS, H. "Sequence of Information Processing for Emotions Based on the Anatomic Dialogue Between Prefrontal Cortex and Amygdala". *Neuroimage*, v. 34, n. 3, pp. 905-923, 2007. MOTZKIN, J. C.; PHILIPPI, C. L.; WOLF, R. C.; BASKAYA, M. K.; KOENIGS, M. "Ventromedial Prefrontal Cortex Is Critical for the Regulation of Amygdala Activity in Humans". *Biological Psychiatry*, v. 77, n. 3, p. 276-284, 2007.

11. OCHSNER, K. N.; KNIERIM, K.; LUDLOW, D. H.; HANELIN, J.; RAMA-CHANDRAN, T.; GLOVER, G.; MACKEY, S. C. "Reflecting upon Feelings: An fMRI Study of Neural Systems Supporting the Attribution of Emotion to Self and Other". *Journal of Cognitive Neuroscience*, v. 16, n. 10, pp. 1746-1772, 2004.

CAPÍTULO 3

Tagarelice mental: recuar como estratégia de evitação

1. LEONHARDT, M. "60% of Women Say They've Never Negotiated Their Salary — and Many Quit Their Job Instead". *Make It*, 31 jan. 2020. Disponível em:

www.cnbc.com/2020/01/31/women-more-likely-to-change-jobs-to-get-pay-
-increase.html.

2. ARTZ, B.; GOODALL, A.; OSWALD, A. J. "Women Ask for Raises as Often as Men, but Are Less Likely to Get Them". *Harvard Business Review*, 25 jun. 2018. Disponível em: https://hbr.org/2018/06/research-women-ask-for-raises-as-often-as-men-but-are-less-likely-to-get-them.

3. KUGLER, K. G.; REIF, J. A.; KASCHNER, T.; BRODBECK F. C. "Gender Differences in the Initiation of Negotiations: A Meta-analysis". *Psychological Bulletin*, v. 144, n. 2, p. 198, 2018. Disponível em: https://doi.org/10.1037/bul0000135.

4. BARROSO, A.; BROWN, A. "Gender Pay Gap in US Held Steady in 2020". *Pew Research Center*, 25 mai. 2021. Disponível em: www.pewresearch.org/fact-tank/2021/05/25/gender-pay-gap-facts.

5. KUGLER *et al.* "Gender Differences in the Initiation of Negotiations". KOCHHAR, R. "Women's Lead in Skills and Education Is Helping Narrow the Gender Wage Gap". *Pew Research Center*, 30 jan. 2020. Disponível em: www.pewresearch.org/social-trends/2020/01/30/womens-lead-in-skills-and-education-is-helping-narrow-the-gender-wage-gap.

6. WEGNER, D. M.; SCHNEIDER, D. J.; CARTER, S. R.; WHITE, T. L. "Parado-xical Effects of Thought Suppression". *Journal of Personality and Social Psychology*, v. 53, n. 1, p. 5, 1987.

7. RISO, L. P.; DU TOIT, P. L.; STEIN, D. J.; YOUNG, J. E. *Cognitive Schemas and Core Beliefs in Psychological Problems: A Scientist-Practitioner Guide*. Washington, D.C.: American Psychological Association, 2007, pp. xi-240.

CAPÍTULO 4
O cérebro como máquina preditiva defeituosa

1. HUTCHINSON, J. B.; BARRETT, L. F. "The Power of Predictions: An Emerging Paradigm for Psychological Research". *Current Directions in Psychological Science*, v. 28, n. 3, pp. 280-291, 2019. Disponível em: https://doi.org/10.1177/0963721419831992.

2. AXELROD, R. "Schema Theory: An Information Processing Model of Perception and Cognition". *American Political Science Review*, v. 67, n. 4, pp. 1248-1266, 1973.

3. HARMON-JONES, E.; MILLS, J. "An Introduction to Cognitive Dissonance Theory and an Overview of Current Perspectives on the Theory". *In*: HARMON-JONES, E. (Org.). *Cognitive Dissonance: Reexamining a Pivotal Theory in Psychology*. Washington: American Psychological Association, 2019. Disponível em: https://doi.org/10.1037/0000135-001.

4. OSWALD, M. E.; GROSJEAN, S. "Confirmation Bias". *Cognitive Illusions: A Handbook on Fallacies and Biases in Thinking, Judgement and Memory*, v. 83, p. 79, ago. 2004.

5. KAPPES, A.; HARVEY, A. H.; LOHRENZ, T.; MONTAGUE, P. R.; SHAROT, T. "Confirmation Bias in the Utilization of Others' Opinion Strength". *Nature Neuroscience*, v. 23, n. 1, pp. 130-137, 2020.

6. FRISTON, K. "The Free-Energy Principle: A Unified Brain Theory?". *Nature Reviews Neuroscience*, v. 11, n. 2, pp. 127-138, 2010. Disponível em: https://doi.org/10.1038/nrn2787. FRISTON, K.; FITZGERALD, T.; RIGOLI, F.; SCHWARTENBECK, P.; PEZZULO, G. "Active Inference: A Process Theory". *Neural Computation*, v. 29, n. 1, pp. 1-49, 2017. Disponível em: https://doi.org/10.1162/NECO_a_00912.

7. KAPLAN, J. T.; GIMBEL, S. I.; HARRIS, S. "Neural Correlates of Maintaining One's Political Beliefs in the Face of Counterevidence". *Scientific Reports*, v. 6, n. 1, pp. 1-11, 2016.

8. WEST, R. F.; MESERVE, R. J.; STANOVICH, K. E. "Cognitive Sophistication Does Not Attenuate the Bias Blind Spot". *Journal of Personality and Social Psychology*, v. 103, n. 3, pp. 506-519, 2012. Disponível em: https://doi.org/10.1037/a0028857.

9. GRANT, A. *Pense de novo: O poder de saber o que você não sabe*. Rio de Janeiro: Sextante, 2021.

CAPÍTULO 5
Modificar para superar a evitação

1. CLARK, D. A. "Cognitive Restructuring". *In*: DOZOIS, D. J. A.; SMITS, J. A. J.; HOFMANN, S. G.; RIEF, W. (Org.). *The Wiley Handbook of Cognitive Behavioral Therapy*. Hoboken, Nova Jersey: Wiley, 2013. pp. 1-22.

2. BECK, A. T. "The Current State of Cognitive Therapy: A 40-Year Retrospective". *Archives of General Psychiatry*, v. 62, n. 9, pp. 953-959, 2005.

3. VAN BERGEN, D. D.; WILSON, B. D.; RUSSELL, S. T.; GORDON, A. G.; ROTHBLUM, E. D. "Parental Responses to Coming Out by Lesbian, Gay, Bisexual, Queer, Pansexual, or Two-Spirited People Across Three Age Cohorts". *Journal of Marriage and Family*, v. 83, n. 4, pp. 1116-1133, 2021.

4. RYAN, W. S.; LEGATE, N.; WEINSTEIN, N. "Coming Out as Lesbian, Gay, or Bisexual: The Lasting Impact of Initial Disclosure Experiences". *Self and Identity*, v. 14, n. 5, pp. 549-569, 2015.

5. JOHNCO, C.; WUTHRICH, V. M.; RAPEE, R. M. "The Role of Cognitive Flexibility in Cognitive Restructuring Skill Acquisition Among Older Adults". *Journal of Anxiety Disorders*, v. 27, n. 6, pp. 576-584, 2013.

6. DAJANI, D. R.; UDDIN, L. Q. "Demystifying Cognitive Flexibility: Implications for Clinical and Developmental Neuroscience". *Trends in Neurosciences*, v. 38, n. 9, pp. 571-578, 2015. Disponível em: https://doi.org/10.1016/j.tins.2015.07.003.

7. COLÉ, P.; DUNCAN, L. G.; BLAYE, A. "Cognitive Flexibility Predicts Early Reading Skills". *Frontiers in Psychology*, v. 5, p. 565, 2014.

8. GENET, J. J.; SIEMER, M. "Flexible Control in Processing Affective and Non-affective Material Predicts Individual Differences in Trait Resilience". *Cognition and Emotion*, v. 25, n. 2, pp. 380-388, 2011.

9. LIN, W. L.; TSAI, P. H.; LIN, H. Y.; CHEN, H. C. "How Does Emotion Influence Different Creative Performances? The Mediating Role of Cognitive Flexibility". *Cognition & Emotion*, v. 28, n. 5, pp. 834-844, 2014.

10. DAVIS, J. C.; MARRA, C. A.; NAJAFZADEH, M.; LIU-AMBROSE, T. "The Independent Contribution of Executive Functions to Health Related Quality of Life in Older Women". *BMC Geriatrics*, v. 10, n. 1, pp. 1-8, 2010.

CAPÍTULO 6
Panela de pressão: reagir como estratégia de evitação

1. PERRY, J. "Structured Procrastination". Disponível em: structuredprocrastination.com. Acesso em: 19 out. 2022.

2. SULS, J.; MARTIN, R.; WHEELER, L. "Social Comparison: Why, with Whom, and with What Effect?". *Current Directions in Psychological Science*, v. 11, n. 5, pp. 159-163, 2002.

3. ROBINSON, A.; BONNETTE, A.; HOWARD, K.; CEBALLOS, N.; DAILEY, S.; LU, Y.; GRIMES, T. "Social Comparisons, Social Media Addiction, and Social Interaction: An Examination of Specific Social Media Behaviors Related to Major Depressive Disorder in a Millennial Population". *Journal of Applied Biobehavioral Research*, v. 24, n. 1, e12158, 2019.

4. ESCOBAR-VIERA, C. G.; SHENSA, A.; BOWMAN, N. D.; SIDANI, J. E.; KNIGHT, J.; JAMES, A. E.; PRIMACK, B. A. "Passive and Active Social Media Use and Depressive Symptoms Among United States Adults". *Cyberpsychology, Behavior, and Social Networking*, v. 21, n. 7, pp. 437-443, 2018. BURNELL, K.; GEORGE, M. J.; VOLLET, J. W.; EHRENREICH, S. E.; UNDERWOOD, M. K. "Passive Social Networking Site Use and Well-Being: The Mediating Roles of Social Comparison and the Fear of Missing Out". *Cyberpsychology: Journal of Psychosocial Research on Cyberspace*, v. 13, n. 3, 2019.

5. HOLLAND, G.; TIGGEMANN, M. "A Systematic Review of the Impact of the Use of Social Networking Sites on Body Image and Disordered Eating Outcomes". *Body Image*, v. 17, pp. 100-110, 2016.

6. BOOKER, C. L.; KELLY, Y. J.; SACKER, A. "Gender Differences in the Associations Between Age Trends of Social Media Interaction and Well-Being Among 10-15 Year Olds in the UK". *BMC Public Health*, v. 18, n. 1, pp. 1-12, 2018.

7. KANG, J.; WEI, L. "Let Me Be at My Funniest: Instagram Users' Motivations for Using Finsta (aka, Fake Instagram)". *The Social Science Journal*, v. 57, n. 1, pp. 58-71, 2020.

8. SILVER, L. "Smartphone Ownership Is Growing Rapidly Around the World, but Not Always Equally". *Pew Research Center*, 5 fev. 2019. Disponível em: www.pewresearch.org/global/2019/02/05/smartphone-ownership-is-growing-rapidly-around-the-world-but-not-always-equally.

9. TURNER, J. "Are There Really More Mobile Phone Owners than Toothbrush Owners?". LinkedIn, 10 abr. 2016. Disponível em: www.linkedin.com/pulse/really-more-mobile-phone-owners-than-toothbrush-jamie-turner.

10. ELHAI, J. D.; DVORAK, R. D.; LEVINE, J. C.; HALL, B. J. "Problematic Smartphone Use: A Conceptual Overview and Systematic Review of Relations with Anxiety and Depression Psychopathology". *Journal of Affective Disorders*, v. 207, pp. 251-259, 2017.

11. HOOKER, E. D.; CAMPOS, B.; PRESSMAN, S. D. "It Just Takes a Text: Partner Text Messages Can Reduce Cardiovascular Responses to Stress in Females". *Computers in Human Behavior*, v. 84, pp. 485-492, 2018.

12. FAUL, L.; STJEPANOVIĆ, D.; STIVERS, J. M.; STEWART, G. W.; GRANER, J. L.; MOREY, R. A.; LaBAR, K. S. "Proximal Threats Promote Enhanced Acquisition and Persistence of Reactive Fear-Learning Circuits". *Proceedings of the National Academy of Sciences*, v. 117, n. 28, pp. 16678-16689, 2020.

13. BOOTH, J.; IRELAND, J. L.; MANN, S.; ESLEA, M.; HOLYOAK, L. "Anger Expression and Suppression at Work: Causes, Characteristics and Predictors". *International Journal of Conflict Management*, v. 28, n. 3, pp. 368-382, 2017.

14. ABADI, D.; ARNALDO, I.; FISCHER, A. "Anxious and Angry: Emotional Responses to the COVID-19 Threat". *Frontiers in Psychology*, p. 3516, 2021.

15. BAYRAK, N. G.; UZUN, S.; KULAKAÇ, N. "The Relationship Between Anxiety Levels and Anger Expression Styles of Nurses During COVID-19 Pandemic". *Perspectives in Psychiatric Care*, v. 57, n. 4, pp. 1829-1837, 2021.

CAPÍTULO 7

A ciência por trás da sua cabeça quente

1. BLAKEMORE, S. J. "Imaging Brain Development: The Adolescent Brain". *Neuroimage*, v. 61, n. 2, pp. 397-406, 2021.

2. CASEY, B. J.; HELLER, A. S.; GEE, D. G.; COHEN, A. O. "Development of the Emotional Brain". *Neuroscience Letters*, v. 693, pp. 29-34, 2019. Disponível em: https://doi.org/10.1016/j.neulet.2017.11.055.

3. COHEN, A. O.; BREINER, K.; STEINBERG, L.; BONNIE, R. J.; SCOTT, E. S.;

TAYLOR-THOMPSON, K.; CASEY, B. K. "When Is an Adolescent an Adult? Assessing Cognitive Control in Emotional and Nonemotional Contexts". *Psychological Science*, v. 27, n. 4, pp. 549-562, 2016.

4. CISLER, J. M.; OLATUNJI, B. O.; FELDNER, M. T.; FORSYTH, J. P. "Emotion Regulation and the Anxiety Disorders: An Integrative Review". *Journal of Psychopathology and Behavioral Assessment*, v. 32, n. 1, pp. 68-82, 2010. Disponível em: https://doi.org/10.1007/s10862-009-9161-1.

5. MORRIS, A. S.; CRISS, M. M.; SILK, J. S.; HOULTBERG, B. J. "The Impact of Parenting on Emotion Regulation During Childhood and Adolescence". *Child Development Perspectives*, v. 11, n. 4, pp. 233-238, 2017.

6. CROWELL, S. E.; PUZIA, M. E.; YAPTANGCO, M. "The Ontogeny of Chronic Distress: Emotion Dysregulation Across the Life Span and Its Implications for Psychological and Physical Health". *Current Opinion in Psychology*, v. 3, pp. 91-99, 2015. TANI, F.; PASCUZZI, D.; RAFFAGNINO, R. "Emotion Regulation and Quality of Close Relationship: The Effects of Emotion Dysregulation Processes on Couple Intimacy". *BPA: Applied Psychology Bulletin (Bollettino di Psicologia Applicata)*, v. 272, n. 63, pp. 3-15, 2015.

7. SMYTH, A.; O'DONNELL, M.; HANKEY, G. J.; RANGARAJAN, S.; LOPEZ-JARAMILLO, P.; XAVIER, D.; ZHANG, H.; CANAVAN, M.; DAMASCENO, A.; LANGHORNE, P.; AVEZUM, A.; POGOSOVA, N.; OGUZ, A.; YUSUF, S.; investigadores do INTERSTROKE. "Anger or Emotional Upset and Heavy Physical Exertion as Triggers of Stroke: The INTERSTROKE Study". *European Heart Journal*, v. 43, n. 3, pp. 202-209, 2022.

8. SMYTH *et al.* "Anger or Emotional Upset".

9. GRUHN, M. A.; COMPAS, B. E. "Effects of Maltreatment on Coping and Emotion Regulation in Childhood and Adolescence: A Meta-analytic Review". *Child Abuse & Neglect*, v. 103, p. 104446, 2020.

10. McLAUGHLIN, K. A.; PEVERILL, M.; GOLD, A. L.; ALVES, S.; SHERIDAN, M. A. "Child Maltreatment and Neural Systems Underlying Emotion Regulation". *Journal of the American Academy of Child & Adolescent Psychiatry*, v. 54, n. 9, pp. 753-762, 2015.

11. FELITTI, V. J.; ANDA, R. F.; NORDENBERG, D.; WILLIAMSON, D. F.; SPITZ, A. M.; EDWARDS, V.; MARKS, J. S. "Relationship of Childhood Abuse and Household Dysfunction to Many of the Leading Causes of Death in Adults: The

Adverse Childhood Experiences (ACE) Study". *American Journal of Preventive Medicine*, v. 14, n. 4, pp. 245-258, 1998.

12. "Fast Facts: Preventing Adverse Childhood Experiences". *Centers for Disease Control and Prevention*, última revisão em 6 abr. 2022. Disponível em: www.cdc.gov/violenceprevention/aces/fastfact.html.

13. "Adverse Childhood Experiences Resources". *Centers for Disease Control and Prevention*, última revisão em 6 abr. 2022. Disponível em: www.cdc.gov/violenceprevention/aces/resources.html.

14. DUBE, S. R.; FELITTI, V. J.; DONG, M.; CHAPMAN, D. P.; GILES, W. H.; ANDA, R. F. "Childhood Abuse, Neglect, and Household Dysfunction and the Risk of Illicit Drug Use: The Adverse Childhood Experiences Study". *Pediatrics*, v. 111, n. 3, pp. 564-572, 2003.

15. HUGHES, K.; BELLIS, M. A.; HARDCASTLE, K. A.; SETHI, D.; BUTCHART, A.; MIKTON, C.; JONES, L.; DUNNE, M. P. "The Effect of Multiple Adverse Childhood Experiences on Health: A Systematic Review and Meta-analysis". *The Lancet*, v. 2, e356-e366, 2017.

16. HERZOG, J. I.; SCHMAHL, C. "Adverse Childhood Experiences and the Consequences on Neurobiological, Psychosocial, and Somatic Conditions Across the Lifespan". *Frontiers in Psychiatry*, v. 9, p. 420, 2018.

17. MacMANUS, D.; RONA, R.; DICKSON, H.; SOMAINI, G.; FEAR, N.; WESSELY, S. "Aggressive and Violent Behavior Among Military Personnel Deployed to Iraq and Afghanistan: Prevalence and Link with Deployment and Combat Exposure". *Epidemiologic Reviews*, v. 37, n. 1, pp. 196-212, 2015.

18. FAUL *et al.* "Proximal Threats".

19. MELOURY, J.; SIGNAL, T. "When the Plate Is Full: Aggression Among Chefs". *International Journal of Hospitality Management*, v. 41, pp. 97-103, 2014.

20. SANDI, C.; HALLER, J. "Stress and the Social Brain: Behavioural Effects and Neurobiological Mechanisms". *Nature Reviews Neuroscience*, v. 16, n. 5, pp. 290-304, 2015.

21. SIEVER, L. J. "Neurobiology of Aggression and Violence". *American Journal of Psychiatry*, v. 165, n. 4, pp. 429-442, 2008.

22. FAUL *et al.* "Proximal Threats".

23. BAUMEISTER, R. F.; LEARY, M. R. "The Need to Belong: Desire for Interper-

sonal Attachments as a Fundamental Human Motivation". *Psychological Bulletin*, v. 117, n. 3, pp. 497-529, 1995.

24. SLAVICH, G. M. "Social Safety Theory: A Biologically Based Evolutionary Perspective on Life Stress, Health, and Behavior". *Annual Review of Clinical Psychology*, v. 16, pp. 265-295, 2020. Disponível em: https://doi.org/10.1146/annurev-clinpsy-032816-045159.

25. STILLMAN, T. F.; BAUMEISTER, R. F. "Uncertainty, Belongingness, and Four Needs for Meaning". *Psychological Inquiry*, v. 20, n. 4, pp. 249-251, 2009.

26. BAUMEISTER, R. F.; DeWALL, C. N.; CIAROCCO, N. J.; TWENGE, J. M. "Social Exclusion Impairs Self-Regulation". *Journal of Personality and Social Psychology*, v. 88, n. 4, pp. 589-604, 2005. Disponível em: https://doi.org/10.1037/0022-3514.88.4.589.

27. BEGEN, F. M.; TURNER-COBB, J. M. "Benefits of Belonging: Experimental Manipulation of Social Inclusion to Enhance Psychological and Physiological Health Parameters". *Psychology & Health*, v. 30, n. 5, pp. 568-582, 2015. RENN, R.; ALLEN, D.; HUNING, T. "The Relationship of Social Exclusion at Work with Self-Defeating Behavior and Turnover". *Journal of Social Psychology*, v. 153, n. 2, pp. 229-249, 2013. HAYMAN Jr., L. W.; McINTYRE, R. B.; ABBEY, A. "The Bad Taste of Social Ostracism: The Effects of Exclusion on the Eating Behaviors of African-American Women". *Psychology & Health*, v. 30, n. 5, pp. 518-533, 2015.

28. FIELD, J.; POND, R. "How Adoption Affects the Experience of Adult Intimate Relationships and Parenthood: A Systematic Review". *New Zealand Journal of Counselling*, v. 38, n. 2, 2018. FEENEY, J. A.; PASSMORE, N. L.; PETERSON, C. C. "Adoption, Attachment, and Relationship Concerns: A Study of Adult Adoptees". *Personal Relationships*, v. 14, n. 1, pp. 129-147, 2018.

29. BEESDO-BAUM, K.; JENJAHN, E.; HÖFLER, M.; LUEKEN, U.; BECKER, E. S.; HOYER, J. "Avoidance, Safety Behavior, and Reassurance Seeking in Generalized Anxiety Disorder". *Depression and Anxiety*, v. 29, n. 11, pp. 948-957, 2012.

30. SHAVER, P. R.; SCHACHNER, D. A.; MIKULINCER, M. "Attachment Style, Excessive Reassurance Seeking, Relationship Processes, and Depression". *Personality and Social Psychology Bulletin*, v. 31, n. 3, pp. 343-359, 2005.

31. LEVINE, A.; HELLER, R. *Maneiras de amar: Como a ciência do apego adulto pode ajudar você a encontrar – e manter – o amor*. Rio de Janeiro: Sextante, 2021.

32. CANDEL, O. S.; TURLIUC, M. N. "Insecure Attachment and Relationship Satisfaction: A Meta-analysis of Actor and Partner Associations". *Personality and Individual Differences*, v. 147, pp. 190-199, 2019.

33. POWER, J. D.; SCHLAGGAR, B. L. "Neural Plasticity Across the Lifespan". *Wiley Interdisciplinary Reviews: Developmental Biology*, v. 6, n. 1, e216, 2017.

34. BRADY, B.; KNEEBONE, I. I.; DENSON, N.; BAILEY, P. E. "Systematic Review and Meta-analysis of Age-Related Differences in Instructed Emotion Regulation Success". *PeerJ*, v. 6, e6051, 2018.

35. VALENTINE, S. E.; AHLES, E. M.; DIXON DE SILVA, L. E.; PATRICK, K. A.; BALDWIN, M.; CHABLANI-MEDLEY, A.; SHTASEL, D. L.; MARQUES, L. "Community-Based Implementation of a Paraprofessional-Delivered Cognitive Behavioral Therapy Program for Youth Involved with the Criminal Justice System". *Journal of Health Care for the Poor and Underserved*, v. 30, n. 2, pp. 841-865, 2019. Disponível em: https://doi.org/10.1353/hpu.2019.0059.

36. VALENTINE *et al.* "Community-Based Implementation".

37. MARQUES, L.; YOUN, S. J.; ZEPEDA, E. D.; CHABLANI-MEDLEY, A.; BARTUSKA, A. D.; BALDWIN, M.; SHTASEL, D. L. "Effectiveness of a Modular Cognitive-Behavioral Skills Curriculum in High-Risk Justice-Involved Youth". *The Journal of Nervous and Mental Disease*, v. 208, n. 12, pp. 925-932, 2020.

CAPÍTULO 8

Um lance que muda o jogo

1. BECK. *Cognitive Behavior Therapy*.

2. LINEHAN, M. M. *Dialectical Behavior Therapy in Clinical Practice*. Nova York: Guilford Publications, 2020. DUNKLEY, C. *Regulating Emotion the DBT Way: A Therapist's Guide to Opposite Action*. Nova York: Routledge, 2020.

3. LEVINE e HELLER. *Maneiras de amar*.

4. COMPERNOLLE, S.; DeSMET, A.; POPPE, L.; CROMBEZ, G.; DE BOURDEAUDHUIJ, I.; CARDON, G.; VAN DYCK, D. "Effectiveness of Interventions Using Self-Monitoring to Reduce Sedentary Behavior in Adults: A Systematic Review and Meta-analysis". *International Journal of Behavioral Nutrition and Physical Activity*, v. 16, n. 1, pp. 1-16, 2019.

5. LINEHAN. *Dialectical Behavior Therapy*.

6. BEN-PORATH, D.; DUTHU, F.; LUO, T.; GONIDAKIS, F.; COMPTE, E. J.; WISNIEWSKI, L. "Dialectical Behavioral Therapy: An Update and Review of the Existing Treatment Models Adapted for Adults with Eating Disorders". *Eating Disorders*, v. 28, n. 2, pp. 101-121, 2020.

7. FRAZIER, S. N.; VELA, J. "Dialectical Behavior Therapy for the Treatment of Anger and Aggressive Behavior: A Review". *Aggression and Violent Behavior*, v. 19, n. 2, pp. 156-163, 2014.

8. WARNER, N.; MURPHY, M. "Dialectical Behaviour Therapy Skills Training for Individuals with Substance Use Disorder: A Systematic Review". *Drug and Alcohol Review*, v. 41, n. 2, pp. 501-516, 2022.

9. McCAULEY, E.; BERK, M. S.; ASARNOW, J. R.; ADRIAN, M.; COHEN, J.; KORSLUND, K.; LINEHAN, M. M. "Efficacy of Dialectical Behavior Therapy for Adolescents at High Risk for Suicide: A Randomized Clinical Trial". *JAMA Psychiatry*, v. 75, n. 8, pp. 777-785, 2018.

10. LYNCH, T. R.; MORSE, J. Q.; MENDELSON, T.; ROBINS, C. J. "Dialectical Behavior Therapy for Depressed Older Adults: A Randomized Pilot Study". *The American Journal of Geriatric Psychiatry*, v. 11, n. 1, pp. 33-45, 2003.

11. DYMOND, S. "Overcoming Avoidance in Anxiety Disorders: The Contributions of Pavlovian and Operant Avoidance Extinction Methods". *Neuroscience and Biobehavioral Reviews*, v. 98, pp. 61-70, 2019. Disponível em: https://doi.org/10.1016/J.NEUBIOREV.2019.01.007.

12. EKMAN, P.; DAVIDSON, R. J.; FRIESEN, W. V. "The Duchenne Smile: Emotional Expression and Brain Physiology: II". *Journal of Personality and Social Psychology*, v. 58, n. 2, p. 342, 1990.

13. EKMAN, DAVIDSON e FRIESEN. "The Duchenne Smile".

14. GARDNER, F. L.; MOORE, Z. E. "Understanding Clinical Anger and Violence: The Anger Avoidan   odel". *Behavior Modification*, v. 32, n. 6, pp. 897-912, 2008.

15. JUNGMANN, M.; VENCATACHELLUM, S.; VAN RYCKEGHEM, D.; VÖGELE, C. "Effects of Cold Stimulation on Cardiac-Vagal Activation in Healthy Participants: Randomized Controlled Trial". *JMIR Formative Research*, v. 2, n. 2, e10257, 2018. Disponível em: https://doi.org/10.2196/10257.

CAPÍTULO 9

Não sei se vou ou se fico: permanecer como estratégia de evitação

1. HAYES, STROSAHL e WILSON. *Acceptance and Commitment Therapy*.

2. REILLY, E. D.; RITZERT, T. R.; SCOGLIO, A. A.; MOTE, J.; FUKUDA, S. D.; AHERN, M. E.; KELLY, M. M. "A Systematic Review of Values Measures in Acceptance and Commitment Therapy Research". *Journal of Contextual Behavioral Science*, v. 12, pp. 290-304, 2019. WILSON, K. G.; MURRELL, A. R. "Values Work in Acceptance and Commitment Therapy". *Mindfulness and Acceptance: Expanding the Cognitive-Behavioral Tradition*, pp. 120-151, 2004.

3. SCHWARTZ, S. H.; CIECIUCH, J.; VECCHIONE, M.; DAVIDOV, E.; FISCHER, R.; BEIERLEIN, C.; RAMOS, A.; VERKASALO, M.; LÖNNQVIST, J.-E.; DEMIRUTKU, K.; DIRILEN-GUMUS, O.; KONTY, M. "Refining the Theory of Basic Individual Values". *Journal of Personality and Social Psychology*, v. 103, n. 4, pp. 663-688, 2012.

4. GLOSTER, A. T.; WALDER, N.; LEVIN, M. E.; TWOHIG, M. P.; KAREKLA M. "The Empirical Status of Acceptance and Commitment Therapy: A Review of Meta-analyses". *Journal of Contextual Behavioral Science*, v. 18, pp. 181-192, 2020.

5. "Stress Effects on the Body". *American Psychological Association*, 1º nov 2018. Disponível em: www.apa.org/topics/stress/body.

6. RUSS, T. C.; STAMATAKIS, E.; HAMER, M.; STARR, J. M.; KIVIMÄKI, M.; BATTY, G. D. "Association Between Psychological Distress and Mortality: Individual Participant Pooled Analysis of 10 Prospective Cohort Studies". *BMJ*, v. 345, 2012.

7. GUSEVA CANU, I.; MARCA, S. C.; DELL'ORO, F.; BALÁZS, Á.; BERGAMASCHI, E.; BESSE, C.; BIANCHI, R.; BISLIMOVSKA, J.; KOSCEC BJELAJAC, A.; BUGGE, M.; BUSNEAG, C. I.; ÇAĞLAYAN, Ç.; CERNIȚANU, M.; COSTA PEREIRA, C.; DERNOVŠČEK HAFNER, N.; DROZ, N.; EGLITE, M.; GODDERIS, L.; GÜNDEL, H.; HAKANEN, J. J.; WAHLEN, A. "Harmonized Definition of Occupational Burnout: A Systematic Review, Semantic Analysis, and Delphi Consensus in 29 Countries". *Scandinavian Journal of Work, Environment & Health*, v. 47, n. 2, pp. 95-107, 2021. Disponível em: https://doi.org/10.5271/sjweh.3935.

8. "Burn-out an 'Occupational Phenomenon': International Classification of Diseases". *World Health Organization*, 28 mai. 2019. Disponível em: www.who.int/news/item/28-05-2019-burn-out-an-occupational-phenomenon-international-classification-of-diseases. MASLACH, C.; JACKSON, S. E.; LEITER, M. P. "Maslach Burnout Inventory: 3rd ed". *In*: ZALAQUETT, C. P.; WOOD, R. J. (Org.). *Evaluating Stress: A Book of Resources*. Lanham, Maryland: Scarecrow Education, 1997. pp. 191-218.

9. "Employee Burnout Is Ubiquitous, Alarming – and Still Underreported". *McKinsey & Company*, 16 abr. 2021. Disponível em: www.mckinsey.com/featured-insights/coronavirus-leading-through-the-crisis/charting-the-path-to-the-next-normal/employee-burnout-is-ubiquitous-alarming-and-still-underreported.

10. "Workplace Burnout Survey". *Deloitte*. Disponível em: www2.deloitte.com/us/en/pages/about-deloitte/articles/burnout-survey.html. Acesso em: 19 out. 2022.

CAPÍTULO 10
Mas por que fico?

1. LINEHAN, M. M. *Skills Training Manual for Treating Borderline Personality Disorder*. Nova York: Guilford Press, 1993.

2. BROWN, S. M.; MANUCK, S. B.; FLORY, J. D.; HARIRI, A. R. "Neural Basis of Individual Differences in Impulsivity: Contributions of Corticolimbic Circuits for Behavioral Arousal and Control". *Emotion*, Washington, DC, v. 6, n. 2, pp. 239-245, 2006. Disponível em: https://doi.org/10.1037/1528-3542.6.2.239.

3. DAWE, S.; LOXTON, N. J. "The Role of Impulsivity in the Development of Substance Use and Eating Disorders". *Neuroscience & Biobehavioral Reviews*, v. 28, n. 3, pp. 343-351, 2004. PRONK, T. M.; KARREMANS, J. C.; WIGBOLDUS, D. H. J. "How Can You Resist? Executive Control Helps Romantically Involved Individuals to Stay Faithful". *Journal of Personality and Social Psychology*, v. 100, n. 5, pp. 827-837, 2011. Disponível em: https://doi.org/10.1037/a0021993.

4. WIGFIELD, A.; ECCLES, J. S. "The Development of Competence Beliefs, Expectancies for Success, and Achievement Values from Childhood Through Adolescence". *Development of Achievement Motivation*, pp. 91-120, 2022.

5. DICKSON, J. M.; JOHNSON, S.; HUNTLEY, C. D.; PECKHAM, A.; TAYLOR, P. J. "An Integrative Study of Motivation and Goal Regulation Processes in Subclinical Anxiety, Depression and Hypomania". *Psychiatry Research*, v. 256, pp. 6-12, 2017.

6. WINCH, A.; MOBERLY, N. J.; DICKSON, J. M. "Unique Associations Between Anxiety, Depression and Motives for Approach and Avoidance Goal Pursuit". *Cognition and Emotion*, v. 29, n. 7, pp. 1295-1305, 2015.

7. TRIANDIS, H. C. *Individualism and Collectivism*. Nova York: Routledge, 2018.

8. BERRY, J. W. "Acculturative Stress". *In*: WONG, P. T. P.; WONG, L. C. J. (Org.). *Handbook of Multicultural Perspectives on Stress and Coping*. Boston: Springer, 2006. pp. 287-298.

9. CASTILLO, L. G.; ZAHN, M. P.; CANO, M. A. "Predictors of Familial Acculturative Stress in Asian American College Students". *Journal of College Counseling*, v. 15, n. 1, pp. 52-64, 2012.

10. GLOSTER *et al*. "The Empirical Status".

CAPÍTULO 11
Calibre sua bússola interna

1. BECK. *Cognitive Behavior Therapy*. CARVALHO, S.; MARTINS, C. P.; ALMEIDA, H. S.; SILVA, F. "The Evolution of Cognitive Behavioural Therapy: The Third Generation and Its Effectiveness". *European Psychiatry*, v. 41, n. S1, s773-s774, 2017.

2. HOFMANN *et al*. "The Efficacy of Cognitive Behavioral Therapy".

3. O'NEIL, A.; QUIRK, S. E.; HOUSDEN, S.; BRENNAN, S. L.; WILLIAMS, L. J.; PASCO, J. A.; JACKA, F. N. "Relationship Between Diet and Mental Health in Children and Adolescents: A Systematic Review". *American Journal of Public Health*, v. 104, n. 10, e31-e42, 2014. SCOTT, A. J.; WEBB, T. L.; MARTYN St. JAMES, M.; ROWSE, G.; WEICH, S. "Improving Sleep Quality Leads to Better Mental Health: A Meta-analysis of Randomised Controlled Trials". *Sleep Medicine Reviews*, v. 60, p. 101556, 2021. REBAR, A. L.; STANTON, R.; GEARD, D.; SHORT, C.; DUNCAN, M. J.; VANDELANOTTE, C. "A Meta-meta-analysis of the Effect of Physical Activity on Depression and

Anxiety in Non-clinical Adult Populations". *Health Psychology Review*, v. 9, n. 3, pp. 366-378, 2015.

4. CHEKROUD, S. R.; GUEORGUIEVA, R.; ZHEUTLIN, A. B.; PAULUS, M.; KRUMHOLZ, H. M.; KRYSTAL, J. H.; CHEKROUD, A. M. "Association Between Physical Exercise and Mental Health in 1.2 Million Individuals in the USA Between 2011 and 2015: A Cross-sectional Study". *The Lancet Psychiatry*, v. 5, n. 9, pp. 739-746, 2018.

5. KABAT-ZINN, J. "Mindfulness". *Mindfulness*, v. 6, n. 6, pp. 1481-1483, 2015.

6. GOLDBERG, S. B.; TUCKER, R. P.; GREENE, P. A.; DAVIDSON, R. J.; WAMPOLD, B. E.; KEARNEY, D. J.; SIMPSON, T. L. "Mindfulness-Based Interventions for Psychiatric Disorders: A Systematic Review and Meta-analysis". *Clinical Psychology Review*, v. 59, pp. 52-60, 2018.

7. ADLER, R. F.; BENBUNAN-FICH, R. "Juggling on a High Wire: Multitasking Effects on Performance". *International Journal of Human-Computer Studies*, v. 70, n. 2, pp. 156-168, 2012.

8. MAY, K. E.; ELDER, A. D. "Efficient, Helpful, or Distracting? A Literature Review of Media Multitasking in Relation to Academic Performance". *International Journal of Educational Technology in Higher Education*, v. 15, n. 1, pp. 1-17, 2018.

9. HAYES, STROSAHL e WILSON. *Acceptance and Commitment Therapy*.

10. GLOSTER *et al.* "The Empirical Status".

11. HAYES, STROSAHL e WILSON. *Acceptance and Commitment Therapy*.

12. HAYES, STROSAHL e WILSON. *Acceptance and Commitment Therapy*.

13. HAYES, S. C. *Uma mente livre: Como se direcionar ao que realmente importa.* Rio de Janeiro: Alta Life, 2023; e STODDARD, J. A.; AFARI, N. *The Big Book of ACT Metaphors: A Practitioner's Guide to Experiential Exercises and Metaphors in Acceptance and Commitment Therapy.* Oakland, Califórnia: New Harbinger Publications, 2014.

14. GRÉGOIRE, S.; DOUCERAIN, M.; MORIN, L.; FINKELSTEIN-FOX, L. "The Relationship Between Value-Based Actions, Psychological Distress and Well-Being: A Multilevel Diary Study". *Journal of Contextual Behavioral Science*, v. 20, pp. 79-88, 2021.

15. CALDWELL-HARRIS, C. L. "Emotionality Differences Between a Native

and Foreign Language: Implications for Everyday Life". *Current Directions in Psychological Science*, v. 24, n. 3, pp. 214-219, 2015.

16. SUE, D. W.; CAPODILUPO, C. M.; TORINO, G. C.; BUCCERI, J. M.; HOLDER, A.; NADAL, K. L.; ESQUILIN, M. "Racial Microaggressions in Everyday Life: Implications for Clinical Practice". *American Psychologist*, v. 62, n. 4, p. 271, 2007.

17. LUI, P. P.; QUEZADA, L. "Associations Between Microaggression and Adjustment Outcomes: A Meta-analytic and Narrative Review". *Psychological Bulletin*, v. 145, n. 1, p. 45, 2019.

18. GOBIN, R. L.; FREYD, J. J. "The Impact of Betrayal Trauma on the Tendency to Trust". *Psychological Trauma: Theory, Research, Practice, and Policy*, v. 6, n. 5, p. 505, 2014.

19. LEVIN, M. E.; HILDEBRANDT, M. J.; LILLIS, J.; HAYES, S. C. "The Impact of Treatment Components Suggested by the Psychological Flexibility Model: A Meta-analysis of Laboratory-Based Component Studies". *Behavior Therapy*, v. 43, n. 4, pp. 741-756, 2012.

20. DOORLEY, J. D.; GOODMAN, F. R.; KELSO, K. C.; KASHDAN, T. B. "Psychological Flexibility: What We Know, What We Do Not Know, and What We Think We Know". *Social and Personality Psychology Compass*, v. 14, n. 12, pp. 1-11, 2020.

21. Biografia de Simon Sinek. Disponível em: https://simonsinek.com/simons-bio.

22. SINEK, S. *Comece pelo porquê: Como grandes líderes inspiram pessoas e equipes a agir*. Rio de Janeiro: Sextante, 2018.

CAPÍTULO 12

A ousadia de ser água, e não pedra

1. HARMON-JONES e MILLS. "An Introduction to Cognitive Dissonance Theory". OSWALD e GROSJEAN. "Confirmation Bias". p. 83.

2. COSTANDI, M. *Neuroplasticity*. Cambridge, Massachusetts: MIT Press, 2016. SHAFFER, J. "Neuroplasticity and Clinical Practice: Building Brain Power for Health". *Frontiers in Psychology*, v. 7, p. 1118, 2016. Disponível em: https://doi.org/10.3389/fpsyg.2016.01118.

3. GENET e SIEMER. "Flexible Control in Processing".

4. FRISTON. "The Free-Energy Principle". FRISTON *et al*. "Active Inference".

5. DYMOND. "Overcoming Avoidance in Anxiety Disorders".

CONHEÇA ALGUNS DESTAQUES DE NOSSO CATÁLOGO

- Augusto Cury: Você é insubstituível (2,8 milhões de livros vendidos), Nunca desista de seus sonhos (2,7 milhões de livros vendidos) e O médico da emoção

- Dale Carnegie: Como fazer amigos e influenciar pessoas (16 milhões de livros vendidos) e Como evitar preocupações e começar a viver

- Brené Brown: A coragem de ser imperfeito – Como aceitar a própria vulnerabilidade e vencer a vergonha (600 mil livros vendidos)

- T. Harv Eker: Os segredos da mente milionária (2 milhões de livros vendidos)

- Gustavo Cerbasi: Casais inteligentes enriquecem juntos (1,2 milhão de livros vendidos) e Como organizar sua vida financeira

- Greg McKeown: Essencialismo – A disciplinada busca por menos (400 mil livros vendidos) e Sem esforço – Torne mais fácil o que é mais importante

- Haemin Sunim: As coisas que você só vê quando desacelera (450 mil livros vendidos) e Amor pelas coisas imperfeitas

- Ana Claudia Quintana Arantes: A morte é um dia que vale a pena viver (400 mil livros vendidos) e Pra vida toda valer a pena viver

- Ichiro Kishimi e Fumitake Koga: A coragem de não agradar – Como se libertar da opinião dos outros (200 mil livros vendidos)

- Simon Sinek: Comece pelo porquê (200 mil livros vendidos) e O jogo infinito

- Robert B. Cialdini: As armas da persuasão (350 mil livros vendidos)

- Eckhart Tolle: O poder do agora (1,2 milhão de livros vendidos)

- Edith Eva Eger: A bailarina de Auschwitz (600 mil livros vendidos)

- Cristina Núñez Pereira e Rafael R. Valcárcel: Emocionário – Um guia lúdico para lidar com as emoções (800 mil livros vendidos)

- Nizan Guanaes e Arthur Guerra: Você aguenta ser feliz? – Como cuidar da saúde mental e física para ter qualidade de vida

- Suhas Kshirsagar: Mude seus horários, mude sua vida – Como usar o relógio biológico para perder peso, reduzir o estresse e ter mais saúde e energia

sextante.com.br